만 번을
두드려야
강철이
된다

만 번을 두드려야 강철이 된다

우유철 지음

"전설은 어떻게 만들어지는가?"

현대제철 前 CEO 우유철의 위대한 도전과 성공

ENGINEERING THE FUTURE BEYOND STEEL

SAY KOREA

"나의 영원한 보스, 정몽구 명예회장님께 바칩니다."

같은 대학, 같은 전공으로 나는 오랜 시간 저자를 지켜봐왔다. 그는 학창 시절부터 남다른 친화력과 리더십을 보여주었다. 이 책에서 그는 경험에서 우러나온 리더의 본질에 관해 사례를 통해 잘 설명해주었다. 소통과 현장 중심의 결정, 그리고 동료들과의 신뢰와 사명감을 바탕으로 리더가 조직과 산업 그리고 사회에 어떻게 긍정적인 영향을 미칠 수 있는지를 이야기했다. 오랫동안 리더의 자리를 지켜온 저자의 철학과 책임 의식이 이 책에 담겨 있다. 이 시대에 리더를 꿈꾸는 모든 이들에게 좋은 교본이 될 것이다.

김동섭 (한국석유공사 사장)

우유철은 오랜 기간 한국 철강산업의 최전선에서 활동하며 현대제철을 세계적 기업으로 성장시킨 국제적 경영인이다. 그는 이 책 『만 번을 두드려야 강철이 된다』에서 위대한 업적을 이루는 자에게 필요한 자질과 조건을 구체적인 사례를 통해 제시한다. 새로운 길을 개척하려면 첫걸음을 내딛는 과감한 용기가 필요하고, 과업을 완수하기 위해서는 목표를 향한 몰입이 필요하다. 과학기술에 대한 이해는 혁명적 발전의 충분조건이고, 문화 예술까지 포괄하는 다양한 호기심은 창의적 사고의 필요조건이다. 또 시시각각 변화하는 환경에 유연히 대처하면서 새로운 기술과 조건을 긍정적으로 수용해야 하고, 구성원 개개인의 발전을 도모하여 이를 조직의 총체적 성장으로 확대해야 한다. 무엇보다도 이 모든 조건에 앞서 '사람을 향한 진심'이 전제되어야만 조직의 놀라운 변화를 만들어낼 수 있다. 이 책에는 저자 자신이 거대한 조직을 이끌며 현장에서 치열하게 체득한 성공의 조건과 발전의 원칙, 리더십의 진수가 담겨있다. 자기의 잠재력을 깨우고 더 나은 미래를 향하고자 하는 사람에게 큰 도움이 될 필독서다.

김봉렬 (건축가, 한국예술종합학교 7~8대 총장)

『만 번을 두드려야 강철이 된다』는 수많은 어려움과 도전을 이겨내고 값진 성취를 이룬 기업과 사람의 이야기를 담고 있습니다. 대한민국 경제 도약의 밑거름이 된 현대제철의 성장 과정과, 평사원으로 시작해 CEO가 된 저자의 성장 과정이 마치 하나의 이야기처럼 읽힙니다. 개인과 조직이 시너지를 내며 함께 성장해온 여러 일화가 일을 통해 자아를 실현하고자 하는 이들에게 유익한 배움의 기회를 제공할 것입니다.

이 책의 제목처럼, 저자는 독자들에게 '역경은 더 높은 도약의 발판'이라는 메시지를 전하고 있습니다. 삶의 여정에서 끊임없이 자신에게 질문을 던지고, 그 질문에 치열하게 답을 찾아가는 과정이 인생을 개척해나가는 사람의 본모습이라는 저자의 말에 공감합니다. 이 책에 담긴 저자의 인간적 면모와 삶의 철학이 도전과 실패를 거듭하면서도 끈기 있게 오늘을 사는 모두에게 깊은 울림을 줄 수 있기를 기대합니다.

우원식 (제22대 대한민국 국회 전반기 의장)

『만 번을 두드려야 강철이 된다』는 끝없는 시련 속에서도 한 걸음을 내딛는 힘이야말로 우리의 인생을 단단하게 만드는 유일한 열쇠임을 보여준다. 기업인 우유철은 쇠를 수없이 망치질해 강철로 만들듯, 자신을 수없이 단련하며 역경을 이겨냈다. 그가 평범한 엔지니어에서 현대제철의 수장으로 성장하기까지 걸어온 혁신과 도전의 여정은 우리 모두에게 깊은 감동을 준다. 단단한 삶, 꺾이지 않는 마음을 찾고 싶다면 이 책이 크나큰 이정표가 되어줄 것이다.

윤영빈 (우주항공청 청장)

급변하는 시대에 성공은 언제나 낯선 도전을 향한 첫걸음에서 시작됩니다. 제가 아는 기업인 우유철은 익숙함에 안주하지 않고 늘 더 넓은 세상과 더 큰 가능성을 향해 자신을 밀어붙여 왔습니다. 그 여정 속에서 그는 끊임없이 자신을 연마하며, 자신은 물론 조직과 사회에 긍정적인 변화를 만들어왔습니다. 『만 번을 두드려야 강철이 된다』에는 이러한 저자의 치열한 노력과 미래를 두려워하지 않는 담대한 태도가 진술하게 담겨 있습니다. 변화의 물결 앞에서 주저하는 이들에게 이 책은 분명 커다란 용기와 통찰을 전해줄 것입니다. 특히 우리나라의 여러 공학자들이 이 책을 통해 '공학이란 세상을 더 나은 방향으로 이끄는 힘'이라는 사실을 깨닫고, 각자의 자리에서 멈추지 않는 혁신의 여정을 이어가기를 기대합니다.

윤의준 (한국공학한림원 회장)

큰 성공을 이룬 리더는 그만큼 수많은 고민과 불면의 밤을 대가로 치른 사람이다. 우유철은 아마도 철강업계 내에서 가장 많은 밤을 지새운 기업인일 것이다. 그의 공헌 위에서 현대제철은 포스코와 함께 국내 철강업계를 지탱하는 거목으로 자라났다.『만 번을 두드려야 강철이 된다』에는 현대제철의 CEO로서 흔들림 없이 조직과 구성원의 성장을 이끌어온 그의 경험과 노하우가 오롯이 녹아 있다. 현재 리더로서, 그리고 장차 리더로서 조직을 이끌어야 하는 이들 모두에게 그의 현실적인 시각과 깊은 통찰이 담긴 이야기는 값진 조언이 될 것이다.

장인화 (포스코그룹 회장)

시절인연(時節因緣)

– 『만 번을 두드려야 강철이 된다』 출간을 축하하며 –

김무일

현대·기아차 前 구매총괄본부장
현대제철 前 부회장

"어차피 스쳐 가는 한 줄기 바람도 인연이라 하였던가? 우리가 이승을 살아가면서, 삶의 강물을 건널 수 있는 것은 인연이라는 징검다리가 있기 때문이리라! 이토록 수많은 인연의 별★들이 반짝이고 있음에, 우리의 인연은 얼마나 값지고 소중한가?"

법정法頂 스님의 말씀입니다. 저는 살아오면서 소중한 사람을 만날 적마다 이 말을 떠올리곤 합니다. 누군가를 만난다는 것은, 실은 그 사람이 살아온 소중한 하나의 인생이 한꺼번에 나에게 다가오는 어마어마한 일이라고 표현한 정현종 시인의 시 〈방문객〉의 구절도 떠오릅니다.

시절인연時節因緣은 불교 용어입니다. 풀이하면 '속세俗世의 모든 인연에는 반드시 오고 가는 때가 있다.'라는 뜻입니다. 봄이 와야 꽃이 피고 가을이 와야 열매를 맺듯, 우리들 중생의 만남도 다 때가 있을 것이니, 때가 되어야 만날 사람을 만나 꽃도 피우고 열매를 거두게 됩니다. 사람과 사람의 만남도, 사람과 사업의 만남도, 내면의 깨달음이나 소망의 성취도 모두 때가 있습니다.

옷깃만 스쳐도 인연이라 하였던가요. 긴 인생 여정에서 만난 사람 가운데 '만 번을 두드려 만들어진 강철 같은 사나이' 우유철 박사를 만난 것은 소중한 시절인연이었다고 생각합니다. 그를 처음 만난 곳은 30여 년을 거슬러 올라간 1990년대 초, 경상남도 울산에 있는 현대정공 울산공장이었습니다. 이때는 1987년 6·29 민주화 선언 이후로 아직 제대로 된 노동 관련 관계법과 노동 현장이 정립되기 전이었습니다. 정부 수립 후 40여 년간 쌓이고 쌓였던 산업 현장의 불만이 화산 폭발하듯 일시에 터져 온 나라가 떠들썩했습니다. 저와 우 박사는 그 중심에서 생산 현장의 정상화를 위해 온몸으로 대처했습니다. 마치 전쟁터를 방불케 하던 그 시절을 함께 무사히 지나올 수 있었음에, 그리고 지금 이 옥고玉稿를 통해 함께 하던 그때를 추억으로 떠올릴 수 있음에 감개무량합니다.

우유철 박사가 한평생 일궈온 직장 경력은 상당히 다양한 편입니다. 그는 공학박사이자 연구개발 전문가로서 각종 사업에서 기획 역량을 유감없이 발휘해왔고, 여러 계열사에서 연구개발 책임자 역할을 훌륭하게 수행했습니다. 특히 우주항공 분야에 뜻을 품어 10여 년간 현대우주항공에서 로켓 엔진 개발 책임자로 근무했는데, 정몽구 회장의 발탁으로 뜻밖에 현대제철 당진제철소 건설 프로젝트의 책임자가 되며 커리어의 일대 전환을 맞게 되었습니다.

갑자기 주어진 '철강맨'의 길은 난생처음 걷는 길이며 가시밭길이었겠지만, 새로운 발걸음을 뗀 이후 우유철 박사는 눈부신 공적을 쌓으며 현대제철의 CEO가 되기까지 고속 승진 가도를 달렸습니다. 특히 제철 사업 기획단장 시절에는 당진제철소 건설을 위한 마스터플랜을 입안하는 책임을 맡아 거대한 프로젝트를 단 1년 만에 완수하여 현대자동차그룹 내부는 물론 철강업계 전문가들까지 놀라게 했습니다.

이 책 『만 번을 두드려야 강철이 된다』는 현대제철의 일관제철소 건설이라는 한국 산업 발전사의 큰 역사役事를 현장감 있게 기록한 귀한 기록물입니다. 또 민간 기업이면서도 국가적 프로젝트 수준인 일관제철소 건설 사업을 성공시킨 현대자동차그룹의 업적을 낱낱이 기록한 증거이기도 합니다. 일관제철소 건설은 여러 번의 실패 끝에 이룩한 현대의 오랜 숙원이었습니다. 창업주인 정주영 회장은 두 번을 도전했으나 고배를 마셨고, 아들인 정몽구 회장이 뜻을 이어 도전하였으나 1997년 외환위기 사태로 중단되었습니다. 그러나 정몽구 회장은 굴하지 않고 2004년에 다시 도전하여 마침내 일관제철소 건설에 성공했습니다.

'승어부勝於父'라는 말이 있습니다. 자식으로서 아버지의 업적을 뛰어넘는 것이 진정한 효도라는 뜻이 담긴 말입니다. 1997년 외환위기 사태는 지금까지도 대한민국 국민 모두가 기억하는 국가적 위기였습니다. 그 도화선은 공적자금 스캔들로 인한 한보철강의 부도(1997. 1. 23.)와, 금융권 부정 대출로 인한 기아자동차의 부도(1997. 7. 15.)였습니다. 이 두 회사의 부도로 말미암아 삼미그룹과 진로양조를 비롯해 30여 개에 가까운 상장회사가 무더기로 쓰러졌습니다. 특히 한보철강과 기아자동차는 국제입찰에서도 '회생불능' 판정을 받아 표류했습니다. 그러나 그 어려운 시절에 우리의 '영원한 보스', 정몽구 회장은 이 두 회사를 인수하여 탁월한 경영 능력과 피나는 노력으로 기사회생시켰습니다. 이제 현대자동차그룹은 글로벌 빅3 자동차회사가 되었고, 현대제철은 포스코와 함께 국내 철강업계를 지탱하고 있습니다. 정몽구 회장이 승어부를 이룩하는 과정에서, 우유철 박사와 제가 그 힘찬 대열에 참여해 선봉의 향도向導로서 미력을 보탰던 그 시절은 아마도 우리 일생 중 가장 찬란했던 황금 시기가 아니었나 생각해봅니다.

그 시절에 극기와 투철한 사명감을 내연화內燃化하여 산업 현장을 누빈 우유철 박사의 모습은 '현대맨'의 표본이라 하겠습니다.

그가 걸어온 여정에는 개인의 성취를 넘어 조직과 산업, 더 나아가 사회를 변화시키는 힘이 어떻게 형성되는지가 고스란히 담겨 있습니다. 요즘처럼 시야가 불투명한 시대에 무에서 유를 창조하고 불가능을 가능으로 이끈 우 박사의 이야기가 담긴 이 책은 여러 경영자, 그리고 리더를 꿈꾸는 청년들에게 살아 있는 경영 교과서이자 용기와 지혜의 원천이 될 것입니다. 기업인과 직장인 모두에게 일독을 권하며, 다음의 문구로 이 글을 끝맺습니다.

"Opportunities don't happen, You create them!"

제3장 현대자동차그룹을 만나다

제4장 당진제철소를 달구는 붉은 열기

제5장 현대제철 CEO의 리더십 인사이트

제6장 내가 만난 정몽구 회장

여전히 뜨겁게 타오르는 현대의 정신

현대의 정신, 현대제철

인류 문명의 수준은 '얼마나 단단한 물질을 만들어내고 활용할 수 있는가'에 달려 있다고 해도 과언이 아니다. 실제로 선사 시대는 인간이 사용한 도구에 따라 석기 시대, 청동기 시대, 철기 시대로 구분된다. 그중에서도 철은 인간의 삶을 가장 극적으로 바꾼 물질이다.

초기의 철기는 제련 기술의 한계로 인해 기계적 성질을 충족하지 못하였다. 하지만 기술의 발전과 함께 철은 뛰어난 강도를 가지게 되었고, 이를 다룰 줄 아는 민족은 역사에서 우위를 점했다.

이후 철은 무기의 재료를 넘어 산업화와 공학 기술 발전의 토대로 자리 잡았다. 특히 고온, 고압, 고속을 견딜 수 있는 '강철Steel'의 발명은 인류 문명의 폭발적인 성장을 견인했다.

사실 순수한 철은 강도가 약하다. 적절한 양의 탄소와 필요한 합금 원소가 포함되어야 강도와 인성靭性을 갖춘 강철이 완성된다. 1709년 영국에서 코크스 제철법이 발명되기 전까지, 인류는 강철을 만들기 위해 숯불로 철광석을 가열하고 이를 망치로 수없이 두드리는 과정을 반복해야만 했다.

현대제철의 일관제철소 사업에 참여하고 CEO까지 지낸 나에게 강철을 만드는 과정은 그 의미가 남다르다. 이 과정은 그 자체로 현대제철의 설립 과정이나 다름없다. 현대그룹은 창업주 정주영 회장부터 정몽구 회장까지 2대에 걸쳐 30년간 수많은 논의와 검토를 거쳤고, 네 번의 도전 끝에 일관제철소인 당진공장을 세울 수 있었다. 이후 현대제철은 포스코에 이어 국내 철강산업의 중추적인 역할을 맡았고, 현대자동차그룹에 자동차용 고급 강판을 제공하며 국제적 성장을 함께했다.

이 모든 성과는 끊임없이 자신을 두드리며 자강自强을 실천하는 노력 그리고 불굴의 의지와 도전이라는 '현대 정신'이 밑바탕에 자리했기에 이룰 수 있었다. 그래서 이 책에서 현대제철의 설립 과정을 이야기함으로써 현대의 정신을 보여주고자 했다.

여전히 붉고 뜨겁게 타오르는 이야기

두드림으로써 강해진 것은 현대제철만이 아니다. 나는 현대중공업 울산조선소에 신입 엔지니어로 입사하여 현대제철과 현대로템의 부회장으로 퇴임했다. 그동안 쉼 없이 달려온 커리어를 정리해보고, 이를 통해 내가 체화했던 현대의 정신을 후배들에게 전하려는 것이 이 책을 쓴 또 하나의 목적이다.

공학을 전공하고 산업 현장에 첫발을 내디뎠을 때 나는 자신에 대한 의문과 두려움이 있었다. 하지만 신입사원 시절, 울산조선소의 '할 수 있다.'라는 긍정적이고 열정적인 분위기 속에서 자신감을 얻었다. 회사의 체계적인 교육과 선배들의 끊임없는 지도는 나에게 큰 자산이 되었고, 나는 훌륭한 선배들을 본보기로 삼아 더 나은 사람이 되기 위해 노력했다. 미국 유학 시절의 두려움이나 어려움을 이겨내는 데도 신입사원 때의 치열했던 경험이 큰 도움이 됐다.

한국으로 돌아와 현대정공에 입사해 평생의 보스인 정몽구 회장을 만나면서 내 인생은 더 치열해지고 더 단단해졌다. 그는 놀라운 비전과 열정을 가진 리더였고, 그의 기대에 부응하며 나는 자신을 성장시킬 수 있었다.

돌아보면 내 커리어의 대부분은 신규 사업에서 시작됐다. 특히 프로젝트 초기 특유의 활기와 도전에서 큰 동기를 얻었다. 나는 맡았던 다양한 신규 사업들을 통해 개인의 한계를 넘어서는 경험을 쌓을 수 있었으며, 이런 환경은 항상 새로운 도전과 가능성을 열어주었다. 그리고, 그 정점은 현대제철의 당진제철소 프로젝트에서 완성됐다.

제철 사업은 한 회사가 단독으로 쉽게 시작할 수 없을 만큼 거대한 프로젝트다. 대한민국 정부도 포항제철(포스코) 사업을 국가의 명운을 걸고 하지 않았던가? 그런데 민간 기업인 현대자동차그룹이 한보철강을 인수해 일관제철소 건설에 나서기로 결정한 것이다. 이 과정에서 나는 일관제철소 사업의 모든 영역을 총괄했다. 제철소 사업 기획을 시작으로 구매, 건설, 생산, 개발, 판매까지 전 과정을 책임지며 가장 힘들고도 보람찬 성취를 이뤄냈다. 내 인생의 절정에서 가장 규모가 크고 난이도가 높았던 이 프로젝트를 완성했던 순간, 나는 일에 혼을 바치는 '몰입'의 경지를 경험했다.

당시 함께했던 동료들은 지금도 종종 그 시절을 이야기한다. 모두가 입을 모아 "그때가 우리 인생에서 가장 힘들고 어려웠지만, 동시에 가장 보람찬 시절이었다."라고 말한다. 물론 "그 시절로 다시 돌아가라고 하면 절대 못 할 것"이라는 얘기도 빠뜨리지 않는다. 모르니까 덤비고 해냈지, 알고는 못 했을 것이라는 의미다. 하지만 그 어려움 속에서도 이뤄낸 결과는 모두의 가슴 속에 여전히 붉고 뜨겁게 요동치고 있다.

나의 이야기는 비단 내 개인의 이야기가 아니라, 내가 함께했던 동료들과 우리가 속했던 시대의 이야기다. 나는 젊은 시절에 대한민국이 연평균 GDP 성장률 10퍼센트를 기록하던 고도성장기, 산업화의 중심에 있던 현대그룹에서 일했던 것을 큰 행운으로 생각한다.

그런데 2025년 현재 한국은 고도성장기를 지나 인구 고령화와 저출산으로 인한 인구 감소라는 새로운 현실에 직면해 있다. 내가 속한 베이비붐 세대가 경험한 시간은 지금의 젊은 세대가 처한 상황과 분명 다를 것이다.

하지만 시대는 달라도 본질적인 생존과 경쟁의 법칙은 변하지 않는다. 작은 나라에서 어렵게 살아남아 세계 시장을 상대로 좋은 상품을 경쟁력 있는 비용으로 만들어 성공하는 비즈니스 모델은 이전에도, 지금도, 앞으로도 유효할 수밖에 없을 것이다. 이 글이 앞으로 살아갈 젊은이들에게 작은 인사이트를 주고 다시 그들의 이야기로 거듭날 수 있다면, 은퇴한 한 엔지니어가 자기 삶을 되돌아보는 목적은 더할 나위 없이 달성되리라 생각한다.

우리 모두는 강철처럼 '만 번의 두드림'으로 거듭나는 존재다. 각자의 삶 속에서 우리는 여러 번 두드려지는 과정을 통해 진정한 강인함과 가치를 얻을 수 있다. 이곳에 기록한 내 인생의 여정이 읽는 이에게 도전과 성장의 의미를 다시금 되새길 수 있는 계기가 되기를, 그리고 단단한 강철로 거듭나는 삶의 여정을 이어가는 힘이 되기를 진심으로 바란다.

제1장

현대의 숙원,
현대제철의
CEO가 되다

자네,
제철 한번 해보지 그래

푸른 녹음이 짙어가는 2004년 6월 첫째 주 토요일 오전.

경기도 용인시 마북리의 현대모비스 연구소 정문에 에쿠스 리무진 차량이 가볍게 멈춰 섰다. 경비실에서 근무하던 직원이 황급히 뛰쳐나와 에쿠스 차량을 향해 고개를 숙이며 인사했다. 곧이어 차량은 연구소 경내로 미끄러져 들어갔다.

"회장님이 오셨답니다!"

"어? 회장님이요?"

연구소 전체가 팽팽한 긴장감에 휩싸이기 시작했다. 마북리 현대 연구단지는 현대자동차그룹뿐 아니라 현대그룹 산하 연구소들이 모인 곳이다. 정몽구 현대자동차그룹 회장은 현장 경영에 누구보다도 큰 비중을 두는 기업인이었고, 연구소든 공장이든 자신이 최고경영자로서 관장하는 모든 사업장을 속속들이 알고자 했다. 그래서 연구소를 순시하러 종종 마북리를 방문했다. 그때 나는 현대로템에서 기술연구소장으로 근무하고 있었다. 현대모비스 우주사업부 선행기술개발부에서 로켓 개발 업무를 하다가 그해 2월에 현대로템으로 발령받은 참이었다.

"자, 우리도 회장님을 맞이할 준비를 합시다. 궁금한 사안에 관해 이것저것 물어보실 수 있으니 각자 맡은 업무에 대해서 실수 없이 답변하도록 해요."

나는 직원들에게 당부하면서 머릿속으로는 생각에 잠겼다. '회장님이 얼마 만에 오신 거지? 무엇을 물어보시려나? 지난번 보고 때보다 진전된 내용을 말씀드려야 하는데…' 하는 생각들이 뇌리를 스쳐갔다.

마침내 정몽구 회장이 우리 사무실에 모습을 드러냈다.

"회장님, 안녕하십니까!"

"그래, 오랜만이군. 요즘 하는 일은 어떤가? 이따 점심이나 같이 하지."

정몽구 회장은 인사를 나누면서 사무실을 둘러보고는 이내 발걸음을 옮겼다.

이윽고 점심시간이 되어 정몽구 회장 일행의 식사가 예약된 연구소 근처 갈빗집으로 찾아갔다. 정 회장을 비롯해 여러 중역들이 함께 자리를 잡고 있었다. 정 회장은 동석한 사람들과 식사하며 두런두런 이야기를 나누다가, 갑자기 툭 던지듯이 내게 한마디를 건넸다.

"자네, 다음 월요일에 내 사무실에 와서 보고 한번 하게."

"네, 회장님. 알겠습니다."

내가 맡은 핵심 업무는 로켓 개발 업무였고, 자연스럽게 나는 정몽구 회장의 말이 로켓 개발에 관한 보고 지시라고 받아들였다. 정 회장에게 로켓 개발 관련 업무 보고를 한 적은 이전에도 여러 차례 있었다.

이틀 뒤인 월요일 새벽 5시.

나는 주말 내내 준비한 보고 자료를 잔뜩 가지고 서울 양재동 현대자동차그룹 본사 회장실 옆의 대기실에 도착했다. 정몽구 회장은 보통 새벽 6시면 사무실에 출근했다. 그래서 회장 보고를 하는 사람들은 대개 그보다 일찍 나와서 대기해야 했다. 얼마쯤 기다렸을까. 드디어 정 회장의 비서가 대기실에 와서 나를 호출했다.

문을 열고 들어간 순간, 나는 뜻밖의 장면에 조금 놀랐다. 정몽구 회장의 좌우로 그룹 고위 경영진 여러 명이 함께 앉아 있었다. 정순원 현대자동차그룹 기획조정실장 사장, INI스틸●의 김무일 부회장과 이용도 사장, 김원갑 현대하이스코 사장, 채양기 기획조정실 부사장, 우시언 기획조정실 전무 등이 그 면면이었다. INI스틸의 이경석 이사와 오명석 부장도 보고 자료를 잔뜩 들고 그 자리에 동석해있었다.

'로켓 개발 관련 보고인데, 이분들이 왜 여기 있는 거지?'

의아한 느낌이 머리를 스치는 찰나에 정몽구 회장이 내게 손짓하며 자리를 가리켰다. 나는 정 회장이 손으로 가리킨 좌석에 조심스럽게 다가가서 앉았다. 그랬더니 정 회장이 대뜸 운을 뗐다.

● 현대제철의 과거 명칭.

"실은 내가 한보철강을 인수해서 제철 사업을 할 거거든. 그래서 말인데, 자네 이제 로켓 개발 그만두고 제철 한번 해보지 그래!"

그 말을 듣자마자 머리를 한대 맞은 듯이 어질어질해졌다. 한편으로 바로 얼마 전에 한보철강 매각을 위한 국제입찰에서 INI스틸-현대하이스코 컨소시엄이 포스코-동국제강 컨소시엄 등 국내외 경쟁사들을 제치고 우선협상 대상자로 선정됐다는 소식이 머릿속에 떠올랐다. 나는 잠시 생각을 가다듬은 다음 대답했다.

"회장님께서 10년 전에 저에게 로켓 개발 업무를 지시하신 이후로 열심히 로켓 일을 해왔습니다. 제가 우리나라에서 최고라고 말씀드릴 수는 없지만 그래도 몇 손가락 안에는 들어갑니다. 그런데 지금 와서 제가 로켓 개발에서 손을 뗀다면 회장님의 면으로 보나 회사의 미래로 보나 적절하지 않은 것 같습니다. 저는 그냥 로켓 개발 업무를 계속하고 싶습니다."

내가 답변을 마치자 회장실 안에는 정적이 감돌았다. 그 자리에 함께 있던 고위 중역들의 얼굴도 얼어붙었다. '저 친구, 지금 제정신이야?' 모두가 나를 보면서 속으로 그렇게 말하는 것 같았다. 나도 불안하기는 마찬가지였다. 무언가 일이 터질 것처럼 심상치 않은 분위기가 이어지는 중에 정 회장이 나를 빤히 바라보았다. 그러더니 그가 갑자기 주변의 중역들에게 큰 소리로 호통치듯 말했다.

"너희들도 이 친구처럼 해봐. 맨날 이거 하라면 '예', 하고 저 거 하라면 '예', 하고 말이야. 쯧쯧. 본인 생각은 없어? 이 친구를 봐. 자기 생각을 말하잖아!"

모두가 다시 한번 놀라는 듯했다. 정 회장의 불벼락이 떨어진 다면 당연히 내게 떨어질 줄 알았는데 뜻밖에도 자신들을 향했으 니 그럴 만했다. 나 역시 정몽구 회장이 보여준 의외의 반응에 얼떨 떨해졌다.

"어이, 우 박사. 나는 내일 미국 출장 갔다가 일주일 뒤에 돌 아올 거야. 그때 다시 얘기하자고."

정몽구 회장이 그날 아침 나에게 마지막으로 남긴 말이었다. 회장실을 빠져나오며 내 머릿속에는 수많은 질문과 고민이 폭풍처 럼 몰아쳤다. '이 일을 도대체 어떻게 해야 하나?' 나는 우선 정학진 당시 현대로템 사장에게 상황을 보고하고 도움을 요청하기로 했다.

정학진 사장은 정몽구 회장의 측근 중 한 명이었다.

그해 연초 당시 현대로템의 방산사업 본부장이었던 故 김홍주 전무는 내게 향후 현대로템의 장대한 계획을 알려준 적이 있었다. 지상무기체계 개발 및 생산을 통합하려는 계획의 일환으로 대우중공업 방산 부문을 인수하려는 구상이었다. 인수 대상에는 대우중공업이 소유한 한국항공우주산업Korea Aerospace Industries, KAI 지분 25퍼센트도 포함돼 있었기 때문에 인수에 성공하면 현대자동차그룹이 보유한 기존 지분 25퍼센트를 합쳐 KAI의 경영권도 확보할 수 있었다. 그런 계획하에 정학진 사장은 내게 향후 KAI의 중요 업무를 맡기겠다는 제안을 했던 터였다.

"사장님, 오늘 회장님 보고가 있어서 다녀왔는데요. 회장님께서 저한테 제철 사업을 맡아보라고 하셨습니다. 이걸 어떻게 해야 할까요?"

"그게 무슨 소리야? 자네한테 제철 사업을 맡기신다고?"

"사장님도 모르셨어요? 여하튼… 사장님이 회장님께 말씀드려서 좀 말려주세요."

"야, 이거 어떡하지? 어떡하냐?"

그날 이후 온갖 생각이 내 머릿속을 맴돌았다. 당시 나에게는 나로우주센터 센터장을 맡고 싶다는 꿈이 있었다. 그때까지 10년 간 로켓 개발 업무에 종사하면서 우주와 관련한 많은 프로젝트를 수행해온 참이었다. 특히 민군 겸용 과제인 로켓엔진용 고압 터보 펌프 개발사업에는 한국항공우주연구원KARI, 한국기계연구원KIMM, 한국과학기술연구원KIST 및 서울대학교가 위탁 및 참여 연구기관 으로 포진해 있었는데, 나는 이 과제의 연구 책임자로서 5년 과제 를 성공적으로 마치고 국가지정연구실NRL 사업 기관으로 우주과학 기술분야에서 나름대로 많은 역할을 하고 있었다. 게다가 우주센 터 부지를 선정하는 과정에도 위원으로 참여했기 때문에 나로우주 센터 센터장이 되는 것은 어느 정도 가능한 목표라고 생각했다. 하 지만 로켓 개발 업무에서 손을 떼고 다른 분야로 간다면 그 꿈에서 멀어질 수밖에 없는 노릇이었다.

일주일이 흐르는 동안 정학진 사장도 뾰족한 수를 내지 못했 다. 결국 나 혼자 부딪쳐야 하는 상황이 됐다. 결국 내가 선택한 방 법은 우주 사업의 중요성을 우직하게 설득하는 것이었다. 그래서 로켓 개발을 비롯한 우주 사업 관련 자료를 충실히 준비했다.

마침내 정몽구 회장이 미국 출장을 마치고 돌아왔고, 나는 다 시 양재동으로 향했다.

"회장님, 저 우유철입니다. 보고를 드리러 왔습니다."

"어, 들어와서 앉아."

회장실에는 정몽구 회장과 정순원 기획조정실장 사장 두 사람만 있었다. 나는 한쪽 의자에 앉아 차분하게 마음을 가다듬었다. 정몽구 회장은 정순원 사장에게 한참 동안 무언가를 지시하더니 나를 향해 고개를 돌렸다.

"알지? 알았지?"
"예? 무슨…."

정 회장은 내게 말을 건네자마자 정 사장과 다시 대화를 이어나갔다.

"그래서 이 친구한테 제철 사업을 맡기란 말이야."
"저기, 회장님. 그 자리를 맡기려면 직급이 좀 높아야 할 텐데요. 우 박사는 아직 상무인데다 해당 분야 경험도 없고…."

지난주 정몽구 회장이 마북리를 방문하여 나와 인사를 나누었던 날, 정 회장은 자신을 수행하던 박정인 현대모비스 회장에게 당시 이사였던 나를 상무로 진급시키라고 지시했다. 정 회장의 지시를 받은 박정인 회장은 곧바로 현대로템 본사로 전화를 걸어 나를 상무로 진급시키라는 정몽구 회장의 지시를 전달했다.

"상무로 안 돼? 그럼 전무로 승진시키면 되잖아!"
"아, 예. 알겠습니다."

걷잡을 수 없이 돌아가는 상황에 나는 당황하며 물었다.

"저기 회장님. 그러면… 로켓 사업은 어떻게 해야 합니까?"
"자네 밑에 박사 있지? 그 친구한테 맡기면 되잖아."

이쯤 되니 더 이상 정몽구 회장의 지시를 거부할 수는 없겠다는 생각이 들었다. 내가 맡았던 자리는 김영수 부장이 중역으로 진급하는 것으로 정리됐다. 내 다음 보직이 한보철강 인수 TF 팀장으로 공식화되는 순간이었다.

불과 2주 만에 나는 이사에서 상무로, 또다시 상무에서 전무로 초고속 승진했다. 그리고 내가 목표로 삼았던 나로우주센터 센터장의 꿈을 접고 현대의 제철 사업을 도맡아 진행하게 됐다. 내 인생에서 가장 급박하고 드라마틱한 변화의 순간이었다.

현대가 일관제철소 건설에 나선 이유

　나는 2주도 되지 않아 이사에서 상무를 거쳐 전무로 초고속 승진했고, 기존에 맡았던 로켓 개발 사업을 떠나 난데없이 현대자동차그룹의 제철 사업을 맡게 됐다. 정몽구 회장은 어째서 이렇게 파격적인 인사를 단행하면서까지 내게 제철 사업을 맡겼을까? 그 이유를 알기 위해서는 먼저 현대자동차그룹이 제철 사업에 뛰어든 배경을 알아둘 필요가 있다.

　철강은 흔히 '산업의 쌀'로 불린다. 공업 생산에 필수적인 재료로서 전자제품, 기계, 자동차, 선박, 건설 등 거의 모든 주요 산업 분야에서 사용될 만큼 철강은 핵심 중에서도 핵심인 소재라고 할 수 있다. 철강산업은 다른 산업들을 떠받치는 국가 기간산업 구실을 하기에, 공업을 기반으로 경제를 꾸려나가는 산업국가라면 철강재를 생산하는 제철소를 반드시 갖춰야 한다.

누구나 알다시피 한국의 산업화 과정과 현대그룹은 떼려야 뗄 수 없는 관계가 있다. 현대그룹은 초기 건설업을 중심으로 자동차와 조선업, 중공업 등으로 사업 영역을 확장하며 한국의 기간산업을 세우는 데 가장 중심적인 역할을 했다. 현대가 제철 사업에 뛰어든 것은 사실 너무도 자연스러운 결과였다. 그렇지만 현대가 제철 사업을 시작하기까지의 과정은 결코 순탄치 않았다.

일관제철소를 향한 현대의 꿈

제철소는 사전적인 의미로 보면 '철광석을 용광로에 녹여 철을 뽑아내는 일을 하는 곳'이다. 그러나 모든 제철소가 철광석을 용광로에 녹이는 시설을 갖춘 것은 아니다.

제철소는 크게 일관제철소(선강일관공장)와 전기로제강공장으로 구분된다. 일관제철소는 철광석 등 원료를 고로(용광로)에 넣어 쇳물을 뽑아내는 제선製銑, 쇳물에서 각종 불순물을 제거하고 강鋼을 만드는 제강製鋼, 쇳물로 만든 슬래브slab●에 압력을 가해 가공하

● 반제품 상태의 강재를 이른다.

는 압연壓延의 3개 공정을 모두 갖춘 종합제철소를 뜻한다. 전기로 제강공장은 고로 설비를 갖추지 않고 고철, 선철, 환원철 등 원료를 전기로에 넣어 제강한 다음 압연 공정을 거쳐 철강재를 생산하는 공장을 말한다. (이 밖에 제선, 제강 설비 없이 반제품을 구매해 압연 가공을 거쳐 철강재를 생산하는 중소 규모의 단독압연공장도 넓게 보면 제철소의 범주에 들어간다.)

설비 규모, 공정의 연속성, 철강 생산량과 품질 등의 측면에서 보면 철강산업의 꽃은 역시 일관제철소다. 사전적인 의미로도 그러하고, 사람들이 일반적으로 '제철소'라는 말에 가장 먼저 떠올리는 이미지 역시 일관제철소의 모습이다.

과거 현대그룹은 1978년에 인천제철을 인수하면서 이를 발판으로 일관제철소 건설을 시도한 적이 있었다. 당시 인천제철은 고로가 아닌 전기로 방식으로 철근을 생산하는 회사였다.

1970년대 초 박정희 정부는 제3차 경제개발 5개년 계획(1972~1976년)에 따라 본격적으로 중화학공업 육성을 시작했다. 중공업을 육성하려면 대량의 철강을 공급할 수 있는 철강산업을 먼저 일으켜야 했다. 그래서 탄생한 것이 포항종합제철, 즉 현재의 '포스코'다.

포항종합제철은 1968년 설립되어 1970년 포항제철소 건설 착공에 들어갔다. 그리고 1973년 6월 9일 첫 번째 용광로에서 쇳물을 뽑아내기 시작했다.* 이후 정부의 중화학공업 육성 정책에 따라 1970년대 후반 들어 철강 수요가 빠르게 늘어났다. 이에 따라 제철소를 추가로 건설해야 할 필요성이 제기되기 시작했다.

당시 국내 기업들은 필요한 판재류 등의 철강재 물량을 공급받을 수 있는 곳이 포항제철소밖에 없었다. 그러다 보니 늘 조달에 적지 않은 어려움을 겪었다. 특히 건설, 자동차, 조선 등을 주력사업으로 하는 현대그룹은 대량의 원자재를 안정적으로 조달하는 데 대한 목마름이 더욱 클 수밖에 없었다. 그래서 당시 정주영 현대그룹 회장은 인천제철 인수를 토대로 직접 철강 사업을 펼치려고 했다. 그것도 기존의 전기로 방식이 아니라 본격적인 일관제철소 건설을 희망했다. 이를 위해 현대그룹은 민간제철소의 필요성을 역설하며 현대종합제철주식회사를 설립했다. 이후 경기도 평택 포승 지역을 일관제철소 건설용 부지로 선택하고 정부에 사업 계획서를 제출했다.

1978년 하반기 무렵 포항제철소에 이은 제2 제철소 사업권이 어디로 갈 것인지가 경제계의 큰 관심사로 떠올랐다. 이미 포항제철소를 운영 중인 포항종합제철이 단일 후보로 가장 유력했지만,

---

● 철강협회는 철강의 중요성을 사람들에게 인식시키고 철강인의 화합과 자긍심을 도모하기 위해 지금까지도 6월 9일을 '철의 날'로 기념하고 있다.

정주영 회장의 추진력을 앞세운 현대그룹이 도전장을 던지면서 판도를 알 수 없게 됐다.

하지만 정부는 결국 제2 제철소 사업권을 포항종합제철에 건넸다. 당시 상황에서 민간 기업이 제2 제철소를 건설하면 철강 공급 과잉으로 포항종합제철과 신생 제철소가 공멸할 수 있다는 논리에서였다. 결국 포항종합제철은 제2 제철소 사업권을 확보했고, 1985년 전남 광양에 광양제철소를 짓기 시작했다.

정주영 회장은 한 차례 고배를 마셨지만 1994년이 되자 또다시 제3 제철소 건설을 선언했다. 정부의 철강 수급 전망이 현실성이 적은 데다, 독점 공급 폐해를 막기 위해서라도 민간 기업이 제철소를 운영해야 한다는 주장이었다. 제철소 건설용 부지로는 부산 가덕도를 선정했다. 그러나 정부는 이번에도 철강 과잉 공급이 우려된다면서 반대 의사를 나타냈다. 정주영 회장의 일관제철소 건설을 향한 도전이 끝내 멈춰 서는 순간이었다.

대를 이은 제철 사업 도전

정주영 회장의 못다 이룬 꿈은 아들 정몽구 회장이 이어받았다. 1996년 1월 현대그룹 회장에 오른 정몽구 회장은 취임사에서 "2000년대 국내 철강 공급 부족을 메우려면 일관제철소 건설이 불가피하다."라며 제철 사업 진출 의지를 표명했다. 그는 1987년부터 인천제철 최고경영자로 일했기 때문에 국내 철강산업 전반을 훤하게 읽고 있었다.

정몽구 회장은 취임 직후 제철 사업 프로젝트팀을 발족시키고 일관제철소 건설을 추진했다. 후보 지역들 가운데는 경남 하동이 제철소 건설용 부지로 최종 선택됐다. 그러나 정부 고위 관계자들은 이번에도 과잉 공급 우려를 이유로 반대 의사를 흘리기 시작했다.

정부가 불허 방침을 공공연하게 밝혔지만, 정몽구 회장은 이를 정면으로 돌파하기로 마음먹었다. 때마침 현대그룹에 유리한 여론도 조성됐다. 제철소 부지로 선정된 하동군은 물론 경상남도 지역 주민들까지 힘을 합쳐 현대그룹 제철소 유치를 위한 범 경남도민 캠페인을 펼치기 시작한 것이다. 당시 현대그룹과 경남지역 민관이 합동으로 펼친 하동제철소 유치 서명운동에는 1997년 하반기까지 전국에서 무려 560만 명이 넘는 인원이 참여했다.

마침내 그해 10월 현대그룹은 경남 하동군 금성면에 총 4조 8000억 원을 투입해 일관제철소를 건립하는 내용의 기본합의서를 경상남도와 체결하기에 이르렀다. 직후 정몽구 회장은 현대건설 등 12개 계열사 고위 임원들로 구성된 제철소 추진팀을 신설하는 등 하동제철소 건설 프로젝트를 본격화했다. 제철소 추진팀은 독일 뒤스부르크에 위치한 철강회사 크루프 KRUPP. AG●를 방문하여 구체적인 기술 협의도 했다. 나중에 정몽구 회장도 방문하여 철강 사업에 대한 의지를 밝혔다.

이제 공사를 개시하는 일만 남았던 바로 그즈음, 아무도 예상하지 못했던 커다란 돌발변수가 하동제철소 프로젝트의 앞을 가로막았다. 1997년 말에 외환위기가 대한민국 경제를 쓰나미처럼 덮친 것이다. 나라 전체가 풍전등화 처지였고, 현대그룹도 예외가 아니었다. 한 치 앞을 내다보기 어려워진 국면에서 대규모 투자가 필요한 사업을 더 이상 추진하기가 어려워졌다. 결국 정몽구 회장은 현대그룹 회장 취임 직후부터 거의 2년간 매달렸던 하동제철소 건설 프로젝트를 중단할 수밖에 없었다.

그 후 현대그룹은 몇몇 사업군별로 계열 분리를 단행했고, 정몽구 회장은 2000년부터 현대자동차그룹을 이끌게 됐다. 그는 계열 분리 당시 인천제철과 현대하이스코 등 철강 계열사를 품에 안고 나왔다. (인천제철은 2001년에 INI스틸로 회사명을 바꾸었다.)

하동제철소 프로젝트가 중단된 지 약 7년이 지난 2004년 3월 21일. 한보철강 매각 입찰 공고가 났다. 네 번째 입찰 공고였다. 1997년 한보그룹 부도 사태 이후 한보철강 매각 작업은 번번이 무산되면서 표류하고 있었다. 정몽구 회장은 한보철강 입찰 공고 소식을 접하고 눈을 반짝였다. 마침내 절호의 기회가 왔다고 판단한

● 1999년, 크루프는 티센THYSSEN AG과 합병해 티센크루프Thyssen Krupp AG가 됐다.

것이다. 한보철강을 인수하면 INI스틸과 현대하이스코의 사업을 확장할 중요한 발판으로 삼을 수 있었다. 하지만 정몽구 회장은 훨씬 더 큰 그림을 그리고 있었다. 한보철강을 인수해 당진공장을 정상화한 다음 그곳에 일관제철소를 건설하겠다는 구상을 한 것이다.

한보철강 매각 입찰 기일은 5월 25일이었다. 입찰 공고일로부터 불과 두 달여 뒤였다. 미리 조직된 한보철강 입찰 TF 팀이 본격적으로 바빠지기 시작했다. 입찰 주체는 INI스틸-현대하이스코 컨소시엄으로 구성됐다.

운명의 날은 금세 다가왔다. 입찰 TF 팀은 정몽구 회장이 승인한 금액을 입찰서에 적어 법원 파산부에 제출했다. 그로부터 사흘이 흘렀다. 초조하게 결과를 기다리던 중, 마침내 입찰 TF 팀으로 연락이 왔다. INI스틸-현대하이스코 컨소시엄이 단독 우선협상대상자로 선정됐다는 소식이었다. 일관제철소 건설을 향한 현대의 숙원을 실현할 수 있는 관문을 비로소 열어젖힌 셈이었다. 선대 정주영 회장의 못다 이룬 꿈을 아들 정몽구 회장이 드디어 이룰 수 있게 된 것이다.

현대의 숙원,
제철 사업을 맡다

두 달여간 긴박하게 이어졌던 한보철강 매각 입찰은 2004년 5월 말 INI스틸-현대하이스코 컨소시엄이 단독 우선협상대상자로 선정되면서 막을 내렸다. 하지만 이것은 첫걸음에 불과했다. 한보철강의 최종 인수를 위한 본계약과 자산 인수 절차 등이 남아 있었다.

정몽구 회장은 한보철강 입찰 성공의 기쁨을 뒤로하고 향후 해야 할 일들을 구상하기 시작했다. 첫 번째는 한보철강 인수를 깔끔하게 마무리하기까지 실무를 맡을 조직을 꾸리는 것이었다. 그렇게 해서 이번에는 한보철강 인수 TF 팀이 구성됐다. 정 회장의 이어진 고민은 한보철강 인수 TF 팀을 이끌 책임자로 누구를 내세울 것인지였다.

며칠의 시간이 흐른 6월 첫째 주 토요일, 그는 경기도 용인시 마북리에 있는 현대자동차그룹 연구단지를 순시하러 나섰다. 그리고 앞서 언급한 것처럼, 그날 나는 사무실에서 정몽구 회장과 인사를 나눴고, 그다음 주 월요일에 회장에게 직접 보고하는 자리에서 제철 사업을 맡아보라는 메시지를 전달받았으며, 다시 일주일이 흐른 뒤 한보철강 인수 TF 팀장으로 최종 발령이 났다.

일관제철소 건설은 현대의 대를 이은 숙원사업이었고, 그 첫 단계가 한보철강 인수 작업이었다. 그런데 정몽구 회장은 제철과는 전혀 무관한 경력을 가진 나를 한보철강 인수 TF 팀장으로 발탁했다. 도대체 그 이유가 무엇이었을까?

정몽구 회장의 용인술

정몽구 회장은 현대자동차그룹의 중역 인사에 관한 최종 결정권자였다. 그는 주요 직책을 맡길 중역은 직접 발탁하곤 했다. 그런데 과거 세간에서는 정몽구 회장의 인사 스타일에 관해 '럭비공 인사'라는 수식어를 붙였다. 어느 방향으로 튈지 모르는 럭비공처럼 예상 밖의 인사를 단행한다는 의미였다. 실제로 주요 직책을 맡은 중역들이 어느 날 갑자기 물러나거나 의외의 인물이 발탁되는 경우가 왕왕 있었다. 하지만 오너의 인사는 절대적인 의지이고, 누구도 그 이유를 따져 물을 수 없었다.

리더가 잘못된 인사를 남발하면 조직이 흔들리든 실적이 나빠지든, 어떤 형태로든 부작용이 나타나기 마련이다. 하지만 정몽구 회장의 인사 때문에 조직과 사업에 차질이나 손해가 발생한 적은 없었다. 오히려 정 회장은 현대그룹에서 계열 분리한 현대자동차그룹을 이끌면서 고속 성장을 구가했고 글로벌 시장에서도 빛나는 성과를 달성했다. '인사가 만사'라는 말이 있다. 세상 사람들의 말처럼 정 회장의 인사 스타일이 그저 '럭비공'이기만 했다면 과연 현대자동차그룹이 오늘날처럼 성장할 수 있었을까?

예전에 나는 정몽구 회장과 함께한 자리에서 이런 이야기를 들은 적이 있다.

"이봐, 자네들. 내가 집에서 가장 많은 시간을 보내며 하는 일이 뭔지 알아? 바로 우리 그룹 중역들 인사기록 카드 보는 거야."

정몽구 회장은 인사 구상에 관한 한 출근과 퇴근의 구분이 따로 없었다. 집에서 쉬면서도 항상 그룹 중역 인사기록을 들여다보면서 향후 인사에 관해 골똘하게 생각하는 것이 일상이었다. 나는 가끔 정 회장의 한남동 자택을 방문했는데, 그때마다 눈에 들어온 것은 소파 옆 테이블에 놓여 있던 그룹 인사기록 카드 파일이었다. 그만큼 정 회장은 현대의 주요 사업을 맡길 중역들의 인사기록을 수시로 들여다보고 상세하게 파악하고 있었다.

내가 현대제철 연구소장을 맡고 있던 2006년 10월 말의 일이다. 당진제철소 기공식을 마치고 얼마 뒤 정몽구 회장이 내게 구매본부장을 맡아보라는 지시를 내렸다. 정 회장은 연구소가 어느 정도 자리를 잡은 것으로 판단하고 내게 다른 역할을 맡기려는 뜻을 나타낸 것이었다. 하지만 나는 연구소의 기능이 매우 중요하다고 생각했기 때문에 잠시 머뭇거렸다.

"회장님. 물론 그 뜻을 따르겠습니다만, 지금 연구소 운영도 굉장히 중요한 일이라서 당장은…"
"아, 연구소는 박준철이 데려다 쓰면 되잖아!"

나는 적잖이 놀랐다. 정몽구 회장은 나를 구매본부장으로 보낸 다음의 후속 인사도 이미 머릿속에 그리고 있었던 것이다. 정 회장이 그 자리에서 언급한 인물은 당시 현대자동차 남양연구소에서 재료 분야를 연구하던 박준철 전무였다. 그는 서울대학교 공과대학 금속공학과를 졸업하고 미국 매사추세츠공대Massachusetts Institute of Technology, MIT에서 박사 학위를 받은 전문가였다. 개인적으로는 내가 졸업한 경기고등학교의 2년 선배이기도 했다. 이 사례만 보더라도 정몽구 회장이 그룹의 주요 포스트에 있는 중역들을 얼마나 훤하게 꿰고 있었는지를 알 수 있다.

정몽구 회장이 가장 왕성하게 활동하던 시기는 우리나라 기업들이 빠른 성장을 추구하면서 기존 사업을 확대하는 동시에 신규 사업도 활발하게 펼치던 때였다. 그러다 보니 새롭게 사업을 책임지고 이끌어나갈 핵심 인재들이 필요했다. 그래서 정 회장은 자신의 구상과 기대치에 부합하는 인물들을 누구보다도 상세하게 알아두고자 했다.

그는 자신이 발탁한 중역이 괜찮다고 판단하면 아주 오랫동안 기용했지만, 자신의 기대치를 충족시키지 못하면 즉각 경질하는 단호한 면모도 갖고 있었다. 이 때문에 요직에 발탁된 사람은 긴장의 끈을 늦출 수가 없었다.

재미있는 사실은 정몽구 회장이 한번 내친 사람을 다시 중용하는 경우도 적지 않았다는 점이다. 그저 사람에 대한 정이나 아량 때문이었을까? 내 생각에는 정몽구 회장이 자신이 구상하는 최선의 인사를 위해 가용할 수 있는 인적 자원을 최대한 폭넓게 유지하려고 했던 것이 아닐까 싶다.

정몽구 회장이 나를 발탁한 이유

정몽구 회장이 나를 한보철강 인수 TF 팀장으로 발탁했을 때 나는 그 이유를 물어보지 못했다. 다만 나중에 곰곰이 생각해보며 그의 의중을 짐작만 해볼 수 있었을 뿐이다.

우선 배경을 따져보면 현대그룹 내부에는 일관제철소 건설과 관련한 전문가가 부재했다. 한보철강 인수에 나섰던 당시 현대자동차그룹에는 INI스틸과 현대하이스코라는 철강회사가 있었다. 두 회사는 한보철강 매각 입찰에도 컨소시엄을 이뤄 참가했다. 이 두 곳은 철강재를 생산하기는 했지만, 일관제철소 사업과는 거리가 멀었다. INI스틸은 고로가 없이 전기로를 이용해 철근과 형강 제품을, 현대하이스코는 철강 반제품을 공급받아 냉연 공정을 통해 냉연 강판 그리고 현대강관 시절부터 이어온 파이프를 생산하고 있었다. 만약 당시 현대자동차그룹 내에 일관제철소 사업을 경험한 전문가 그룹이 존재했더라면 내가 발탁되는 일은 없었을 것이다. 그러나 그러한 전문가 그룹이 부재한 상황에서, 일관제철소 사업을 맡을 자격은 누구에게나 동등해진 셈이었다.

이 지점에서 정몽구 회장의 고민은 '큰일을 믿고 맡길 수 있는 사람은 누구인가?'라는 하나의 질문으로 압축되었을 것이다. 현대의 숙원사업인 '일관제철소 건설'이라는 초대형 프로젝트를 성공적으로 추진하려면 신뢰할 만한 역량을 가진 사람이 필요했다. 원대한 과업에 처음 도전하면서 마주하게 될 온갖 난관과 고비를 저돌적이면서 슬기롭게 헤쳐 나갈 적임자를 찾아야 했던 것이다.

뒤에서 자세히 설명하겠지만, 나는 1990년대 초 현대정공 구조연구실장으로 근무하던 시절에 정몽구 회장의 직접 지시로 울산에서 컨테이너 생산공장 자동화 문제를 해결한 적이 있었다. 그 시절 컨테이너 사업은 현대정공에서 매우 비중이 큰 사업이었다. 특히 정몽구 회장이 직접 발굴하고 육성한 사업이어서 관심과 애정이 아주 컸다. 이때 지지부진하던 생산공장 자동화 작업과 관련한 문제를 해결할 사람으로 정몽구 회장이 나를 콕 집어 지목했다. 그때만 하더라도 나는 고작 차장 직급에 있었고, 정몽구 회장을 대면한 것도 그 1년쯤 전에 의례적인 입사 인사를 나누며 지나쳤을 뿐이었다. 그런데도 정몽구 회장은 나를 기억하고 생산공장 자동화 문제의 해결을 맡겼다.

놀랍게도, 당시 나는 생산공장 자동화 문제에 관해 '불가不可'라는 결론을 내렸다. 아무리 검토해도 비용과 조건 면에서 경쟁력을 갖출 수가 없었다. 그런데 나의 보고를 받은 정몽구 회장은 고개를 끄덕이며 승인했다. 돌이켜보면 이때가 정몽구 회장이 나의 능력과 소신에 신뢰를 가진 계기가 아니었는가 싶다. 검토 결과는 물론 본인의 기대에 미치지 못했지만, 경영자 입장에서는 충분히 수긍할 만한 결론을 들었기 때문일 것이다.

그 후 나는 현대그룹의 우주항공사업을 전담했던 신설 계열사인 현대우주항공(주)(당시 현대기술개발, 이하 현대우주항공)으로 자리를 옮겨 로켓 엔진 개발 책임자를 맡아 오랫동안 과업을 수행했다. 그 과정에서 정몽구 회장에게 직접 보고하며 접촉 횟수가 많아졌다. 이러한 사정들을 고려하면 정몽구 회장이 나를 한보철강 인수 TF 팀장으로 발탁한 이유를 어느 정도 짐작해볼 수 있다. 잘 아는 부하이기 때문에 비교적 마음 편하게 일을 맡길 수 있었다는 점, 그리고 전혀 새로운 일을 맡겨도 해낼 수 있을 것이라는 기대가 있었다는 점이다. 물론 직접 물어본 적이 없으니 나의 짐작일 뿐이다.

한보철강 인수 작업을 맡다

2004년 6월, 마침내 나는 전무로 승진해 한보철강 인수 TF 팀장으로 'D프로젝트'팀에 합류했다. 사무실은 서울 서초구 뱅뱅사거리 인근 랜드마크타워 빌딩에 있었다. D프로젝트팀은 7월에 공식 출범했는데, 여기서 'D'는 당진 일관제철소를 뜻했다. 이는 다시 말해 한보철강 인수 작업과 동시에 일관제철소 건설 프로젝트도 개시된다는 의미였다.

처음 제철 사업에 합류했을 때 나는 철강산업에 대한 지식이 전혀 없었다. 이 무렵 정몽구 회장이 "용광로에 철광석이랑 석탄을 넣으면 어떻게 쇳물이 되어서 나오는가?"라는 질문을 내게 던진 적이 있었다. 나는 한 번도 제철 공정에 관해 생각해본 적이 없던 터였기 때문에 "잘 모르겠습니다."라고 솔직하게 답변했다. 제대로 알지도 못하는 사안을 아는 척할 수는 없는 노릇이었다. 정몽구 회장은 별다른 반응 없이 고개를 살짝 끄덕이기만 했다. 제철 분야에 처음 발을 내디딘 나의 입장을 이해하고 수긍했던 것이다. 그러나 그때부터 나의 치열한 공부가 시작됐다. 거의 매일 정몽구 회장에게 직접 보고해야 하는 위치여서 제철 사업을 신속하게 파악할 수밖에 없었다.

내가 처음 D프로젝트팀에 합류했을 때 전체 팀원은 20~30명 정도였다. 주로 INI스틸에서 온 사람들이었다. 그들 가운데는 나보다 직급이 높거나 나이가 많은 중역들도 있었다. 그들은 제철 사업 경험은 없더라도 어쨌든 철강회사 출신이기 때문에 철강 분야에 대한 지식을 갖춘 사람들이었다. 반면 나는 조선공학과 구조 엔지니어링을 전공한 사람이기 때문에 철강을 전혀 모르는 상황이었다. 그러다 보니 나를 대하는 태도가 상당히 배타적이었다. 철강의 '철'자도 모르는 풋내기가 무슨 일을 제대로 하겠느냐 하는 시선이었다. 나중에 가까워진 직원들에게 들어보니 "우 전무는 곧 잘릴 수도 있으니 업무 보고를 하지 말라."라는 이야기를 한 사람도 있었다고 했다. 정몽구 회장은 발탁한 인사가 기대에 못 미치면 가차 없이 내치는 경우도 많았기 때문이다.

하지만 그런 상황에 주눅들 수는 없었다. 사실 나는 직장생활을 하면서 완전히 새로운 프로젝트를 맡거나 낯선 환경에서 처음 보는 사람들과 일해야 했던 적이 많았다. 처음 입사한 현대중공업에서는 물론이고, 이후 현대정공과 현대우주항공, 그리고 현대모비스에서는 신규 사업을 하기 위하여 새로이 인재를 영입하고 팀을 구성하여 프로젝트를 추진하는 역할을 맡았다. 그때마다 끈질긴 노력과 친화력으로 어려운 상황을 극복해냈다. D프로젝트팀에서도 마찬가지였다. 어느 정도 시간이 흐르면서 팀원들과 서서히 융화되어 나갔다.

7월이 되어 우리는 한보철강 측과 정식 인수 계약을 체결했고, 9월에는 법원으로부터 한보철강 인수에 대한 인가를 받았다. 그리고 10월 1일이 되어 한보철강 당진공장 자산을 최종적으로 인수하는 절차를 마무리했다. 한보철강 인수를 위한 공식 절차가 비로소 끝난 것이다.

한보철강 인수합병식을 마치고 며칠 뒤 정몽구 회장이 당진공장을 방문했다. 그는 이 자리에서 당진공장의 조속한 정상화를 약속했다. 아울러 그동안 조심스럽게 준비해왔던 원대한 사업 계획을 발표했다. 국내 최대의 자동차용 고급 강판 전문 일관제철소를 짓겠다는 내용이었다. 선대 정주영 회장과 정몽구 회장의 2대에 걸친 숙원사업 추진이 드디어 궤도에 오르는 순간이었다.

쇳물에서
자동차까지

현대자동차그룹의 모태인 옛 현대그룹은 건설, 자동차, 조선 등 철강 다소비 업종을 주력 사업으로 삼아 굴지의 대기업으로 성장했다. 당시 현대그룹은 현대건설, 현대자동차, 현대중공업 등 주력 계열사들이 사용하는 철강재를 안정적으로 조달하는 것이 사업적으로 큰 과제 중 하나였다. 정주영 회장이 1978년 인천제철을 인수하면서 철강 사업에 뛰어든 배경이다. 그러나 앞서 언급한 바와 같이 일관제철소를 건설하려는 정주영 회장의 시도는 번번이 정부의 반대에 가로막혔다.

1996년에 현대그룹 회장에 취임한 정몽구 회장은 아버지의 뜻을 이어받아 다시 일관제철소 건설에 나섰다. 이때 정몽구 회장의 발목을 잡은 것은 1997년 외환위기 사태였다. 사업이 백지화됐지만 정몽구 회장은 포기하지 않았다. 현대그룹이 계열 분리되며 2000년부터 현대자동차그룹을 이끌게 된 정몽구 회장은, 2004년에 한보철강을 인수하면서 일관제철소 건설의 교두보를 마련했다. 이때 정몽구 회장이 구상한 것은 현대제철을 국내 최대의 자동차용 고급 강판 전문 일관제철소로 만드는 것이었다.

2010년 1월, 마침내 현대제철 당진제철소가 고로 1호기의 첫 가동에 들어가면서 정주영-정몽구 부자의 2대에 걸친 숙원사업인 일관제철소 건설의 꿈이 실현되기에 이르렀다. 현대제철은 2013년부터 당진제철소에서 3개의 고로를 가동하면서 연간 1200만 톤의 조강粗鋼 생산 능력을 갖추게 됐다. 기존 전기로 부문의 생산량을 더하면 총 2400만 톤의 조강 생산 능력을 확보한 세계 11위의 글로벌 종합제철소로 우뚝 선 것이다.

수직계열화의 완성

현대제철 당진제철소는 정몽구 회장의 뜻에 따라 자동차용 고급 강판 전문 제철소를 목표로 삼았다. 자동차용 고급 강판은 철강재 중에서도 기술적으로 가장 난이도가 높은 고부가가치 제품으로 꼽힌다. 그런데 현대제철은 당진제철소 가동 이후 불과 2년 만에 자동차용 고급 강판 개발에 성공하면서 뛰어난 기술력을 과시했다. 현대제철은 두 회사에 연간 400만 톤 가까운 강판을 공급하면서 동시에 협업을 통해 맞춤형 강재를 개발하기도 했다.

이로써 현대자동차그룹은 '쇳물에서 자동차까지' 직접 생산하는 수직계열화를 완성했다. 독자적으로 자동차용 고급 강판 생산 및 조달 체제를 갖추면서 주축 계열사인 현대자동차와 기아가 글로벌 자동차 시장에서 더 높은 품질 경쟁력과 생산 효율성을 확보하는 계기를 마련한 것이다. 지금 현대자동차그룹은 판매량 기준으로 세계 3위 완성차 회사의 위상을 과시하고 있다. 이 같은 빛나는 도약의 배경에는 같은 그룹 계열사로서 자동차용 고급 강판을 공급하는 현대제철의 기여가 적지 않다는 것이 분명한 사실이다.

물론 현대자동차와 기아가 자동차 생산에 필요한 철강재 전량을 현대제철에서 공급받는 것은 아니다. 생산 규모가 워낙 커진 만큼 포스코나 다른 외국 철강회사들의 제품도 사용한다. 그렇지만 핵심적이고 주된 철강재 공급원의 역할은 현대제철이 담당하고 있다.

현대제철 역시 고객 다변화를 위해 다른 글로벌 완성차 회사들과의 거래를 넓혀나가는 중이다. 현대제철은 현대자동차와 기아 외에 다른 계열사에도 든든한 동반자 역할을 하고 있다. 현대자동차그룹의 계열사 대부분이 철강 다소비 업종을 영위하고 있어 철강재의 안정적인 조달이 필요한데, 현대제철이 계열사들의 경쟁력 제고에 상당한 기여를 하는 것이다. 예를 들어 현대로템은 차륜형 장갑차 개발 과정에 현대제철의 장갑차용 판재를 제안했고, 현대건설은 튀르키예의 보스포러스 제3 대교 건설 공사에 특화된 철근, 형강, 후판 등을 현대제철에서 공급받기도 했다.

철강 공급의 경쟁 체제 확립

과거 현대그룹이 일관제철소 건설을 추진하며 내세운 논리는 '국내 산업 성장세를 고려하면 머지않아 철강 공급이 부족해질 것'이라는 예측을 바탕으로 '만성적인 국내 철강 공급을 해결하려면 일관제철소 건설이 불가피하다.'라는 것이었다.

실제 2000년대 들어 국내 철강 공급 부족은 심각해졌다. 포스코가 생산하는 철강만으로는 늘어나는 국내 수요를 충당하기가 어려워졌다. 그래서 국내 철강 수요 기업들은 부족한 철강재를 수입할 수밖에 없었다. 그 반사이익을 가장 많이 누린 것이 바로 일본의 철강회사들이었다. 일본 철강회사들은 생산 설비를 적극적으로 확충하면서 한국 시장에 철강재를 대규모로 수출했다. 현대그룹이 일관제철소 건설을 추진할 때마다 번번이 공급 과잉 우려를 이유로 반대했던 과거 정부의 판단은 그릇되었음이 입증된 것이다.

현대제철의 당진제철소 가동은 국내 산업 및 경제에 큰 전환점이 됐다. 유일하게 포스코가 일관제철소를 운영하던 체제에서 포스코와 현대제철의 경쟁 구도로 바뀌면서 국내 철강 수요 기업들이 철강재를 유연하게 조달할 수 있게 됐다. 그 덕분에 해당 기업들의 경쟁력도 높아지게 됐다. 아울러 해외에서 수입하던 철강재를 상당 부분 국내에서 조달할 수 있게 되면서 철강 무역수지 개선에도 크게 기여할 수 있었다. 그리고 국내 철강 전문 인력들에게 직장 선택의 폭을 넓히며 동기부여를 하는 순기능도 발휘했다.

지금 철강 업계에 찾아온 위기

성장을 구가하던 한국의 철강산업은 지금 커다란 위기를 맞고 있다. 과거 정부가 우려한 철강 과잉 공급 문제는 국내가 아닌 해외로부터 촉발됐다. 바로 중국의 철강 과잉 공급 사태다.

2000년대 이후 중국 정부는 경제 성장과 도시화 촉진을 위해 대규모 인프라 프로젝트에 집중했고, 철강 생산이 폭발적으로 증가했다. 2023년 기준 중국의 조강 생산량은 무려 연간 10억 톤을 웃돌며 세계 1위 자리를 차지하고 있다. 2~3위권 국가들의 조강 생산량이 1억 톤 안팎, 6위인 우리나라의 조강 생산량이 연간 6000만 톤 대라는 점을 고려하면 중국이 얼마나 압도적인 생산량을 자랑하는지 실감할 수 있다.

그러나 중국의 경제 성장률은 점차 둔화되기 시작했다. 철강 수요에 비해 공급이 과잉되는 사태가 벌어졌다. 그러자 중국은 남아도는 철강을 덤핑 가격으로 해외 시장에 공급하기 시작했다. 중국산 철강이 상대적으로 낮은 가격에 우리나라로 공급되면서 국내 철강업체들이 가격 경쟁에서 밀리는 경우가 많아졌다. 거기다 주요 수출 시장에서도 중국산 철강에 점유율을 잃게 됐다. 사실 이는 국내뿐만 아니라 세계 철강 업계에 찾아온 크나큰 위기다.

국내 철강업계가 지금의 난국을 타개하는 일은 결코 쉽지 않을 것이다. 하지만 손을 놓고 있을 수는 없다. 중국의 값싼 철강재에 맞서려면 고급화와 차별화 전략을 구사할 필요가 있다. 고부가가치 고급 강재 생산 비중을 높여 고급 강재 시장에 적극적으로 진출하는 한편, 고객사별 맞춤 서비스를 강화함으로써 단지 철강 제품 공급업체가 아니라 철강 엔지니어링 업체로 포지션을 전환할 필요가 있다.

일개 엔지니어에서
철강 CEO로

현대우주항공 시절부터 10년간 로켓 엔진 개발 책임자로 일했던 나는 정몽구 회장의 특명을 받아 말 그대로 어느 날 갑자기 현대제철 당진제철소 건설 프로젝트를 맡게 됐다. 한순간에 인생 커리어의 일대 전환이 일어난 셈이다. 그 길은 난생처음 걷는 길이었고, 가시밭길이 끊임없이 이어지는 길이었다. 애당초 내가 희망했던 길은 아니었지만, 내게 임무가 주어진 이상 그것은 나의 운명이 되었다.

나는 2004년 당진제철소 건설 프로젝트가 첫걸음을 뗀 이후 한보철강 인수 TF 팀장으로 시작해서 제철 사업 기획단장, 연구소장, 구매본부장을 거쳐 제철 사업 총괄사장을 역임했다. 당진제철소가 완공되기까지 내가 성격과 무게가 다른 여러 직책을 맡았던 것은 오로지 정몽구 회장의 의지에 따라서였다. 그리고 이전과 전혀 다른 새로운 직책을 맡을 때마다 점점 더 업무의 무게감과 책임감이 커졌다.

내가 맡았던 직책 가운데 나의 커리어와 연관이 있었던 것은 제철 사업 기획단장과 연구소장이었다고 할 수 있다. 나는 공학 박사이자 연구개발 전문가로서 각종 사업에서 기획 역량을 발휘한 바 있었고, 여러 계열사에서 연구 책임자 역할을 수행했다.

제철 사업 기획단장 시절에는 당진제철소 건설을 위한 마스터플랜을 입안하는 책임을 맡았다. 2005년 1월 초 정몽구 회장에게 보고하러 들어간 나는 마스터플랜 수립을 위한 기간으로 1년을 요청해 승인을 얻었다. 정몽구 회장은 1년이라는 기간이 빠듯할 것이라고 예상했지만, 마스터플랜은 그해 12월 크리스마스 이틀 전에 그의 책상 앞에 놓일 수 있었다. 당시 마스터플랜에는 연간 400만 톤 규모의 고로 두 개를 짓되 하나는 2010년 완공한다는 계획을 담았다. 두 개의 고로가 완공되면 연 최대 800만 톤의 쇳물을 생산하게 되는 것이었다. (나중에 원료 보관 장소로 야적장 대신 원형 돔을 건설하는 것으로 계획이 바뀌면서 고로를 하나 더 추가로 지을 수 있게 됐다.)

2005년 11월에 나는 전무에서 부사장으로 승진했다. 부사장으로의 진급은 나에게 의미가 큰 사건이었다. 갑자기 특별승진으로 이사에서 전무가 되고 나서, 전무로서의 업적을 평가받아 1년 반 만에 부사장으로 승진한 것이었다.

이듬해 3월에는 INI스틸이 현대제철로 회사명을 바꾸었다. 나는 당진에 새롭게 건립된 현대제철 기술연구소의 초대 연구소장을 맡았다. 연구소 건립은 나의 희망과 정몽구 회장의 연구개발 중시 경영이 빚어낸 합작품이었다. 연구소에 대해서는 뒤에서 좀 더 이야기할 것이다.

내가 연구소장을 맡고 있던 시기에 당진제철소 건설 공사의 첫 삽을 뜨는 기공식 행사가 열렸다. 2006년 10월 27일의 일이다. 그날 행사는 노무현 대통령이 참석한 가운데 청명한 날씨 속에서 성대하게 열렸다. 정몽구 회장은 가슴 벅찬 심정으로 인사말을 읊었다.

"현대제철의 일관제철소 건설은 한국 철강산업의 경쟁력을 배가할 뿐만 아니라 조선, 전자, 자동차 등 국가 기간산업의 국제 경쟁력을 높이는 데도 크게 기여할 것입니다. 일관제철소의 성공적인 건설을 통해 지역 균형발전을 도모하는 것은 물론 국민경제 성장에도 큰 밑거름이 될 것입니다."

그 얼마 뒤 서울 양재동 현대자동차그룹 본사 회장실에서 제철 사업과 관련된 주요 관계자들이 모인 회의가 열렸다. 회의가 어느 정도 진행되고 있는 시점에 정몽구 회장이 갑자기 참석자들을 모두 회장실 밖으로 내보내고 나만 남도록 지시했다. 뭔가 심상치 않은 느낌이 들었다. 정몽구 회장이 이윽고 운을 떼었다.

"이봐, 이제부터 구매 업무를 좀 맡아보지 그래. 자네가 제철소 마스터플랜을 짜면서 설비 도입 계획도 세우고 했으니까 구매를 맡아도 되잖아."

이번에도 예상하지 못한 인사였지만, 언뜻 생각해보니 수긍할 만했다. 그렇게 나는 11월에 구매본부장으로 옷을 갈아입었고, 2009년 초까지 회사의 구매 업무를 총괄했다.

구매본부장의 업무 범위는 생각보다 넓었다. 당진제철소 건설에 필요한 설비 구매가 가장 비중이 컸지만, 철광석이나 석탄 등 제철 원료 구매도 만만치 않은 일이었다. 게다가 기존 전기로 공장에서 원료로 사용하는 고철 구매도 맡는 등 현대제철 전체의 구매 업무를 총괄하게 됐다. 그렇게 약 2년 4개월간 구매 업무를 총괄하면서 제철소 건설에 필요한 설비와 원료 등의 조달을 담당했다.

그리고 2009년 3월, 정몽구 회장은 또다시 나에게 새롭고도 무거운 직책을 부여했다. 바로 제철 사업 총괄사장이라는 지위였다. 구매 업무가 거의 완료됐다고 판단하고 나를 제철소 건설 공사를 총지휘하는 자리로 이동시킨 것이었다.

내가 제철 사업 총괄사장에 올랐을 때 느낀 압박감은 엄청났다. 2010년 1월 가동을 목표로 한 당진제철소 제1 고로 건설 마감 시한이 1년도 채 남지 않은 상황이었기 때문이다. 제철소 건설의 실질적인 총괄 책임자가 된 나는 총 10조 원이 넘는 막대한 예산이 투입된 당진제철소의 성공적인 완공을 위해 비상한 각오로 총력을 기울여야 했다. 총괄 책임자인 나는 물론이고 공사에 관여했던 모든 인원이 엄청난 집중력과 열정을 발휘한 끝에 계획했던 공기工期를 간신히 맞출 수 있었다.

하지만 정몽구 회장에게는 나의 쓰임새가 여전히 남아 있었다. 당진제철소가 본격 가동되기 시작한 후 그는 나를 대표이사 사장으로 승진시켰고, 또 몇 년 뒤에는 부회장으로 임명했다. 제철소 건설 과정에서 사업 기획, 연구소, 구매, 건설을 순차적으로 맡겼다면, 제철소 건설 이후에는 생산과 개발, 영업 등 경영 전반을 책임지게 한 것이다.

이제 돌아보면 전 세계 제철소 경영자 가운데 나만큼 업무 범위가 넓은 사람은 없었을 것이다. 제철소의 건설부터 운영까지 프로젝트에 필요한 모든 과정이 나의 업무 범위였다. 그렇게 된 이유는 단 한 가지, 오너인 정몽구 회장이 나에게 그렇게 지시했기 때문이다. 그는 "당신에게 모든 권한을 줄 테니, 그게 무엇이든 돌파하고 해결하라."라고 지시했다. 그리고 나는 그의 명에 따라 제철 프로젝트를 성공적으로 완수했다.

처음 현대에 입사했을 때 일개 엔지니어였던 나는, 정몽구 회장이 직접 부여한 미션을 수행해나가며 어느새 현대제철의 CEO로 거듭났다. 어떻게 이런 일이 가능할 수 있었는지, 이제부터 그 과정과 내막에 관한, 세간에 알려지지 않은 기나긴 이야기를 해보려고 한다.

제2장

엔지니어로서의
첫 출발

조선공학도가 된
계기

1976년, 나는 서울대학교 공과대학에 진학했다. 사실 이전까지만 해도 내 꿈은 의사가 되는 것이었다. 그런데 고3 시절 여름방학 중에 친구의 부상을 계기로 내가 피를 보는 것에 두려움을 느낀다는 사실을 알게 됐다. 의사가 되는 길은 나와 맞지 않는다는 판단하에 나는 의대 진학이라는 목표를 접고 공과대학으로 진로를 바꾸었다.

내가 다닌 고등학교는 서울의 경기고등학교였는데, 여기에는 조정漕艇부가 있었다. 조정이라는 종목이 매력적으로 느껴졌던 나는 입학하고서 얼마 지나지 않아 조정부에 가입했다. 조정은 강인한 체력과 지치지 않는 지구력이 요구되는 운동이다. 조정 경기를 보면 배가 물 위를 아주 부드럽게 미끄러지며 나가는 것처럼 보이는데, 선수들이 엄청나게 힘을 쏟아붓기에 가능한 것이다. 당시 나는 키가 183cm에 몸무게가 63kg으로 키에 비해 왜소한 편이었다. 코치는 "몸무게가 70kg만 됐더라면 특기생으로 대학교에 보낼 수 있었을 텐데."라고 아쉬워하곤 했다.

조정의 종주국인 영국에서는 옥스퍼드대University of Oxford와 케임브리지대University of Cambridge가 템스강에서 펼치는 조정 경기가 국민적인 관심을 받을 정도로 인기가 높다. 미국의 아이비리그에서도 하버드대Harvard University와 예일대Yale University 간의 조정 경기는 긴 전통을 자랑한다. 서구에서는 조정 선수라 하면 문무를 겸비한 인재로 여기는 인식이 퍼져 있다. 우리나라에도 과거 서울대와 해군사관학교 조정부가 맞붙던 '문무전文武戰'이 있었다. 일본에서는 와세다대Waseda University와 게이오대Keio University가 조정 라이벌전의 전통을 100년 넘게 이어왔다.

한국에서 조정은 비록 대중적인 운동은 아니었지만, 나는 조정에 깊은 흥미를 느꼈고 단순한 취미 이상의 열정을 가졌다. 경기고의 조정부는 대한체육회에 등록된 정식 아마추어 선수단이었으며, 학교장인 서장석 선생님이 고교조정연맹 회장을 맡고 있었기에 적극적인 지원을 받을 수 있었다. 우리는 전국체전에 출전하는 등 중요한 대회에 빠짐없이 참가했다.

하지만 아쉬운 점도 있었다. 내가 출전했던 어느 대회에서도 우리 조정부는 우승하지 못했다. 이유는 명확했다. 경기고의 조정부 선수들은 1학년 때 열심히 훈련하여 대회에 출전했으나, 2학년과 3학년 시절에는 대학 입시 준비로 인해 운동을 그만두었다. 반면 다른 학교들은 고학년이 되어서도 꾸준히 실력을 갈고닦아 3학년 때 최상의 경기력을 발휘했다. 결국 우리는 상대팀보다는 뒤떨어질 수밖에 없었다.

고등학교를 졸업하며 노를 저어 물살을 가르던 추억을 뒤로하고 나는 서울대학교 공과대학에 입학했다. 당시 서울대는 단과대학별로 계열별 모집을 했기 때문에 1학년 동안은 나에게 맞는 전공을 탐색할 시간을 가질 수 있었다. 앞서 언급한 것처럼 서울대에도 조정부가 있고, 입학한 후에 입부를 권유받기도 했다. 하지만 나는 거절했다. 조정은 힘든 운동이었고, 대학 생활을 조금 더 자유롭게 보내고 싶었다. 1학년 시절, 나는 친구들과 어울려 MT도 가고 미팅도 했다. 그리고 영화 감상과 사진반 활동 등을 하며 다양한 경험을 했다. 그러다 보니 공부는 뒷전이 됐다.

어느새 1년이 훌쩍 흘러가 전공학과를 선택할 시간이 다가왔다. 나는 기계공학 분야에 관심이 있었기 때문에 기계공학과, 기계설계학과, 조선공학과, 항공공학과를 후보로 두고 고민했다. 당시 전공 선택에는 입시 성적과 1학년 성적의 합산 점수가 기준이 됐다. 내 대학 입시 성적은 우수했지만, 1학년 성적이 신통치 않아 선택의 폭이 좁아졌다. 그 결과 실질적으로 선택 가능한 학과 중에서 조선공학과를 선택하게 됐다. 고교 시절 조정부에서 활동하며 배와 친숙했던 점도 조선공학과를 선택하는 데 영향이 있었다.

서울대 조선공학과는 1946년에 개설된 국내 최초의 조선공학 교육 기관이다. 본래 조선과 항공 분야를 아우르는 조선항공공학과로 운영되다가, 두 전공이 분리되며 조선공학과가 됐다. 그 후 다시 명칭이 바뀌어 현재는 조선해양공학과로 운영되고 있다.

동기들 대부분은 졸업 후 조선소에 취업해 국내 조선산업 발전에 큰 기여를 했다. 나는 졸업 후 현대중공업 울산조선소에서 4년가량 근무한 것을 제외하면 조선업을 떠나 다른 분야에서 활동했다. 그렇기에 'K-조선'의 성공에 직접적으로 기여했다고 보기는 어렵다. 하지만 우리 동기들이 한국 조선산업을 세계적인 수준으로 끌어올리는 데 중요한 역할을 한 점을 항상 자랑스럽게 여긴다.

용접을
전공으로 택하다

    1979년, 대학교 졸업을 앞두고 나는 대학원 진학을 결정했다. 당시 정부가 도입한 '자연계 교원 확보를 위한 특별조치법'에 따라 서울대 공대 대학원을 졸업하면 병역 기간이 단축되는 혜택을 받을 수 있었다. 이는 석사 과정을 통해 심도 있는 공부를 할 수 있을 뿐만 아니라 군 복무 문제를 한결 수월하게 해결할 수 있는 기회였기에 많은 서울대 공대생들이 대학원으로 진로를 정했다. 나 역시 그중 한 명이었다. 대학원 재학 동안 교수 요원 신분으로 장학금을 받았으며, 이후 6개월간 군 복무를 마치고 소위로 예편했다.

    대학에서 전공한 조선공학의 세부 전공은 크게 유체와 고체로 나뉜다. 쉽게 말해 유체는 물, 고체는 쇠에 해당한다. 유체 분야는 선박 설계와 관련이 깊고, 고체 분야는 선박 건조와 연결된다. 나는 고체 분야 중에서도 용접공학을 석사 학위 전공으로 선택했다. 용접은 선박 건조 과정에서 핵심적인 기술로, 조선소를 비롯한 다양한 산업 현장에서 광범위하게 활용된다.

내가 용접공학을 전공하게 된 데는 몇 가지 우연한 계기가 있었다. 어린 시절, 아버지의 가까운 친구였던 '강 사장'이라는 분이 계셨다. 아버지와 강 사장은 6.25 전쟁 당시 북한에서 남으로 내려온 실향민으로, 고향에 대한 그리움 때문에 미국 이민을 꿈꿨다. 미국 시민권을 얻으면 북한에 방문하는 것이 수월했기 때문이다. 하지만 1960년대 초 당시 미국은 한국인의 이민을 거의 허용하지 않았고, 이에 두 분은 먼저 브라질로 농업 이민을 간 후 미국으로 이민하는 우회 방법을 계획했다. 이때 강 사장은 실제로 브라질로 이주해 훗날 미국에 정착했지만, 우리 부모님은 브라질에서의 농업 생활이 쉽지 않을 것이라 판단해 계획을 접었다.

그 후 많은 시간이 지나, 내가 대학에 다니던 시절에 강 사장의 아들이 한국을 방문했다. 그는 미국에서 살다가 독일로 건너가 정착했는데, 독일의 유명 용접 기계 회사인 클루스CLOOS의 직원으로서 서울에서 열린 산업전시회에 참가하기 위해 방한한 것이었다.

아버지끼리 절친한 친구였으므로 자연스럽게 그는 우리 집에 들러 인사를 나눴다. 그때 그는 내가 서울대 공대에 다닌다는 얘기를 듣고 전시회에 와서 한번 구경해보라고 권했다. 다양한 산업 분야의 최신 기계와 설비, 제품들을 살펴볼 수 있는 기회여서 나는 흔쾌히 전시회에 방문했다. 전시회에서 그는 나에게 "용접은 굉장히 유망한 분야"라고 말해주었다. 용접 기술과 용접 기계로 유명한 회사인 클루스의 직원이니 자연스럽게 할 수 있는 말이었다. 그런데 훗날 내가 대학원 진학을 앞두고 전공으로 어떤 분야를 선택할 것인가를 고민할 때 그날의 만남이 불현듯 떠올랐다. 그 길로 나는 용접공학을 전공으로 선택했다.

대학원에서는 박종은 교수님이 나의 지도교수였다. 그는 원래 서울대 공대의 공업교육과 교수로 계셨는데, 공업교육과가 폐지되면서 조선공학과로 이동하게 됐다. 공업교육과는 1970년대 후반까지 서울대 공대에 존재했던 학과로, 공업 교사를 양성하기 위해 설립되었으나 졸업생들이 교직 대신 다른 진로를 택하곤 하면서 학과가 폐지됐다. 이 과정에서 각각의 교수들은 다른 학과로 이동했는데, 박종은 교수는 용접 분야의 전문성을 바탕으로 조선공학과에 자리를 잡았다. 만약 공업교육과가 폐지되지 않았다면 그가 조선공학과로 오지 않았을 것이고, 나 역시 용접공학을 끝까지 고집하지 않았을 가능성이 컸다. 이렇게 보면 인생의 선택은 때로 예상치 못한 우연에 의해 좌우되기도 하는 듯하다.

나는 대학원에서 용접공학을 연구하며 석사 학위 논문도 이와 관련된 주제로 썼다. 하지만 학문으로 접하는 용접은 매우 이론적이라 실제 산업 현장에서 활용되는 기술과는 거리가 있었다. 용접은 실용적인 기술이다 보니 산업 현장이 먼저 발달하고, 학문은 이를 뒤따라가는 구조였다.

석사 과정을 마친 후, 나는 첫 직장으로 현대중공업에 입사해 용접 관련 업무를 맡았다. 나중에 미국 유학을 떠난 뒤로는 용접 분야의 일을 하지는 않았다. 그렇지만 용접공학을 전공한 경력은 내 커리어에 오랫동안 긍정적으로 작용했다. 특히 현대제철로 처음 발령받았을 때가 기억에 남는다. 제철 분야에 대한 배경지식이 부족하다는 이유로 사람들은 나를 무시하곤 했다.

"당신, 제철에 대해 모르잖아요."

내가 무시당하고 가만히 있을 사람이 아니다. 그때마다 나는 맞받아쳤다.

"이래봬도 내가 용접 전공한 사람입니다. 제철도 쇳물 다루는 일이고 용접도 쇳물로 하는 일이잖아요!"

현대그룹과의 첫 만남, 현대중공업

    서울대학교 조선공학과 대학원에서 석사 학위를 취득한 후, 1983년에 나는 현대중공업에 입사했다. 그 시절 국내 조선업계에서는 현대중공업, 삼성중공업, 대우중공업 등 대기업 계열사를 비롯해 대한조선공사, 코리아타코마 등이 유력한 조선업체로 꼽혔다. 그중에서도 현대중공업은 사업 규모와 경쟁력에서 압도적인 선두 주자였다.

    당시 대학원 지도교수였던 박종은 교수님은 현대중공업을 추천하며 "다른 것 생각 말고 울산으로 내려가라."라는 조언을 해주셨다. 당시 취업에 대해 깊이 고민하지 않았기에, 지도교수의 권유와 국내 1위 조선사라는 점에 이끌려 자연스럽게 현대중공업을 첫 직장으로 선택했다. 또한 현대중공업과 현대그룹을 설립한 정주영 회장이 주는 시대적 영웅의 이미지에도 호감을 느꼈다.

울산조선소에 입사하다

현대중공업 울산조선소에 입사하자마자 발령받은 부서는 '조선품질관리부', 흔히 QC^{Quality Control}라 불리는 부서였다. 이 부서로부터 용접연구소가 출범했고, 나중에 나는 용접연구소 소속으로 발령받았다.

입사 당시 나는 대학원 석사 경력 2년을 인정받아 4급 3년 차 경력사원으로 채용되었는데, 현장에서는 나를 '기사'라는 호칭으로 불렀다. 입사한 직후의 조회가 기억난다. 그때 사회자가 나를 단상 위로 불러내고는 소개하기 시작했다.

"이번에 새로 현장에 온 신입사원 우유철 기사를 소개하겠습니다. 우리 조선소 QC와 선체건조부에 서울대를 졸업한 직원이 몇 분 있는데, 서울대 대학원을 나온 분이 입사한 것은 최초입니다. 박수로 환영합시다!"

단상 위에서 많은 사람들의 눈길을 받으니 꽤 민망한 기분이

들었다. 주변 직원들은 서울대 석사 출신인 내가 험난한 조선소 생활을 선택한 것을 의아해하는 눈빛으로 쳐다보는 듯했다. 당시 서울대 조선공학대학원 졸업생들은 주로 설계나 연구 부서로 배치되는 것이 관례였다. 하지만 나는 품질 관리 업무와 밀접한 기술 부서에서 일하게 되었고, 그곳에서 만난 동료들은 공업고등학교를 졸업하거나 직업훈련원에서 용접 자격증을 취득하고 입사한 이들이 대부분이었다. 아니나 다를까, 나중에 현장 동료들과 친숙해진 뒤에 이야기를 나눠보니 내가 처음 입사했을 때는 다들 신기하고 독특한 친구라 생각했다고 했다.

울산조선소에서 내가 맡은 첫 번째 업무 현장은 선박을 건조하는 곳이었다. 당시 조선품질관리부와 선체건조부는 업무 연결성이 높아 함께 하나의 사무실을 썼다. 이때 조선품질관리부의 인원은 약 300명, 선체건조부의 인원은 무려 약 5,000명에 달했다. 당시에는 지금처럼 협력업체 직원을 비정규직으로 운영하는 제도가 없어서 회사에서 필요한 인력은 모두 직접 채용하여 운영했기 때문이었다.

조회라고 하니 '일터에서 그런 것도 하나?' 하고 의아하게 여기는 이들이 있을 듯하다. 그 시절 조선소에서는 아침마다 조회를 열고 단체로 체조를 한 뒤 구보를 뛴 다음 업무를 시작했다. 간혹 직원들의 두발 검사를 실시하기도 했다. 조선소의 선박 건조 현장에는 수많은 인력이 투입되고, 위험 요소가 많은 데다 힘든 업무도 많아서 근무 기강을 세우기 위한 조치였다. 군대처럼 엄격한 규율 속에서 일하는 분위기가 당연하게 여겨지던 시절이었다.

조선 작업의 핵심, 용접

내가 현대중공업에 입사해 처음 담당했던 배는 SEDCO라는 미국 회사의 반잠수식 석유시추선이었다. 그때 내가 주변 사람들에게 자주 했던 넋두리가 있다.

> "이 배에서 국산은 우리 근로자들의 땀밖에 없다. 배의 설계 도면도 외국산이고, 용접 기계도 외국산이고, 용접봉도 외국산이다. 우리는 용접만 하는 것 아니냐."

당시 현대중공업은 아직 선박을 독자적으로 설계하지 못해 외국 회사의 설계 도면을 구매해 작업을 진행하고 있었다. (그때는 노르웨이가 선박 설계 분야에서 큰 영향력을 발휘하며 강국으로 군림했다.) 도면은 물론, 선박 건조에 필요한 용접 기계나 용접봉 등 핵심 자재까지 모두 외국산이었으니 내 푸념은 크게 틀린 말이 아니었다.

하지만 그랬기 때문에 선박 건조 과정에서 '용접'이 차지하는 비중이 매우 컸다. 설계 도면에 따라 강철 후판을 자르고 붙여 작은 블록 단위로 조립하고, 그것을 다시 더 큰 블록으로 맞춰가며 최종적으로 배를 완성하는 과정에서 용접은 필수 기술이었다. 또한 용접 상태는 선박 품질을 결정짓는 핵심 기준이었다. 내가 조선품질관리부에서 맡은 주요 업무는 바로 이 용접 상태를 검사하고 확인하는 일이었다.

선박 건조 계약을 할 때는 해당 선박이 어떤 등급에 해당하는지를 명시하게 된다. 이를 '선급船級'이라고 하는데, 선급은 국제적으로 활동하는 주요 선급협회가 부여하고 있다. 조선업체는 계약서에 명시된 선급협회의 규정에 맞춰 선박을 건조해야 한다. 이때 조선업체는 선주와 연불 조건으로 선박 건조 계약을 맺는다. 처음 계약할 때 계약금을 받고, 나머지 대금은 건조 단계마다 일정 진척률을 충족해야만 다음 중도금을 받는 것이다.

블록 조립의 진행 및 공정 진도율을 따지는 가장 큰 기준은 바로 용접이었다. 선체건조부의 용접사들이 작업을 완료하면, 내가 그 상태를 검사한 후 이를 선주와 선급협회 감독관의 최종 승인까지 연결하는 역할을 했다. 요컨대 내가 조선품질관리부에서 맡았던 업무는 단순히 품질 보장에 그치지 않고 회사의 재무 흐름과도 직결되는 중요한 절차였다.

당시 나는 20명 정도의 용접사를 관리했다. 대부분 20대인 젊은 직원들이었는데, 나도 20대 후반이어서 서로 친근했지만 업무적으로는 그들을 관리하고 지휘하는 역할을 맡아야 했다. 또 그들이 작업한 용접 상태를 검사하기 위해서는 나도 용접을 알 필요가 있었다. 대학원에서 용접을 학문적으로 전공해 석사 학위를 받았지만, 실제 현장에서 쓰이는 용접은 또 다른 영역이었다.

용접을 쉬운 일이라 생각하는 이들이 일부 있다. 그러나 용접은 상당한 전문성을 요구하는 특수작업이다. 조선소에서 용접사로 일하려면 기본적으로 용접 자격증을 갖고 있어야 한다. 이 자격증 중에 국제적으로 널리 인정되는 것이 미국선급협회American Bureau of Shipping, ABS가 주관하는 Q2 자격증이다. 나는 용접 작업을 직접 할 필요는 없었지만, 용접 실무를 이해하기 위해 Q2 자격증 시험에 응시했다. 하지만 두세 차례 시도했음에도 결국 자격증을 따내지는 못했다. 외관 검사Visual Inspection는 합격했으나 비파괴검사X-Ray에서 용접 표면에 남은 슬래그slag라는 작은 이물질이 늘 내 발목을 잡았다. 그렇지만 이 일로 나는 용접이 얼마나 섬세한 기술과 집중력을 요구하는지 절실히 깨달았다.

내가 일하던 부서에서는 용접 기술을 개발하기도 했다. 새로운 기술을 개발하면 선급협회의 승인인 PQProcedure Qualification를 받아 WPSWelding Procedure Specification를 발급하여 선박 건조 현장에서 적용하게 된다. 나는 용접 실무를 알고 있었기 때문에 작업자의 편의를 고려하는 기술과 방법을 우선적으로 개발하고자 했다.

울산조선소의 하루

그 시절 현대중공업 울산조선소의 근무 시작 시각은 아침 7시 30분이었다. 하지만 본격적인 근무에 앞서 준비가 필요한 절차들이 있었기에 보통 새벽 6시 30분에는 사무실에 출근해야 했다. 조선소는 워낙 규모가 커서 정문에서 사무실까지 도보로 약 20분이 소요됐다. 이 때문에 정문에 도착한 후 근처를 지나가는 오토바이를 얻어 타고 현장으로 이동하는 일도 있었다.

사무실에 도착하여 아침 구보와 조회를 마치면 7시쯤인데, 이때부터 나는 그날의 작업지시서와 용접 장비 등을 챙겨 현장으로 가서 용접사들에게 작업을 배당했다. 그리고 7시 30분이 되어 업무의 시작을 알리는 사이렌 소리와 함께 용접사들이 용접봉에 불꽃을 점화Arc Strike하면 공식적으로 근무가 시작됐다.

근무시간은 저녁 7시까지였으니, 하루 12시간 정도를 근무한 셈이다. 하지만 일이 많을 때는 퇴근이 늦어지기 일쑤였고, 일이 끝났더라도 동료들이 아직 사무실에 있으면 눈치가 보여 쉽게 자리를 뜰 수 없었다. 게다가 나는 울산에 따로 연고가 없었으니 먼저 퇴근해봐야 딱히 할 일도 없었다. 그래서 주로 퇴근 후에는 회사 동료들과 어울려 시간을 보내는 게 다반사였다.

지금은 상상하기 힘든 일화도 있다. 입사 첫해, 12월의 크리스마스이브에 벌어진 일이었다. 울산에서 맞는 첫 크리스마스를 기넘하며 동료들과 밤늦게까지 파티를 즐긴 후 숙소로 돌아왔다. 다음 날은 쉬는 날이니 마음껏 잠을 자도 되리라고 생각했다. 그런데 깊은 잠에 빠져 있던 아침, 누군가 숙소 문을 쾅쾅 두드리는 소리가 들렸다. 일어나 문을 열어보니 후배인 윤중근 연구원이 서 있었다.

"뭐야, 무슨 일인데?"

"부장님이 지금 난리 났어요. 우 기사는 왜 출근 안 하냐고 하시면서…."

"오늘 크리스마스잖아. 휴일 아냐?"

"부장님이 가서 전하라고 하셨어요. 예수님 생일에 우리가 왜 노느냐고."

"나 도저히 못 가니까 대신 월차 신청서 좀 내줘."

"오늘은 휴일이라서 월차 신청이 안 되는데요."

나는 헛웃음을 지으며 피곤한 몸을 끌고 후배를 따라나섰다. 크리스마스는 공식 휴일이었지만 부서장이 출근하라고 하면 따르는 수밖에 없었다. 어처구니없게도 전날에 같이 놀았던 동료들은 모두 출근해 있었다. 왜 미리 말해주지 않았냐고 물어보니, 출근하는 것이 너무 당연해서 따로 얘기하지 않았다고 했다.

그 시절에는 이와 비슷한 일들이 비일비재했다. 우리는 '산업

전사'로서 언제든 일할 준비가 되어 있어야 했다. 개인의 사정과 휴식보다 일이 우선이었던 시절. 지금 돌아보면 황당하기도 하지만, 당시의 풍경은 그때의 사회적 분위기나 사람들이 우선하는 가치가 무엇이었는지를 잘 보여준다.

엉뚱한 자유인

나는 현대중공업에 근무하던 시절 맡은 업무에 최선을 다했다. 그렇지만 '자유인' 기질이 있어서 다소 엉뚱한 행동을 할 때도 있었다.

나는 사람이나 사물을 유심히 관찰하는 습관이 있다. 그 시절에는 조직이 어떻게 움직이는지를 수시로 관찰했다. 내가 보기에 우리 부서에서 일을 가장 많이 하는 사람은 부장이었다. 업무 전반을 관장하다 보니 항상 바쁘게 일했다. 그런데 부장 위의 중역은 맨날 사무실에 혼자 앉아 있고 별로 할 일도 없는 것처럼 보였다.

동료들 사이에서는 중역의 사무실을 '닭장'이라 불렀다. 닭장은 우리 평사원들과는 거리가 먼 공간이었다. 그런데 나는 달랐다. 별다른 보고 사항이나 지시를 받을 것이 없어도 가끔 닭장에 가서 중역들과 함께 이런저런 대화를 나누며 시간을 보내곤 했다. 대체 어떤 평사원이 자기보다 직급이 훨씬 높고 나이도 많은 중역의 사무실에 놀러 가듯 하겠는가? 그리고 그런 평사원을 받아주는 중역이 어디 있겠는가? 바로 울산조선소에 있었다. 내가 찾아가면 중역들은 흔쾌히 말 상대를 해주었다.

물론 내가 엉뚱하고 시답잖은 이야기를 했다면 금세 내쫓았을 것이다. 하지만 나는 호기심이 많아서 업무와 관련해 궁금한 것들을 중역들에게 이것저것 물어봤고, 그런 내가 기특했는지 중역들은 너그럽게 답해주었다. 이때 중역들에게 들었던 이야기들은 이후 나의 직장생활에서 요긴하게 쓰일 깨달음을 주었으며 커리어에도 큰 도움이 됐다.

한번은 이런 일도 있었다. 당대에 유명한 소설가였던 이병주 선생이 울산조선소에 특강을 하러 왔다. 나는 그의 문체와 작품에 큰 감명을 받았던 터라 어떤 강연을 할지 무척 궁금했다. 그런데 문제가 있었다. 강연 참석 자격이 과장급 이상으로 한정된 것이다. 고작 대리였던 나는 참석할 수가 없었다. 하지만 호기심을 참을 수 없었던 나는 그냥 강연장으로 향했다. 울산조선소가 워낙 큰 조직이다 보니 대리 직급인 기사 한 명이 슬쩍 자리를 비운다고 해서 금방 눈에 띌 일은 없을 거라 여겼다.

강연장에 들어서니 뒤쪽 자리는 벌써 만석이었다. 별수 없이 나는 단상 바로 앞에 남은 몇 자리 중 하나를 골라 앉았다. 그리고 눈을 초롱초롱하게 뜨고 이병주 선생의 강연을 들을 만반의 준비를 마쳤다.

그러나 넘치는 것은 의욕뿐이었다. 워낙 몸이 피로하다 보니 강의 내용이 귀에 들어오지 않았다. 얼마 지나지 않아 졸음이 밀려오기 시작했고, 나도 모르게 졸기 시작했다. 그렇게 강연이 끝날 때까지 꾸벅꾸벅 졸았던 모양이다. 어느새 강연이 끝나 몰래 강연장을 빠져나가려는데, 교육 담당 직원으로 보이는 사람이 나를 불렀다. 그는 내 직급과 신분을 확인하고는 쏘아붙이기 시작했다.

"아니, 여기는 과장 이상만 오는 자리인데 대리가 왜 왔어요? 그리고 회사에서 어렵게 모신 분이 강연하는데 그렇게 졸면 어떻게 합니까!"

나는 할 말이 없었다. '아, 어쩌지? 사무실 돌아가면 이제 죽었구나. 졸지만 않았어도 이런 일은 없었을 텐데…' 하며 나는 잔뜩 기가 죽은 채 사무실로 돌아갔다. 사무실에 들어서니 이미 인사부에서 우리 사무실에 전화로 통보한 모양이었다. 나는 상사에게 솔직하게 잘못을 인정하고 용서를 구했다. 천만다행으로 몇 마디 꾸중만 듣고는 큰일 없이 넘어갔다.

울산을 떠나
더 큰 미래로

현대중공업 울산조선소에 근무한 지도 몇 년이 지난 1985년 무렵이었다. 나는 업무에 잘 적응하고 회사 사람들과도 원만히 지내 별다른 걱정거리가 없었다. 다만 가끔 일상이 지루하다는 느낌이 가슴을 스칠 때가 있었다.

그러던 어느 날, '박노범'이라는 친구가 오랜만에 연락을 해왔다. 그는 삼수로 서울대 영어영문학과에 입학했는데, 재학 중에 공인회계사 시험을 준비하여 합격했다. 그리고 공인회계사 시보試補 신분으로 당시 울산 방어진에 있던 외환은행 지점에 감사를 나온 참에, 나에게 잠시 얼굴이나 보자고 연락을 한 것이었다. 마침 내가 근무하던 현대중공업 울산조선소와 아주 가까운 곳이었기에 흔쾌히 응했다.

나는 안전모와 안전화를 착용한 채 그를 만나러 갔다. 사무실에 들어서니 말쑥하게 양복을 차려입은 회계사 여러 명이 한창 일하고 있었다. 친구가 나를 보더니 반가운 얼굴로 손을 흔들었다. 그역시 옷차림이나 분위기가 근사하고 산뜻했다. 서로 근황을 물으며잠시 인사를 나눈 뒤 우리는 저녁에 다시 만나 식사하기로 했다. 친구와 작별하고 문득 뒤를 돌아봤는데, 잠깐 멈칫했다. 내가 신은 안전화의 발자국이 바닥에 깔린 카펫에 선명하게 남아 있었다.

저녁 퇴근 후에 나는 친구가 예약해둔 식당으로 향했다. 평소내가 쉽게 발을 들여놓지 못하던 고급 횟집이었다. 친구와 식사하며 이런저런 이야기를 나누면서 나는 친구와 자신을 무심히 비교하게 됐다. 다음 날부터 내 머릿속에는 한 가지 생각이 자리를 잡고떠나지 않았다. '이 친구는 삼수까지 해서 어렵게 대학교에 들어갔지만, 사회적 성취는 나보다 훨씬 빠르겠구나.' 하는 생각이었다.

나는 서울 한복판에서 나고 자란 전형적인 '시티 보이' 출신이었다. 학창 시절을 풍부한 문화생활과 자유로움 속에서 보냈다. 그러나 울산이라는 바닷가 공업도시에서 매일 작업복 차림으로 조선소 현장에 얽매이며 살다 보니 어딘가 답답한 마음이 들곤 했다. 과거의 향수가 지금의 생활을 삭막하고 무미건조하게 느껴지도록 만든 것이다. 그러던 차에 세련된 양복 차림으로 깔끔한 사무실에서 일하는 친구를 만나니 갑작스레 회한이 밀려왔다. 이때의 만남은 내가 한 가지 마음을 먹게 했다. 언젠가 번화한 대도심의 고층 빌딩 사무실로 출퇴근하며 번듯하고 화려하게 살겠다고.

물론 조선소에서의 일 자체는 나름의 보람을 주었다. 조선업에서 용접은 매우 중요한 작업이었고, 나는 각 사업본부에서 생기는 용접 관련 문제를 도맡아 해결했다. 새로운 과제들과 다양한 사람들을 상대하며 바쁘게 일했다. 그렇지만 앞으로 다가올 미래를 생각해보니 이런 생활이 점점 단조롭고 답답하게 느껴졌다. 함께 일하는 선배나 상사들의 모습을 보면서 '내 미래도 별반 다를 게 없겠구나.' 하는 생각마저 들었다. 내가 꿈꾸는 미래는 그런 것이 아니었다. 뭔가 더 크고 생동감 넘치는 미래를 만들어가고 싶었다.

그런 마음이 자꾸 커지다 보니 어느 순간 회사를 그만두고 울산을 떠나야겠다는 생각에 이르렀다. 그 수단으로 선택한 것이 바로 유학이었다. 유학을 결심하는 데는 선배들의 조언도 큰 역할을 했다. 유학을 다녀온 선배들은 "울산에만 머물지 마라. 유학을 통해 더 큰 길을 열어라. 승부를 걸어봐라."라며 권유하곤 했다.

때마침 현대중공업은 1985년부터 직원 중 일부를 선발해 유학을 보내주는 프로그램을 시작했다. 1986년에 내가 회사를 그만두고 유학하겠다는 의사를 밝혔을 때, 회사 측에서는 이듬해 유학

대상자 명단에 넣어줄 테니까 1년만 기다리라고 제안했다. 귀가 솔깃할 만한 제안이었다. 하지만 나는 이미 결심을 굳힌 다음이었다. 결국 자비 유학을 준비하기 시작했고, 토플과 GRE^{Graduate Record Examinations}를 거쳐 계획을 구체화했다. 내 결정을 아버지도 적극적으로 지지해주었다. 당시 박사과정 유학은 1~2학기만 지나면 장학금을 받을 수 있는 구조였고, 나도 1년 뒤 조교로서 장학금을 받게 됐다.

그러나 회사는 나를 쉽게 보내주지 않았다. 내가 제출한 사표를 바로 수리하지 않고 휴직으로 처리했다. 1986년 8월 1일부로 회사를 그만두었는데, 심지어 바로 이틀 전인 7월 30일까지 마산에서 출장 업무를 수행했을 정도였다. 그만큼 놓치기 아쉬운 인재였을 거라는, 나만의 즐거운 상상을 했다.

어쨌든 그렇게 나는 현대중공업 울산조선소를 떠났다. 4년 가까이 청춘을 불태웠던 울산과 작별을 고한 것이다.

미국에서 발견한 새로운 길

내가 유학을 떠날 결심을 굳힌 시점은 1985년 9월이었다. 바로 전 해의 12월에 결혼해 신접살림을 함께 꾸리고 있던 아내도 내 결정을 흔쾌히 지지해주었다. 아내의 전폭적인 응원 덕분에 새로운 도전에 대한 부담이 한결 가벼워졌다.

뉴욕주립대 버팔로대학교에 입학하다

나는 이듬해인 1986년을 유학 시기로 정하고 준비에 돌입했다. 하지만 유학원의 도움을 받으며 모든 시간을 유학 준비에 쏟아붓는 이들과 나는 입장이 달랐다. 직장생활과 유학 준비를 병행하다 보니 틈틈이 준비할 수밖에 없었다.

유학 준비의 첫 관문은 토플TOEFL이었다. 가장 빠른 시험 일정은 12월 하순 크리스마스 무렵으로 잡혀 있어, 그날 부산으로 내려가 시험을 치렀다.

이어 미국 대학원 진학에 필수인 GRE도 준비했다. 가장 빠른 시험이 다음 해 2월에 예정되어 있었고, 이 결과로 그해 입학이 가능한 학교는 뉴욕주립대학교State University of New York, SUNY, 펜실베이니아주립대학교Pennsylvania State University, PSU, 오하이오주립대학교The Ohio State University, OSU 단 세 곳뿐이었다. 당대의 명문으로 꼽히는 매사추세츠공과대학교나 스탠퍼드대학교Leland Stanford Junior University는 이미 입학 지원 마감 시한이 지나 있었다.

나는 이미 결심을 굳힌 만큼 곧바로 유학을 떠나고 싶었다. 그래서 크게 고민하지 않고 뉴욕주립대학교를 선택했다. 멀쩡히 잘 다니고 있던 직장까지 그만두고 미국으로 유학을 떠나는 마당이니 세상 사람들이 모두 동경하는 뉴욕 정도는 가야지 하는 생각이었다.

그런데 알고 보니 뉴욕주립대학교는 뉴욕시에 있지 않았다. 뉴욕주는 광범위한 주립대 네트워크를 운영하는데, 내가 입학한 곳은 뉴욕주 서부 버팔로시에 위치한 뉴욕주립대 버팔로대학교State University of New York at Buffalo, SUNYAB였다.

버팔로시는 미국 최대의 내륙 항구와 다양한 공업 기반을 갖춘 곳이다. 뉴욕주에서 뉴욕 다음으로 큰 도시인데, 뉴욕에서 멀리 떨어져 있고 오히려 캐나다의 토론토시와 더 가깝다. 나이아가라강을 사이에 두고 캐나다와 접해 있으며, 나이아가라 폭포와도 가까워 아름다운 자연경관을 자랑한다.

버팔로대학교는 뉴욕주립대학교를 대표하는 플래그십 캠퍼스이자 동부의 명문 주립대학 가운데 하나다. 내가 미국 유학을 막 시작할 무렵 뉴욕주립대학교를 중심으로 코넬대학교Cornell University와 컬럼비아대학교Columbia University 등 동부 지역 대학으로 구성된 컨소시엄이 미국 국립과학재단National Science Foundation, NSF으로부터 지진센터 프로젝트를 따내는 일이 있었다. 스탠퍼드대학교와 캘리포니아공과대학교California Institute of Technology, Caltech 등 서부 지역 명문 대학으로 구성된 컨소시엄을 제치고 얻어낸 성과였다.

NSF는 미국 대학에서 수행하는 과학 및 공학 연구 활동에 막대한 지원을 제공하는 기관으로, 미국 대학의 연구자들 사이에서는 꽤 중요한 돈줄 역할을 한다. 뉴욕주립대학교 컨소시엄이 지진센터를 버팔로대학교에 설치하기로 결정하면서, 대학은 연구 예산이 풍족해지며 학생을 많이 뽑고 장학금도 확대했다. 만약 내가 그 사실을 일찍 알았다면 장학금을 놓치지 않았을 것이다. 하지만 나는 급하게 유학을 준비하느라 정보를 충분히 파악하지 못했다. 두고두고 아쉬운 일이었다.

다양한 산업에서 쓰이는 학문, 구조 엔지니어링

미국에 가서 전공할 분야는 '구조 엔지니어링'으로 정했다. 이는 건설, 토목, 플랜트, 조선, 자동차 등 다양한 구조물의 설계와 안전성, 내구성을 연구하는 학문이다. 내가 서울대 대학원 석사 과정을 통해 전공한 '용접'도 구조 엔지니어링의 일부라 할 수 있었다.

처음에 내가 뉴욕주립대학교 대학원에서 입학허가서를 받을 때는 토목공학과 전공으로 받았다. 그런데 입학하고 나서 보니 기계공학과 전공으로도 구조 엔지니어링을 공부할 수 있기에 학과를 옮겼다. 우리말로 쉽게 '기계공학'이라 표현했지만, 정식 명칭은 'Mechanical & Aerospace Engineering'이었다. 다시 말해 기계항공우주공학이다. 이 학과는 예전에 'Engineering Mechanics & Applied Mathematics'라는 명칭으로 불렸으니, 우리말로 하면 기계공학 및 응용수학과 정도가 되겠다.

학과의 내력이 이렇게 다채롭다 보니, 나는 유학을 다녀온 뒤 농담 반 진담 반으로 내가 매우 다양한 분야를 전공한 사람이라 말하곤 했다. 현대정공에서 자동차나 전차 관련 업무를 봤을 때는 기계공학과를 나왔다고 말했고, 현대우주항공에 다닐 때는 항공우주공학을 전공했다고 말했고, 한때 수학이 주목받을 때는 응용수학을 공부했다고 말하고 다녔다. 이렇게 말해도 틀린 것은 아니었다. 내가 공부한 구조 엔지니어링 자체가 다방면의 산업에 활용될 수 있는 학문이기 때문이다.

제3장

현대자동차그룹을
만나다

영원한 보스,
MK와의 첫 만남

    1991년 2월, 4년간의 미국 유학을 마치고 귀국하여 다음 직장으로 선택한 곳은 '현대정공'이었다. 귀국 후 일자리를 찾던 중, 정몽구 회장이 이끌던 현대정공에 항공사업부가 있다는 이야기를 듣게 됐다. 현대정공이 다양한 신규 사업을 활발히 전개하고 있다는 점도 나의 관심을 끌었다. 미국에서 배운 지식을 충분히 활용할 무대라는 생각이 들었다. 게다가 내가 유학하기 전까지 근무했던 현대중공업과 같은 현대그룹 계열사라는 점도 결정에 영향을 미쳤다.

    내가 입사했을 당시 현대그룹에는 정몽구 회장이 직접 경영하는 일군의 계열사들이 있었다. 현대정공, 현대자동차써비스(현대모비스의 전신), 현대산업개발, 인천제철, 현대강관 등이 그것이다. 이후 현대우주항공이 설립되어 포함되었고, 이 계열사들은 한데 묶여 'MK그룹' 또는 '정공그룹'이라는 이름으로 불렸다. 이때는 현대그룹이 여러 갈래로 계열 분리되기 전이었지만, 정몽구 회장은 이미 사실상 소그룹 회장과 마찬가지 역할을 하고 있었다.

재미있는 점은 현대정공의 울산공장이 내가 예전에 근무했던 현대중공업 울산조선소 바로 옆에 있었다는 사실이다. 1980년대 초에 현대그룹은 자동차, 건설, 중공업이라는 세 개의 축으로 운영되었고, 당시 현대정공은 큰 주목을 받는 회사는 아니었다. 현대정공의 존재를 처음 알게 된 것도 유학 후 귀국한 다음이었다. 하지만 1990년에 현대정공은 매출액 1조 원을 넘어서며 빠르게 성장하고 있었다.

나는 박사 학위 소지자로 우대받아 차장 1년 차 직급으로 입사했다. 근무지는 경기 용인시 마북리에 위치한 현대그룹 연구소로, 입사와 동시에 현대정공 기술연구소 구조연구실 실장으로 발령받았다.

정몽구 회장과의 첫 만남

입사하고서 며칠 지나지 않은 어느 날, 인사 담당 중역에게 연락이 왔다. 정몽구 회장께 인사를 드리러 가자는 것이었다. 그 시절 현대정공은 여러 신규 사업을 펼치며 박사 학위를 가진 고급 인력을 영입하고 있었다. 그리고 박사급 인력이 입사하면 따로 정몽구 회장에게 인사를 하러 가는 것이 관례였다.

인사 담당자를 따라 회장님의 집무실로 들어서서, 난생처음 정몽구 회장을 마주했다. 인사 담당 중역은 정몽구 회장에게 나를 다음과 같이 소개했다.

"회장님, 이번에 새로 입사한 우유철 박사입니다. 우유철 박사는 우리 그룹 계열사인 현대중공업에서 4년 동안 근무하며 품질관리 업무를 한 경력이 있습니다. 서울대 대학원에서 용접 전공으로 석사 학위를 받았고, 미국 뉴욕주립대 대학원에서는 항공 분야와 기계 분야를 전공해 박사 학위를 받았습니다."

"아, 그래. 반갑네! 이제 우리 회사에 들어왔으니 열심히 일해봐!"

인사는 무척 간소하게 끝났다. 의례적인 덕담과 격려를 받았던 기억 정도만 남아 있다. 그런데 그 만남이 앞으로 나의 영원한 보스가 될 정몽구 회장과의 운명적인 만남이자, 내 인생을 좌우하는 기나긴 동행의 시작이 될 줄은 그때는 정말 알지 못했다.

현대정공의 조직문화, 토탈 풋볼

현대정공에 입사한 뒤 나는 회사가 어떻게 돌아가는지를 유심히 관찰했다. 조직의 문화나 일하는 방식을 잘 파악하는 것은 직장 적응의 첫 단계이기 때문이다.

내가 보기에 현대정공은 축구에서 '토탈 풋볼' 전략을 구사하는 것처럼 전원 공격, 전원 수비의 형태를 취하고 있었다. 아니, 오직 전원 공격과 전원 수비라는 전략만 구사하는 것처럼 보였다. 심지어는 골키퍼에게도 "야! 너, 공격할 때 왜 안 나왔어?" 하고 다그치는 식이었다. 그만큼 감독의 지시에 조직 전체, 특히 중역들이 저돌적으로 일사불란하게 뛰어다니는 분위기가 자리 잡고 있었다. 물론 감독은 정몽구 회장이었다.

축구에서는 선수 구성이나 경기력, 전술 방향 등을 토대로 팀의 포메이션을 구성한다. 상대의 공격이 뛰어나다면 수비를 강화하는 '4-3-3' 포메이션을 쓰고, 상대의 수비가 약하다면 공격을 강화하는 '4-2-4' 포메이션을 쓴다. 일견 너무나도 합리적으로 보이는 탄력적 포메이션 운용은, 1970년대에 네덜란드의 축구 명장 리뉘스 미헐스Rinus Michels가 '토탈 풋볼' 전략을 선보이며 구시대의 전략으로 전락했다.

토탈 풋볼의 핵심은 한마디로 하면 '그때그때 누구나'라고 말할 수 있다. 늘 뒤바뀌는 상황에 맞춰 공격수가 수비를, 수비수가 공격을 하기도 한다. 빈 공간이 생기면 누구나 돌파를 시도하고, 패스가 필요하면 누구나 연결 지점이 되어준다. 살아 있는 생물처럼 유연하면서도 본능적으로 반응하며, 한순간에 거대한 힘을 실어 압박을 가할 수 있는 압도적인 전략이 토탈 풋볼이다. 토탈 풋볼은 오직 정해진 포지션에서 정해진 역할만 수행하는 과거의 축구 전략을 침몰시키며 조직적인 현대 축구의 기본으로 자리 잡았다.

사실 처음에는 현대정공의 이러한 모습이 낯설기 짝이 없었다. '뭐 이런 회사가 다 있나.' 하는 생각도 들었다. 하지만 시간이 흐르면서 나도 현대정공의 조직문화에 점차 적응하기 시작했다. 지시는 간단명료하며 직접적이었고, 반응은 즉각적이며 압도적이었다. 이러한 조직문화는 현대자동차그룹이 글로벌 경영으로 나아가는 데 크게 기여했다.

실용성과
사업성의 균형

유학에서 돌아온 뒤 나는 현대정공에 입사하며 현대그룹으로 복귀했다. 다시 시작된 '현대맨'의 삶은 이후 약 30년간 현대정공, 현대우주항공, 현대모비스, 현대로템, 현대제철까지 이어졌다.

나는 공학을 전공한 엔지니어로서 직장생활을 대부분 연구개발에 몰두하며 보냈다. 물론 현대우주항공 시절에는 경영전략팀장을 겸직하며 경영 업무를 잠시 경험하기도 했지만, 본질적으로 내 주요 업무는 언제나 기술 개발과 혁신에 있었다. 훗날 정몽구 회장의 특별 지시로 제철소 건설 프로젝트를 맡게 되면서 커리어에 중대한 전환점을 맞게 되었으나, 그때까지는 철저히 연구개발 중심의 업무를 수행했다.

공학은 인간의 상상과 발상을 현실로 구현하는 학문이다. 사람들의 삶에 유용한 무엇인가를 생각하고 그것을 사물이나 제품의 형태로 만들어내는 것이다. 그래서 공학은 태생적으로 실용적인 학문이라 할 수 있다. 공학을 영어로는 '엔지니어링Engineering'이라고 한다. 그리고 엔지니어링에서는 실용성, 사업성, 경제성이 주요 요소로 작용한다. 어떤 기술이나 제품이 아무리 뛰어나더라도 사업성이 충족되지 않으면 시장에 성공적으로 안착하기 어렵다. 이를 보여주는 사례가 바로 현대정공에서 경험했던 컨테이너 생산공장 자동화 프로젝트다.

다시 울산으로

때는 1992년, 내가 현대정공에서 구조연구실장으로 근무한 지 1년쯤 지난 어느 날이었다. 연구실에서 일하고 있는데 인사 부서에서 전화를 걸어왔다.

"우 실장님, 울산공장에 좀 내려가셔야겠습니다. 회장님 지시사항입니다."

"예? 그게 무슨 말씀이죠?"

"울산공장 컨테이너사업본부 생산기술부가 컨테이너 생산

공장 자동화 작업을 추진해왔는데, 그 일이 잘 진척되지 않다
보니 우 실장님이 해결하라 하셨습니다."

통화를 마치자마자 한숨이 흘러나왔다. '내가 울산을 떠나려고
현대중공업을 그만두고 유학까지 다녀왔는데, 또 울산이야?' 싶었
다. 하지만 정몽구 회장의 지시를 거역할 수는 없는 노릇이었다. 더
구나 내가 선택된 배경이 궁금하지 않을 수 없었다. 인사 담당 중역
을 통해 알아보니, 컨테이너 생산공장 자동화가 신통치 않아 답답
했던 정몽구 회장이 콕 집은 것이 나였다고 했다.

"아, 저기 연구소에 우유철이 있잖아. 우유철이를 울산에 보
내서 자동화 좀 하라고 해. 걔는 현대중공업에 있었으니까 뭔
가 수를 낼 수 있을 거야."

이 말을 듣고는 적잖이 놀랐다. 정몽구 회장과 인사를 나눈 것
은 1년 전, 잠깐 스치듯이 의례적인 인사를 했을 뿐이고 그 후로는
대면한 적도 없었다. 그런데 어떻게 나와 전 직장까지 떠올린 것이
었을까? 상황이야 어찌 됐든, 내가 선택된 이상 지시에 따라야만
했다. 나는 '까짓거, 한번 내려가보자.'라고 마음을 먹고 울산으로
출발했다. 1986년에 현대중공업을 그만두면서 울산을 떠났으니 거

의 6년 만에 돌아가는 셈이었다.

어디 얼마나 잘하는지 보자

울산공장에 도착하자마자 나는 정몽구 회장의 지시를 수행할 '자동화팀'을 조직했다. 마북리 연구소에서 데리고 간 조경환 연구원 등 몇 사람과 울산공장 직원 몇 사람을 팀에 합류시켜 본격적으로 일을 시작했다. 가장 먼저 한 일은 울산공장 컨테이너사업본부 생산기술부가 해왔던 기존 작업을 점검하고 문제의 근본 원인을 찾아내는 것이었다.

나는 컨테이너 생산공장에 가서 스톱워치를 들고 택트 타임 Tact time을 측정했다. 택트 타임은 제품 하나, 여기서는 컨테이너 한 대를 생산하는 데 필요한 시간을 의미한다. 시간을 재고 있는데 사람들이 슬금슬금 다가오더니 주변을 에워쌌다. 컨테이너 생산 현장의 작업자들과 자동화를 담당했던 기술자들이었다. 그들은 팔짱을 낀 채 눈을 부릅뜨고 우리를 노려봤다. '그래, 연구소 박사라고? 얼마나 잘하는지 한번 보자.'라는 마음의 소리가 들리는 듯했다. 먼저 자동화 작업을 맡았던 기술자들은 실패를 거듭했으니 자존심이 상했을 것이고, 현장 작업자들은 자동화에 성공하면 일자리를 잃는 것이 아닐까 하는 불안감을 느꼈을 것이다. 현장의 분위기는 한마디로 살벌했다.

그러던 어느 날 저녁이었다. 그날도 나는 회사에 남아서 컨테이너 생산 자동화를 위한 실마리를 찾기 위해 연구를 거듭하고 있었다. 그런데 같은 사무실에 근무하던 울산공장 C/T(컨테이너) 생산본부 직원 몇 명이 나를 찾아왔다. 김원신 대리, 김종환 과장 등 우리가 오기 전에 자동화 업무를 맡고 있던 이들이었다. 갑작스러운 방문에 약간 긴장했는데, 그들은 나에게 뜻밖의 제안을 했다.

"박사님, 우리 동료가 출장 갔다가 위스키를 한 병 사 왔는데요. 같이 저녁이나 드시러 가실래요?"
"아, 그래요? 뭐, 그럽시다."

나는 그들과 함께 근처 염포시장의 순댓국집으로 향했다. 자리를 잡자 그들 중 한 명이 출장길에 샀다던 위스키를 식탁 위에 꺼내 놓았다. 그런데 상표를 보니 코냑 브랜드 중 하나인 '레미 마틴'이었다. 위스키는 곡식을 발효시킨 다음 증류하여 만드는 술이고, 브랜디는 포도를 발효시킨 와인을 증류하여 만드는 술이다. 그리고 코냑은 브랜디 가운데서도 오직 프랑스 코냑 지방에서 만든 브랜디만 붙일 수 있는 이름이었다. 그 시절 우리나라 사람들은 양주가 익숙하지 않아 술의 종류를 잘 구분하지 못했다.

"이건 코냑 아니에요?"

"다 같은 양주 아닌가요? 우리는 그런 거 상관없어요."

그렇게 모두가 레미 마틴을 소주잔에 따라 한 잔씩 들이켰다.

"와, 이거 왜 이렇게 독해. 못 마시겠는데."

"너는 뭐 이런 걸 샀냐?"

"박사님, 입에 맞으시면 이거 드세요. 우리는 그냥 소주 마실
게요."

나는 대학 시절부터 술을 즐겼고 주량도 꽤 센 편에 속했다.
레미 마틴을 마다할 이유가 전혀 없었다.

그날 저녁 술자리 이후 그들과 나는 종종 어울리는 사이가 됐
다. 처음 울산공장에 내려갔을 때만 하더라도 못마땅한 눈으로 노
려보던 그들과 친구가 된 것이다. 나중에 김원신 대리는 현대제철
에서 나와 같이 제철 사업을 수행하다 상무이사로 퇴임했고, 김종
환 과장은 현대위아에서 전무로 퇴임했다. 그들과는 30년이 흐른
지금까지도 의리로 만나는 사이다.

회장의 관심 사업에 '불가' 결론을 내리다

자동화팀을 맡으며 나는 정몽구 회장에게 일주일에 한 번씩 현황을 보고해야 했다. 당시 컨테이너 사업은 현대정공의 여러 사업본부 가운데 최대 매출을 올리는 주요 사업이었고, 그래서 정 회장의 관심이 컸다. 일반적으로는 고위 중역쯤 되어야 회장에게 직접 보고할 수 있다. 그러나 컨테이너 사업은 회장의 관심 사업이어서 차장이었던 내가 회장에게 직접 보고를 올리게 됐다.

보고는 매주 월요일마다 진행됐다. 그런데 이를 위한 절차와 단계가 여간 많은 게 아니었다. 일단 목요일까지 보고 자료를 완성해야 했다. 다음에 내 위의 담당 중역인 박해원 상무에게 보고하고, 또 그 위의 본부장 조부평 전무에게 보고하고, 울산공장 경영지원본부장 김평기 전무에게 보고하고, 공장장 유인균 부사장에게 보고하는 절차를 밟았다. 그리고 서울로 올라가서는 연구소장 김동진 전무에게 보고한 다음, 본사 경영지원본부장 박정인 부사장과 구매본부장 최남식 전무에게 보고했다. 여기서 끝이 아니고 사장 보고도 이어졌다. 월요일 아침에 본사로 가서 보고하러 왔음을 알리면 대기실로 가기도 전에 사장의 비서가 나를 부르곤 했다. 컨테이너 생산공장 자동화 문제는 정몽구 회장의 주요 관심사였기 때문에, 유기철 사장이 내 보고를 최대한 빨리 받고자 했기 때문이었다.

이처럼 일주일에 한 번씩 울산에서 서울을 오가는 나날이 이어지다가, 나는 마침내 자동화 문제에 관해 판단을 내렸다. 바로 '컨테이너 생산공장 자동화는 하면 안 된다.'라는 결론이었다.

어떤 제품의 생산을 자동화하려면 '정도精度 관리'가 필수다. 쉽게 말해 완성품을 구성하는 부품들의 정확도와 정밀도를 관리해야 한다는 뜻이다. 정도 관리를 엄격하게 해야만 자동화를 통해 대량의 제품을 경쟁력 있는 가격에 내놓을 수 있게 된다.

당시 컨테이너 박스 하나의 가격은 300만 원 정도였는데, 자동화를 도입해 정도 관리를 진행하면 오히려 비용 면에서 손해가 발생하는 것으로 파악됐다. 컨테이너 가격이 자동차처럼 수천만 원가량이라면 정도 관리를 해도 무리가 없을 것이나, 그런 가격에 컨테이너를 내놓으면 경쟁력을 상실할 것이었다. 자동화팀장으로서 나는 합리적인 판단을 내려야 했고, 결국 컨테이너 생산공장 자동화 문제는 '불가'로 보고를 올릴 수밖에 없었다.

다만 아무 소득이 없었던 것은 아니었다. 자동화 연구 과정에서 컨테이너 생산 공정에 실용적인 기술을 개발했기 때문이었다. 컨테이너 박스를 만들 때 바닥은 철제 구조물에 나무 합판을 깔아 고정시킨다. 이때 합판과 철 구조물에 구멍을 뚫는 드릴링drilling 작업과 나사를 고정하는 태핑tapping 작업이 필요한데, 이런 작업을 자동화하는 데 성공한 것이다. (나중에 이 기술은 우수한 신기술에 수여하는 제1회 장영실상을 수상하기도 했다.)

불가 보고를 받은 정몽구 회장은 뜻밖에 고개를 끄덕이며 승인했다. 불호령을 받을 것으로 예상했던 나는 얼떨떨한 기분으로 회장실을 나섰다. 그런데 얼마 뒤 비서실에서 연락이 왔다. '드릴링·태핑' 자동화 프로젝트 수행회사인 엔트의 정영록 사장을 데리고 회장실로 들어오라는 내용이었다. 정 사장이 울산에서 서울로 급히 올라왔는데, 얼마나 급했는지 현장 작업복 차림이었다. 나는 그를 데리고 현대백화점에 가서 양복을 사 입힌 다음 다시 회장실로 향했다.

"그동안 수고들 했어. 이거 받고 가서 삼겹살 회식이나 해."
"네, 회장님. 감사합니다."

회장실을 나서서 봉투를 열어보니 우리가 상상한 금액보다 큰 금액이 들어 있었다. 우리 자동화팀과 수고한 엔트 직원들은 회장님의 격려금으로 회식을 하며 서로를 격려했다.

그렇게 우리는 지지부진하던 컨테이너 생산공장 자동화 프로젝트를 깔끔하게 정리했고, 새로 개발한 신기술로 우리의 기술력을 입증했다. 게다가 회장님으로부터 격려금까지 받았으니 사기가 한층 올라갔다.

무엇보다도 이 경험은 나에게 중요한 원칙을 남기게 했다. 컨테이너 생산공장 자동화 프로젝트는 단순한 실패 사례가 아니었다. 사업에서 어떤 결정을 내릴 때는 실용성과 경제성을 냉철히 따져 봐야 한다는 것을 배울 수 있었다. 또 공학적 실용성과 사업성 간의 균형을 유지하는 것이 얼마나 중요한지를 실감했다.

직장인의 미덕은
새로운 도전과 성취

나는 평소 회사 연구소에서 각종 연구개발 과제와 현안을 해결하는 역할을 맡았다. 그러나 정부가 발주하거나 주관하는 국책사업에도 꽤 많이 참여한 경력을 가지고 있다.

사실 직장인은 자신에게 주어진 업무만 무난히 수행하면 인사고과나 진급에서 큰 문제 없이 회사를 다닐 수 있다. 아마 많은 사람이 그런 생각으로 일하고 있을 것이다. 또 요즘에는 직장생활에 대해 이전과는 다른 관점을 가진 사람들이 늘어나고 있다. 소위 '가늘고 길게' 일하기 위해 의도적으로 진급을 회피하는 부류가 생긴 것이다. 이들은 직장을 단순히 월급을 받는 곳으로 여기며 일에서 성취감과 만족을 찾으려 하지 않는다.

퇴임 후 같이 일했던 동료들과 만나 이야기를 나눠보면, 모두 입을 모아 우리가 한창 일했던 그 시절이 가장 힘들었고 가장 스트레스도 심했다고 말한다. 그렇지만 동시에 그때만큼 우리 자신이 빛났던 시절이 없었으며, 뿌듯함과 보람을 느낀 시절도 없었다고 이야기한다. '워라밸'이라는 단어조차 없던 시절에 우리는 프로젝트가 성공적으로 완료되기만을 바라며 목표를 향해 쉼 없이 달려갔다. 그리고 바로 그 열정이 프로젝트를 완수할 수 있었던 원동력으로 작용했다.

나는 현대정공에 입사할 당시 면접에서 "어떤 직급을 원하는가?"라는 질문을 받았다. 이에 "회사의 규정대로 주시면 됩니다."라고 대답했다. 결국 내가 받은 직급은 차장 1년 차였다. 이전에 근무했던 현대중공업에서는 1980년대 초중반부터 미국에서 박사 학위를 취득한 인재를 차장 3년 차로 임명하고 주택과 차량까지 제공했다. 이는 당시 정몽준 사장이 우수 인재를 유치하기 위해 도입한 과감한 우대 정책 덕분이었다. 하지만 나는 현대정공에서 받은 차장 1년 차라는 직급에 크게 개의치 않았다. 앞날에 펼쳐질 새로운 일들에 대한 기대감으로 가득 찬 서른네 살의 청춘이었기 때문이다. 그래서 회사에서 맡겨준 업무뿐만 아니라 정부 주관 프로젝트에도 적극적인 관심을 가지며 참여했다. 이 프로젝트들은 직장인으로서 꼭 해야 할 일은 아니었지만, 나는 기꺼운 마음으로 국가 과제에 뛰어들었다.

국책 사업에 참여하다

국책 사업 가운데 나는 한국형 로켓 개발 사업에서 엔진 개발 담당자로 참여하면서 주로 우주개발과 관련한 프로젝트를 수행했다. 국가 우주개발 중장기 계획 수립, 우주개발 진흥법 제정, 한국형 우주발사체 발사장 선정, 우주발사체 개발 사업 예비타당성 조사 등이 그것이다.

사실 1990년대 당시 현대그룹은 타 그룹에 비해 국책 과제 참여에 소극적이었다. 그러던 차에 현대그룹 소속 연구원이 사업제안서를 제출하니 꽤 많은 가점을 받아 과제를 받아낼 수 있었다. 이때는 회사에서도 국책사업에 참여할 수 있도록 많은 지원을 해주었다. 로켓 개발과 관련한 이야기는 뒤에서 더 자세히 다룰 것이다.

1999년에 시작된 21세기 프론티어 연구개발 기획 사업에 참여한 것도 큰 의미가 있었다. 21세기 프론티어 사업은 국가 주도의 대규모 장기 연구개발 사업으로 선진기술 개발을 목표로 했던 프로젝트였다. 나는 이 사업의 기획위원으로 깊이 관여하며 다양한 활동을 했다.

당시 프론티어 사업 기획은 '산·학·연·관'이 모두 함께 참여하는 방식으로 진행되었는데, 산업계 5명, 학계 5명, 정부 출연 연구소 5명, 정부 관료 5명으로 기획위원회가 구성됐다. 위원들은 각자의 분야에서 전문성을 인정받은 인물로, 산업계에서 활동한 위원중 3명은 훗날 대기업의 경영자가 됐다. 내가 현대제철 부회장, 민경집 위원이 LG하우시스 대표이사, 이상훈 위원이 KT 사장을 역임한 것이다. 정부 출연 연구소에서 왔던 한화진 위원은 제20대 환경부 장관에 취임했다.

21세기 프론티어 사업은 1992년부터 2001년까지 진행된 G7 프로젝트의 후속 사업 성격을 가지고 있었다. G7 프로젝트는 세계 7대 과학기술 선진국에 진입하기 위해 세계적 수준의 핵심 기술을 확보하려는 국가적 목표로 추진된 연구개발 사업이었다. G7 프로젝트가 일정 부분 성과를 내면서 이를 잇는 새로운 국가 연구개발 사업으로 21세기 프론티어 사업이 시작된 것이다. 두 사업 모두 우리나라의 연구개발 역량을 높이고 세계적 기술 경쟁력을 확보하는 것을 중요한 목표로 삼고 있었다.

여기서 기획위원들의 역할은 연구개발 사업 과제를 발굴하고 선정하는 것이었다. 정부는 과제별로 10년간 약 1000억 원을 지원했으므로 과학기술계의 관심이 지대할 수밖에 없었다. 각 분야의 전문가들도 자신의 전공 분야가 사업 과제로 선정되기를 간절히 희망했다.

나는 기계, 항공, 조선, 토목 분야의 사업 과제 기획을 담당했다. 기획위원들은 객관성과 중립성을 유지하면서 사업 과제를 선정하기 위해 치열한 토론을 통해 의견을 조율했다. 그러려면 각자의 전문 분야 외에 다른 분야에 대해서도 충분히 이해하고 공정하게 판단할 수 있어야 했다. 이러한 작업을 하면서 나는 여러 분야에 관한 지식을 습득할 수 있었고, 우리나라 과학기술계 전반의 현황과 방향성을 이해하는 귀중한 경험을 얻었다.

21세기 프론티어 사업 기획은 국가적으로도 매우 중요한 사안이었지만, 내가 공학자이자 엔지니어로서 시야를 높이고 성장할 수 있는 결정적인 계기가 됐다.

K-1 전차
업그레이드 프로젝트

최근에 국산 무기체계에 대한 세계 각국의 관심이 최근 부쩍 높아지면서, 'K-방산'이라는 새로운 장이 열렸다는 평가가 나오고 있다. 그중에서도 한국이 생산한 전차가 특히 주목받고 있으며, 이미 여러 국가에 수출되고 있다. 이러한 성공의 시작은 우리 군이 현재 주력으로 운용 중인 K-1 전차에서부터 비롯됐다.

K-1 전차 개발의 배경

냉전 시기였던 1970년대 초, 당시 우리나라는 북한에 비해 전차 전력에서 큰 열세를 보였다. 전차의 수는 물론 성능도 부족했다.

반면 북한은 자체적으로 전차를 생산할 수 있는 능력을 갖추고 있었다. 안보 위기감이 고조되던 1975년, 한국 정부는 한국형 전차 개발을 결정하기에 이르렀다.

세계적으로 1970년대는 3세대 전차가 등장하던 시기로, 미국의 M1 전차와 서독의 레오파르트2 전차가 최신형으로 꼽혔다. 우리나라도 이에 필적하는 성능의 전차를 원했지만 독자적으로 개발할 역량을 갖추지 못하고 있었다. 그래서 미국 크라이슬러 디펜스 CHRYSLER DEFENCE (현 제너럴 다이내믹스 GENERAL DYNAMICS 육상사업부)로부터 기술적 도움을 받으며 개발을 시작했다. 1984년 미국에서 시험용 전차 2대가 생산되어 테스트를 마쳤고, 이어 현대정공이 미국 측 기술을 기반으로 운용 시험용 전차 5대를 제작했다. 이를 토대로 1987년부터 한국형 전차가 양산에 들어갔다. 최초의 국산 전차인 K-1 전차가 처음으로 모습을 드러낸 순간이었다.

K-1 전차 업그레이드 프로젝트에 참여하다

군사 무기는 기술 발전에 따라 일정 주기로 성능을 개선하게 된다. 전차는 지상전에서 핵심 전력으로 운용되며, 따라서 화력과 기동력, 방어력을 개선해야 한다. K-1 전차도 성능을 개선하며 1996년에 기존보다 진일보한 K-1A1 전차가 개발됐다. 내가 현대정공에서 구조연구실장으로 근무하던 시절에 관여한 것이 바로 이

'K-1 전차 업그레이드 프로젝트'다.

현대정공이 K-1 전차를 생산했으므로 업그레이드 프로젝트
도 주도적으로 수행해야 했다. 이때 주된 목표는 두 가지였다. 첫째
는 전차 주포의 구경을 기존 105mm에서 120mm로 업건up-gun하여
화력을 강화하는 것이었고, 둘째는 대전차탄 공격으로부터 전차와
승무원을 보다 효과적으로 보호하기 위해 방어력을 높이는 것이었
다. 한마디로 K-1 전차의 공격력과 방어력을 동시에 강화하는 프
로젝트였다.

두 가지 목표를 동시에 달성하기 위해서는 전차의 구조 자체
를 재설계할 필요가 있었다. 전차의 구조 변경에 관한 사업이다 보
니 자연스럽게 당시 구조연구실장을 맡고 있던 내가 투입되게 됐
다. 그런데 그때 나는 현대정공에 입사한 지 얼마 되지 않은 시점이
었고, 그때껏 나는 전차를 한 번도 본 적이 없었다. 그런 상황에서
국군 주요 전력의 업그레이드라는 중책을 짊어지게 된 것이다.

K-1 전차 업그레이드 회의에는 K-1 전차를 설계한 미국 제너
럴 다이내믹스를 비롯해 국방부, 국방과학연구소, 국방기술품질원
등 여러 협력업체의 관계자들이 참여했다. 미국 측 참석자가 있어서
회의는 영어로 진행됐다. 참석자 가운데 나를 제외한 모든 사람이
전차를 잘 아는 전문가였다. 그렇지만 회의의 주제는 '전차의 포탑
구조를 어떻게 변경할 것인가'였고, 우리 구조연구실의 업무가 주된

관심사가 됐다. 이렇게 나는 방위산업에 첫발을 들여놓게 됐다.

협업과 프로젝트 일정 관리의 중요성

현대정공이 K-1 전차 업그레이드 프로젝트를 주관하기는 했지만, 생산과 관련해 하나부터 열까지 모든 것을 도맡은 것은 아니었다. K-1 전차를 구성하는 주포, 엔진, 트랜스미션, 포수 조준경 Gunner's Primary Sight, GPS 등 핵심 부품은 여러 방산업체가 각각 나누어 맡아 생산했다. 현대정공은 핵심 부품 중 하나인 트랜스미션을 생산하고, 전체 부품을 전차로 조립해 납품하는 역할을 맡았다.

그런데 전차를 조립해 완성하는 과정에서 포수 조준경 생산에 차질이 빚어졌다. 포수 조준경은 전차에 탑승한 포수가 표적을 관측하고 정지 및 기동 시에 표적을 탐지, 추적, 조준하는 장치로, 전차 사격 통제 시스템의 핵심 구성품 중 하나다. 그런데 이 포수 조준경의 생산을 담당한 기업이 그만 납기 기한 내에 제품을 완성하지 못하는 일이 벌어졌다. 포수 조준경 없이 전차를 조립할 수는 없는 노릇이니, K-1 전차 사업의 전체적인 일정이 지연될 수밖에 없었다.

여담이지만 K-2 전차를 개발할 때도 비슷한 일이 일어났다. 당시 트랜스미션 개발을 맡은 업체가 생산한 최종 제품의 성능이 국방부의 기준에 미치지 못했다. 결국 K-2 전차는 독일의 렝크

RENK라는 회사가 만든 트랜스미션을 장착해 생산하게 됐다.

나는 K-1 전차 업그레이드 사업에 참여하면서 다수의 업체가 협력하는 대규모 프로젝트일수록 일정 관리와 조율이 얼마나 중요한지를 알게 됐다. 이러한 경험은 이후 당진제철소 건설이라는 대규모 프로젝트를 맡았을 때 큰 도움이 됐다. 수많은 협력업체가 치밀한 조율을 통해 계획된 일정을 준수하며 프로젝트를 완수할 수 있었던 바탕은 이때의 경험 덕분이라 할 수 있다.

자동차 개발에
참여하다

한때 국내 자동차 시장을 대표했던 스포츠유틸리티자동차^{SUV}
중 하나가 바로 '갤로퍼'다. 지금은 단종된 차종이지만, 당시 현대
브랜드로 출시되어 큰 인기를 끌었다. 그런데 갤로퍼를 현대자동
차가 아닌 현대정공에서 처음 생산했다는 사실을 기억하는 사람은
많지 않을 것이다.

갤로퍼의 탄생

갤로퍼는 내가 현대정공에 입사한 1991년에 첫선을 보였다.
당시 현대정공은 5개의 신규 사업을 진행했다. 그중 하나가 바로

자동차 사업이었고, 처음 출시한 모델이 바로 갤로퍼였다. 갤로퍼는 출시되자마자 당시 SUV 시장을 선점하고 있던 쌍용 코란도 등 경쟁 모델을 압도하며 많은 사랑을 받았다.

사실 갤로퍼는 현대정공이 독자적으로 개발한 차량은 아니었다. 일본 기업 미쓰비시 자동차공업Mitsubishi Motors의 베스트셀러 SUV '파제로' 1세대의 설계도를 라이선스 받아 국내에서 생산한 것이었다. 미쓰비시 자동차는 처음 라이선스 협상을 벌일 때 파제로 1세대가 아닌 2세대를 제안했다. 하지만 현대정공은 이미 시장에서 인기가 입증된 1세대의 라이선스를 가져오기로 했다. 현대정공은 파제로 1세대의 설계도를 저렴한 비용으로 구매해 국내에서 조달할 수 있는 부품으로 갤로퍼를 탄생시켰다.

갤로퍼는 이후 뉴 갤로퍼, 갤로퍼 II 등으로 진화하며 2000년대 초반까지 도로를 누볐다. 그 사이 현대자동차그룹이 출범하면서 현대정공의 자동차 사업 부문은 현대자동차로 이관되었고, 2001년형 갤로퍼부터는 현대자동차 엠블럼을 달고 출시됐다. 하지만 결국 2003년 단종되며 역사 속으로 사라졌다.

HP-1 개발 프로젝트

갤로퍼에 관한 재미있는 사실은, 그 누적 판매량이 오리지널 모델인 파제로보다 많았다는 점이다. 현대정공은 처음 출시한 모델로 이처럼 대성공을 거두자 곧바로 후속 모델 개발을 추진했다. 이 모델의 이름이자 프로젝트의 이름이 바로 'HP-1'이었다.

1990년대 중반부터 나는 현대우주항공에 속해 있었다. 그런데 현대정공이 변속기 사업을 현대우주항공으로 이관하면서 자동변속기 기술부가 신설되었고, 내가 그 부서의 책임을 맡게 됐다. 뜻밖에 나는 자동차의 개발에도 참여하게 된 것이다.

당시 HP-1의 변속기와 관련하여, 수동변속기는 자체 생산하고 자동변속기는 기술협력을 통해 생산한다는 방침이 세워졌다. 이 시절에 현대자동차는 승용차용 자동변속기는 자체적으로 생산하고 있었지만, 1톤급* 자동차용 자동변속기는 수입하고 있었다. 그리고 HP-1은 1톤급 자동차였다.

우리는 자동변속기 개발을 위해 전 세계 변속기 전문업체들을 광범위하게 조사했다. 그 결과 기술 제휴가 가능한 기업으로 일본의 아이신AW(현 아이신AISIN)과 자트코JATCO, 독일의 ZF, 그리고 미국 보그워너BORGWARNER의 호주 법인 등 4개 기업이 최종 후보군으로 압축됐다.

가장 먼저 접촉한 곳은 일본 아이치현에 위치한 아이신AW였

● 일본식 자동차 분류법으로, 1톤급에는 갤로퍼, 그레이스, 포터, 체어맨, 코란도 등 4륜구동차, 승합차, 화물차, 후륜구동 대형 세단이 속한다.

다. 이 회사는 일본 토요타그룹TOYOTA GROUP 계열의 자동차부품 제조업체인데, 특히 자동변속기 분야에서 세계적인 명성을 가지고 있었다. 그러나 아이신AW와의 기술제휴 시도는 첫 만남에서 거절을 통보받았다. 현대자동차가 토요타자동차와 경쟁 관계이므로 협력할 수 없다는 것이었다. 내가 HP-1은 현대자동차와 관계없이 현대정공이 독자적으로 개발하는 차량이라고 설명했지만, 아이신AW의 입장은 바뀌지 않았다. (요즘 정의선 회장과 토요타 아키오Toyoda Akio 회장이 자주 만나는 것을 보면 격세지감이 느껴진다.)

다음으로 만난 것은 독일의 글로벌 10대 자동차 부품 제조업체인 ZF였다. ZF는 메르세데스 벤츠Mercedes-Benz와 BMW 등 유수의 자동차회사에 납품하는 곳이어서 기술 부분에서는 의심할 여지가 없었다. 또 한국의 K-1 전차에도 변속기를 공급하여 우호적인 분위기에서 협상이 가능할 듯했다. 우리는 희망을 품고 독일 프리드리히스하펜에 있는 ZF 본사로 향했다. 그러나 애석하게도 가격 조건이 맞지 않아 결국 돌아서고 말았다.

그다음에는 미국의 자동차부품 회사 보그워너의 호주 법인과 접촉했다. 이 회사 역시 기술 면에서 충분히 신뢰할 수 있는 곳이었다. 협상은 순조로운 듯했으나, 도중에 이들이 이탈리아의 자동차 제조사 마세라티Maserati와 쌍용자동차 체어맨에 자동변속기를 납품하게 되면서 협상이 중단됐다.

마지막으로 남은 후보는 일본의 자동차부품 제조업체 자트코였다. 자트코는 닛산자동차주식회사^{NISSAN Motor Corporation}의 계열사였다. 먼저 만난 일본 회사인 아이신AW가 토요타자동차와 현대자동차의 경쟁 관계를 이유로 기술제휴를 거절한 터라 큰 기대를 걸기 어려운 상황이었다. 그런데 직접 만나서 협상을 진행한 결과는 긍정적이었다. 이후 자트코와 몇 차례 미팅을 통해 공감대를 형성했고, 마침내 기술제휴를 위한 양해각서^{MOU}를 체결했다. 3전 4기 끝에 HP-1 자동변속기 개발의 협력 파트너를 구한 것이었다.

이와 같은 고생에도 불구하고, 나는 HP-1이 세상에 선을 보일 때까지 함께하지는 못했다. 2000년 현대자동차그룹 출범 이후 HP-1 개발 프로젝트가 현대자동차로 모두 이관되었기 때문이다. 갤로퍼를 생산하던 현대정공 공장도 현대자동차 울산 5공장으로 탈바꿈했다. 나중에 현대자동차는 HP-1을 '테라칸'이라는 모델명으로 2001년에 출시했다. 본래 갤로퍼의 후속 모델이었던 HP-1은 출시 이후 갤로퍼의 상급 차종으로 자리매김했다.

그러나 현대우주항공이 이때 자트코와 맺은 협력관계는 이후로도 꾸준히 이어졌다. 지금 현대자동차그룹의 변속기 전문업체인 현대트랜시스가 생산하는 자동변속기 기술의 씨앗은 바로 이때 뿌려진 것이다.

엔지니어가
빠지기 쉬운 함정

현대그룹이 세계 시장에서 처음 1등 반열에 올린 상품은 무엇일까? 바로 '컨테이너 박스'다. 이 컨테이너 박스 사업을 이끌었던 주인공이 바로 정몽구 회장이다. 정몽구 회장은 현대자동차써비스 대표이사 시절이던 1976년에 컨테이너 박스의 사업성에 주목했다. 그리고 현대정공 설립 초기인 1977년에 첫 번째 컨테이너 생산공장을 울산에 지으며 1년 만에 사업을 본격화했다.

정몽구 회장의 승부수

컨테이너 박스는 국제 교역에서 물품을 실어 나르는 필수적인 수단이다. 과거 선박 운송비에서 가장 큰 비중을 차지하는 것이 선박에 화물을 싣고 내리는 비용이었다. 서로 크기와 무게가 다른 물품을 균형 있게 싣고 내리기 위해 시간과 비용, 인력이 많이 필요했다. 그런데 컨테이너 박스가 도입되면서 화물을 싣고 내리는 과정이 아주 간편해졌고, 적하된 물품이 무게나 움직임에 의해 파손되는 일도 획기적으로 줄어들었다. 화물 운송의 경제성, 신속성, 안전성을 충족시키면서 전 세계에 물류 혁명을 가져온 혁신적인 수송수단이 바로 컨테이너 박스다.

1970년대 후반, 대한민국은 수출 중심의 경제성장기에 접어들었고, 부피가 큰 섬유와 가전제품 등의 수출이 증가하고 있었다. 이에 컨테이너 박스 수요 역시 급증했다. 그런데 해외에서 만들어진 컨테이너 박스를 사들이면 그것을 싣고 오는 비용이 만만치 않았다. 가장 효율적인 방법은 한국에서 컨테이너 박스를 만들어 수출품을 싣는 것이었다. 이러한 맥락에서 정몽구 회장은 컨테이너 사업에 승부수를 던졌다.

현대정공은 1978년에 두 번째 컨테이너 공장을 가동했고, 그해 국내 컨테이너 생산량의 절반 이상을 차지하며 1위 기업으로 자리 잡았다. 이후로도 컨테이너 사업은 눈부신 성장을 이어갔다. 1983년에는 연간 5만 5000여 대의 컨테이너를 생산하며 세계 시장 점유율 35퍼센트를 기록해 세계 최대의 컨테이너 제조업체로 올라섰다. 그 시절 전 세계의 바다를 누비던 컨테이너 3개 중 1개가 현대정공의 제품이었던 셈이다.

현대정공이 컨테이너 사업에서 큰 성과를 거두자 현대그룹 창업주인 정주영 회장은 언론 인터뷰에서 아들의 경영 능력을 칭찬하기도 했다. 그만큼 현대정공의 컨테이너 사업은 정몽구 회장이 경영자로서 자신의 안목과 실력을 유감없이 발휘했던 사례였다.

고부가가치 컨테이너 시장에 도전하다

1990년대까지 현대정공의 여러 사업 부문 가운데 효자 노릇을 톡톡히 했던 컨테이너 사업은 2000년 현대자동차그룹의 출범과 함께 종료됐다. 여러 경쟁 업체의 등장으로 컨테이너 사업을 계속해서 유지하는 것은 사업성이 떨어진다는 경영상의 판단 때문이었다. 그렇게 현대정공의 컨테이너 사업은 20여 년간 세계 시장을 풍미한 뒤 역사 속으로 퇴장했다.

그러나 처음부터 컨테이너 사업을 아예 접으려고 한 것은 아니었다. 당시 현대정공 컨테이너 사업본부는 다양한 종류와 사양의 컨테이너를 생산하는 체제를 갖추고 있었고, 부가가치가 높은 특수 컨테이너를 통해 활로를 모색하려고 했다. 그 가운데 하나가 냉동 컨테이너였다.

냉동 컨테이너는 과일, 육류, 생선, 냉동식품 등 온도에 민감한 화물을 운송하는 데 사용된다. 낮은 온도를 유지하기 위해 단열재가 적용되고 냉동기가 부착된다. 또 일반 컨테이너가 철강으로 제작되는 반면 냉동 컨테이너는 알루미늄이나 스테인리스강으로 만들어진다. 냉동 컨테이너는 소재가 비싼 데다 제조 공정도 복잡하여 일반 컨테이너보다 가격이 훨씬 높았다. 물론 그만큼 부가가치가 컸다. 이러한 사업적 잠재력을 인지한 나는 1990년대 중반 현대우주항공으로 소속이 변경된 이후에도 현대정공에 냉동 컨테이너 장착용 냉동기를 개발하자고 건의했다.

냉동기는 냉동 컨테이너의 성능을 좌우하는 핵심 장치다. 당시 냉동 컨테이너에 들어가는 냉동기는 미국의 캐리어Carrier와 서모킹Thermo King 두 회사가 장악하고 있었다. 냉동 컨테이너에 들어가는 냉동기는 발주자인 고객사가 지정했고, 이들은 모두 캐리어나 서모킹의 냉동기를 장착할 것을 요구했다. 냉동 컨테이너 제조업체인 현대정공은 냉동기에 관한 한 아무런 협상력이 없었다.

이에 현대정공은 캐리어와 서모킹에게 라이선스 이전을 몇 차례 제안했다. 냉동 컨테이너 제조업체가 냉동기를 직접 생산하는 것이 훨씬 효율적이었기 때문이다. 하지만 두 회사는 이미 냉동기 시장을 장악하고 있어서 굳이 다른 회사에 라이선스를 줄 의사가 없었다. 그러던 차에 현대우주항공에서 개발팀을 이끌던 내가 냉동기 개발을 건의하자 현대정공 컨테이너 사업본부는 두 손을 들어

반겼다.

나는 우리 손으로 성능이 뛰어난 냉동기를 만들어 캐리어나 서모킹과 맞대결을 벌여보겠다고 다짐했다. 그래서 삼성전자에서 냉장고 개발을 담당하던 이경훈 연구원을 스카우트하고 한규석 차장을 리더로 팀을 꾸렸다. 또 과거에 우리와 프로젝트를 수행한 적이 있는 엔트의 정영록 사장을 팀에 포함시켰다. 그리고 이때부터 많은 노력을 들인 끝에 마침내 냉동기를 개발하는 데 성공했다.

우리가 냉동 컨테이너용 냉동기 개발에 성공하자 분위기가 급변했다. 서모킹 측에서 냉동기 라이선스를 주겠다고 태도를 바꾼 것이다. 냉동기 시장에 경쟁사가 하나 더 생겨서 시장을 잠식당하는 것보다는 라이선스를 주고 로열티를 받는 것이 훨씬 유리하다고 판단했으리라.

서모킹의 태도 변화는 현명한 판단이라 할 수 있었다. 어떤 제품을 처음 개발한 회사가 영원히 그 제품으로 사업을 영위할 수는 없는 노릇이다. 일정 기간이 지나면 경쟁사들이 점점 늘어나서 수익성이 떨어지기 마련이다. 이때는 해당 제품이나 기술의 라이선스를 판매하는 것도 좋은 비즈니스가 된다. (나중에 현대정공 또한 컨테이너 사업에서 철수하면서 해외 기업에 컨테이너 생산 라이선스를 넘기고 한동안 로열티를 받기도 했다.)

개발과 사업화 사이의 간극

우리 팀이 냉동기 개발에 성공한 후, 현대정공은 유리한 위치에서 서모킹과 협상을 순조롭게 이어가며 본격적으로 냉동기 생산 준비에 들어갔다. 그런데 뜻밖의 문제가 제기되며 사업에 제동이 걸리고 말았다. 바로 A/S 센터였다.

냉동 컨테이너용 냉동기 제조업체는 세계 주요 항구에 A/S 센터를 갖추어야 했다. 냉동기에 문제가 생기면 가까운 항구에서 즉시 수리하거나 교체해줘야 하기 때문이다. 캐리어나 서모킹은 업력이 오랜 냉동기 회사들이어서 주요 항구에 이미 A/S망을 구축하고 있었다. 그러나 새롭게 냉동기 생산에 뛰어드는 현대정공은 그렇지 않았다. 세계의 주요 항구마다 A/S 센터를 설치하려면 막대한 비용이 들 것으로 파악됐다. A/S 센터를 설치하지 않는다는 선택지는 생각할 가치도 없었다. 현대정공이 냉동기를 생산하더라도 고객사들은 A/S 센터가 없는 현대정공의 냉동기 구매를 꺼릴 것이 분명했다. 결국 현대정공 C/T 사업본부는 냉동기를 생산하는 신규 사업을 더 이상 추진하지 않기로 결정했다.

나의 냉동기 개발 프로젝트는 반쪽짜리 성공에 그쳤다. 우리 손으로 냉동기를 개발함으로써 서모킹이 현대정공에 라이선스를 주게 만드는 것은 성공했지만, 이를 사업화까지 연결하는 데는 실패한 것이다. 처음부터 냉동 컨테이너용 냉동기 시장의 구조를 좀 더 치밀하게 조사했더라면 섣불리 개발에 뛰어들지 않았을 것이라는 후회가 들었다. 제품의 수요가 크다는 사실에만 집중하다 보니 시장 전체가 어떻게 돌아가는지를 제대로 살피지 못했다. 엔지니어라면 개발에만 몰두할 것이 아니라 사업성과 경제성을 함께 면밀하게 살펴야 한다는, 소중한 교훈을 얻게 된 경험이었다.

로켓 개발에
뛰어들다

제2차 세계대전 이후 미국과 소련을 중심으로 자본주의와 사회주의 진영이 서로 대적하는 냉전 체제가 반세기 가까이 이어졌다. 하지만 소련의 미하일 고르바초프Mikhail Gorbachev가 개혁과 개방을 주창하면서 해빙 분위기가 조성되었고, 결국 1990년에 냉전 체제가 종식됐다. 이 역사적 변화는 전 세계를 놀라게 했고, 새로운 시대의 서막을 알렸다.

1988년 출범한 노태우 정부는 냉전 체제의 종식과 함께 사회주의 국가들과의 관계 개선을 도모하는 '북방정책'을 펼쳤고, 1990년에는 소련과 국교를 맺기에 이르렀다. 한·소 수교 이후 우리나라는 경제난에 빠진 소련에 대규모 차관을 공여하면서 우호적인 관계를 다져나갔다. 이런 양국 관계는 1991년 12월 고르바초프 대통령 사임으로 소련이 공식 해체되고 러시아가 출범한 이후에도 줄곧 이어졌다.

현대그룹의 북방사업과 로켓 사업 도전

이 시기에 정주영 명예회장은 새로운 변화의 물결을 타고 북쪽으로 눈을 돌렸다. 이른바 현대그룹의 '북방사업'이 첫걸음을 떼던 순간이었다. 정부가 북방정책을 펼치면서 현대그룹의 북방사업은 상당한 탄력을 받을 수 있었다. 한·소 경제협회 회장을 맡고 있던 정주영 명예회장은 1990년 11월 고르바초프 대통령을 예방해 역사적인 면담을 가졌다. 이날 만남에서 두 사람은 양국의 경제협력 등을 주제로 깊은 대화를 나눴다. 이후 현대그룹은 여러 가지 북방사업을 추진하기 시작했다. 대표적인 사업은 세 가지였다.

첫 번째는 자원 개발 사업이었다. 정주영 회장은 현대자원개발이라는 회사를 설립하고 시베리아 지역을 중심으로 에너지, 산림, 식량 자원을 개발하고자 했다. 이 회사는 1998년 그룹 구조조정 차원에서 청산되었는데, 2011년 현대중공업그룹이 정주영 회장의 유지를 잇기 위해 같은 이름의 회사를 설립하기도 했다.

두 번째는 항공기 제조 사업이었다. 1993년에 현대정공은 러시아의 항공기 제조사인 야크^{Yak Aircraft Corporation}와 손잡고 합작 법인인 현대야크항공을 설립하는 계약을 체결했다. 현대정공은 1987년에 차세대 전투기 사업^{Korean Fighter Program, KFP}에 참여하면서 방산 부문 항공기 사업에 진출했는데, 현대야크항공을 통하여 민간 부문 항공기 개발에도 나선 것이다. 현대야크항공은 1994년 독일 베를린 에어쇼에 참가해 공동 개발한 100인승 중형 여객기 HYUNDAI-YAK 42와 2~4인승 다목적 중소형기 HYUNDAI-YAK 112를 전시하기도 했다. (하지만 본격적인 항공기 제조 사업으로 연결되지는 못했다.)

마지막 세 번째는 우주발사체, 즉 로켓 사업이었다. 1991년에 한국통신(현 KT)은 국내 최초의 통신위성인 무궁화 1호 발사를 위한 국제입찰을 공고했다. 당시 한국통신은 공기업이었으므로 위성 발사 용역은 정부 사업의 성격을 띠었다. 이때 현대그룹은 소련 붕괴 이후 형성된 국가들의 모임인 독립국가연합^{Commonwealth of Independent States, CIS}의 위성 발사 업체 글라브코스모스^{GLAVKOSMOS}와 컨소시엄을 구성해 용역에 입찰했다. 이때 현대는 로켓을 직접 제작해 발사까지 하겠다는 포부 넘치는 제안을 담았다. 그러나 무궁화 1호 발사 용역은 한라중공업과 손잡은 미국 우주항공기업 맥도넬더글러스^{MCDONNELL DOUGLAS}가 따냈다. 결국 무궁화 1호는 1995년에 델타 II 로켓에 실려 지구 정지궤도로 쏘아 올려졌다.

현대그룹은 무궁화 1호 발사 용역 사업 수주에 실패한 후에도 우주발사체 사업에 대한 의지를 꺾지 않았다. 입찰 사업이 종료되고서 얼마 뒤, 현대정공은 러시아의 발사체 기술을 지원받는다는 전략을 세워 우주 사업을 전개할 회사를 설립했다. 그렇게 해서 1994년 3월, 현대우주항공이 탄생했다.

현대우주항공의 설립과 함께 나의 소속은 현대정공에서 현대우주항공으로 바뀌었다. 현대우주항공에서 새롭게 맡게 된 자리는 기술연구소에서 로켓 엔진을 개발하는 연구2부장이었다. 내가 우주개발 분야에 처음 발을 들여놓게 된 순간이었다. 이후 2004년에 현대제철 당진제철소 건설 프로젝트에 투입될 때까지, 우주와 로켓은 내 인생의 숙명과도 같은 화두가 됐다.

현대우주항공에서의 새로운 시작

처음에 현대그룹의 로켓 개발 사업은 3개 계열사가 업무를 분장하는 형태로 진행됐다. 엔진 개발은 현대자동차, 몸체 개발 및 조립은 현대정공, 유도장치 개발은 현대전자가 맡는 구도였다. 그러다가 현대우주항공이 출범하면서 로켓 개발 사업을 전적으로 담당하게 됐다.

현대우주항공 출범 초기의 관심사는 로켓 개발의 핵심인 엔진 개발을 누가 맡느냐였다. 로켓 개발에서 엔진이 차지하는 비중은 60~70퍼센트를 차지할 만큼 매우 중요하다. 그리고 앞서 언급한 것처럼 로켓 엔진을 개발하는 연구2부장 자리에 내가 낙점됐다. 그러자 사내 여기저기서 수군거리는 분위기가 생겨났다. 내가 로켓 엔진 개발과 관련한 업무를 한 번도 경험한 적이 없을 뿐더러, 항공 공학을 전공했거나 경력이 나보다 많은 선배 엔지니어들도 있었기 때문이다.

당시 나를 엔진 개발 책임자로 발탁한 사람은 김동진 현대우주항공 기술연구소장이었다. 그는 나중에 현대우주항공 대표이사 사장을 거쳐 현대자동차 대표이사 부회장, 현대모비스 대표이사 부회장 등을 역임했다. 그가 어떤 기준에서 나를 발탁한 것인지는 알수 없다. 내가 할 수 있었던 일은 이제까지 그러했던 것처럼, 새로운 업무를 깊이 파고들어 빠르게 전문가 수준의 식견을 갖추기 위해 노력하고, 신뢰할 수 있는 인력을 갖추어 그들에게 동기와 목표를 부여하는 것이었다.

이와 관련해 겪었던 한 가지 일화가 기억난다. 현대그룹의 로켓 개발 사업을 현대우주항공이 전담하게 된 직후, 연구개발 인력의 재배치를 진행하며 일어난 일이었다. 나는 그때까지 로켓 엔진 개발을 담당하던 현대자동차 마북리 연구소의 특수엔진팀을 찾아가 엔진 개발 인력을 현대우주항공으로 전출해달라고 요청했다. 너무나도 당연한 요구였으나, 당시 특수엔진팀에서는 전출을 꺼리는 분위기가 만연했다. 할 수 없이 나는 마북리 연구소장을 맡고 있던 이대운 전무를 만나러 갔다. 그는 현대자동차가 국내 최초로 독자 개발한 알파엔진 탄생의 주역 중 한 명이었다.

"정몽구 회장님 지시로 로켓 엔진 개발을 맡게 된 우유철입니다. 저희가 엔진 개발을 맡게 되었으니, 기존에 엔진을 개발하던 인력을 현대우주항공으로 전출시켜 주십시오."

"우 박사, 괜히 왔다 갔다 하지 말고 김동진 소장한테 얘기하라고 하세요."

이대운 전무는 알 듯 말 듯한 미소를 띠며 대답했다. 마북리 연구소를 책임지는 중역 입장에서 나와 말싸움을 할 수는 없으니 현대우주항공 연구소장이 직접 와서 요청하라는 뜻을 부드럽게 전달한 것이었다. 그렇게 얼마 뒤 현대자동차 특수엔진팀에서 근무하던 인력 가운데 로켓 엔진 개발을 계속하고 싶어한 조용호 연구원 등 일부가 사표를 내고 현대우주항공으로 합류했다.

이때의 첫 대면이 계기가 되어 나는 이대운 전무와 가끔 만나는 사이가 됐다. 그가 현대자동차에서 퇴임하고 고문으로 물러났을 때 나는 간혹 그의 사무실에 찾아갔다. 그는 현직에서 물러나 적적하게 지내는 터에 자신을 찾아주는 사람이 있으니 반가웠던 모양이었다. 그때 이후 그는 내가 무슨 일을 할 때마다 "당신이 하는 일은 뭐든지 도와주겠다."라고 말하곤 했다. 그는 나중에 자동차 부품업체인 델파이코리아DELPHI KOREA 사장에 취임했는데, 내가 현대모비스에서 부품사업으로 사업 방향을 전환했을 때 실제로 자동차에 관해 많은 도움을 주었다.

한국의
로켓 개발 사업

한국 최초의 로켓은 고려 말 최무선이 개발한 화약로켓인 주화走火라 할 수 있다. 이후 조선 세종 때 장영실 등이 주화를 개량해 만든 신기전神機箭이 로켓의 계보를 이어갔다. 하지만 주화나 신기전은 현대적 의미의 로켓으로 보기에는 한계가 있다.

현대적 로켓 개발 시도는 1950년대 후반, 이승만 정부 시절에 처음 시작됐다. 1958년과 1959년에 두 차례에 걸쳐 초보적인 수준의 로켓 발사 시험이 실시됐고, 나중에 박정희 정부 시절에도 로켓 개발 노력은 이어졌다.

한국항공우주연구원의 설립과 성과

한국이 본격적으로 우주개발용 로켓 개발에 나선 것은 1989년 한국항공우주연구원Korea Aerospace Research Institute, KARI, 이하 항우연이 설립된 이후라고 볼 수 있다. 설립 이후 항우연은 우리나라 우주개발의 주축 역할을 해오고 있다.

1993년에 항우연은 우리나라 최초의 우주개발용 로켓이자 과학 관측 로켓인 KSR-I을 두 차례 발사하는 데 성공했다. 발사 목적은 한반도 상공의 오존층 관측 그리고 로켓 성능을 확인하기 위한 자료 수집이었다. 항우연은 1997년에 중형 과학 로켓인 KSR-II를 발사했고, 2002년에는 액체연료 과학 로켓인 KSR-III를 발사하는 데 성공했다. 나는 KSR-III의 성공적인 발사에 기여한 공로로 이듬해인 2003년 1월에 김대중 대통령에게 과학기술훈장 도약장을 받는 영광을 누렸다.

2000년대 이후 한국형 발사체KSLV 계획이 시작됐다. 항우연은 두 번의 실패 끝에 2013년 1월 30일, 마침내 대한민국 최초의 우주발사체 로켓인 나로호 발사에 성공했다. 그리고 2023년 5월에 우리나라 최초의 저궤도 실용위성 발사용 로켓인 누리호의 3차 발사에 성공했다. 이로써 한국은 세계에서 열한 번째로 자국산 우주발사체와 인공위성을 제작해 발사하는 것이 가능한 '우주로켓 자력발사국(스페이스 클럽)'에 이름을 올리게 됐다.

청춘을 바친 우주개발 프로젝트

나는 누리호 3차 발사 장면을 보면서 가슴이 벅차올랐다. 우리나라의 로켓 개발은 내 청춘을 바친 프로젝트였기 때문이다. 나중에 급작스레 당진제철소 프로젝트에 투입되며 로켓 개발에서 손을 떼게 되었지만, 2013년 나로호 발사 성공 후 나는 곧장 대전으로 달려가 나로호 발사의 주역인 조광래 단장을 비롯한 연구원들을 만나 축하 자리를 마련했다. (조광래 단장은 나중에 항우연 원장을 지냈다.)

내가 정부의 우주개발 프로젝트에 처음 참여한 것은 1990년대 중반이었다. 1995년에 한국 정부는 국가 우주개발 중장기계획을 수립했다. 2015년까지 20년에 걸쳐 위성, 발사체 등의 분야에서 우주개발 자립 능력을 확보한다는 원대한 목표에 따라 세워진 계획이었다. 이를 위해 정부는 관련 부처를 비롯해 산·학·연이 모두 참여하는 공동개발 체제를 세웠다. 한마디로 나라 전체의 역량을 총동원하는 국가 프로젝트였던 것이다. 여기에 나는 발사체 부문 담당으로 우주개발 중장기 계획 수립 사업에 참여했다.

얼마 뒤인 1998년 8월, 북한이 자체적으로 개발한 로켓인 대포동 1호에 인공위성인 광명성 1호를 실어 발사하는 사건이 벌어졌다. 당시 북한은 함경북도 무수단리 발사장에서 동쪽 상공을 향해 대포동 1호를 발사해 저궤도에 진입시키는 데 성공했다고 주장했다. 우리 정부가 분석한 결과 광명성 1호는 궤도 진입에 실패한 것으로 드러났다. 그러나 성공 여부를 떠나 북한이 남한보다 훨씬 강력한 발사체를 가졌다는 사실이 나라 전체에 큰 충격을 가져다 주었다. 위기감을 느낀 정부는 발사체 기술 확보를 서두르기 시작했다.

기술을 확보하는 방법에는 '자체 개발'과 '기술 이전' 두 가지가 있다. 자체 개발을 통해 기술의 오리지널리티를 가지는 것은 물론 중요하다. 그러나 이미 좋은 기술이 있다면, 자체 개발을 위해 시행착오를 거듭하며 시간을 소요하기보다는 기술이전을 통해 먼저 기술을 확보하고, 이를 통하여 원하는 제품을 개발하는 것이 더욱 효율적이라는 것이 나의 지론이다.

그런데 로켓 관련 기술은 기술 이전이 자유롭지 않았다. 로켓 기술은 우주개발에도 쓰일 수 있지만, 미사일로서 무기 개발 기술로도 얼마든지 전환될 수 있기 때문이다. 그래서 1987년에 미국을 비롯한 서방 7개국은 미사일 확산 방지를 위한 다자간 협의체인 미사일기술통제체제Missile Technology Control Regime, MTCR를 만들어 기술 이전에 제약을 걸었다. 중국과 일본은 각각 소련과 미국으로부터 로켓 관련 기술을 제공받은 적이 있는데, 모두 1987년 MTCR이 도입되기 이전의 일이었다.

그렇다면 남은 방법은 자체 개발뿐이다. 그런데 우리나라는 여기에도 장애물이 있었다. 1979년 미국과 합의한 '한·미 미사일 지침'이었다. 이 지침에 따라 우리나라의 미사일 개발은 사거리가 180킬로미터 이내로 제한됐다. (한·미 미사일 지침은 2000년대 들어 네 차례의 개정을 통해 차츰 사거리 제한을 늘려오다가 2021년에 마침내 폐지됐다.)

두 가지 제약이 한국 로켓 기술의 발목을 잡고 있던 1990년대에, 우리가 찾은 돌파구는 러시아와의 '기술협력'이었다. 마침 현대 그룹은 북방사업을 추진하면서 러시아와 여러 사업을 함께했다. 게다가 앞서 언급한 것처럼 무궁화 1호 위성 발사 용역 입찰에 독립국가연합의 위성 발사 업체 글라브코스모스와 손잡고 참여한 적도 있었다. 이러한 연결고리를 활용하면 우리 정부와 러시아 정부가 우주개발 기술 분야에서 협력을 추진할 수 있겠다는 판단이 섰다.

다행히 러시아 정부는 우리의 기술협력 제안에 긍정적인 반응을 보였다. 당시 우주발사체 기술을 보유하고 있는 국가 가운데 유일하게 호의적인 국가이기도 했다. 결국 노무현 대통령 시절인 2004년 9월에 한·러 우주과학기술협정을 맺어 러시아와의 기술협력이 성사되었고, 이는 훗날 나로호 개발 및 발사 성공으로 이어졌다.

우주센터 건립 사업에 참여하다

정부는 우리나라의 우주발사체 및 위성 개발을 추진하는 가운데 우주개발의 전초기지 역할을 할 발사장 건립 계획을 2001년에 발표했다. 발사장 건설 후보 지역으로는 11곳이 선정됐다. 발사 가능 방위각, 비행 경로상 안전 확보 등 여러 가지 조건을 면밀하게 비교한 끝에 전남 고흥과 경남 남해의 두 곳이 최종 후보로 압축되었고, 최종적으로 전남 고흥군의 외나로도가 발사장 건립지로 선택됐다. 이후 2003년에 기공식이 열리고, 6년 만인 2009년에 나로우주센터가 준공됐다. 나로우주센터는 발사대, 발사체 조립동, 위성 시험동, 발사 통제동 등 우주발사체 제작과 시험 및 발사에 필요한 모든 시설을 갖추었다. 이로써 한국은 세계에서 열세 번째로 우주센터 보유국 명단에 이름을 올렸다.

이때 나는 우주센터 위치 선정 용역 사업에 민간위원으로 참여했다. 사실 후보 지역 가운데 가장 적합하다고 평가된 곳은 전남 고흥이 아닌 제주도 서귀포시 대정읍 일대였다. 하지만 제주도 주민의 반대로 대정 지역은 후보에서 탈락했다. 경남 남해군은 경남 도지사가 앞장서서 우주센터 유치단을 구성해 활동할 만큼 적극적이었지만, 로켓 발사 이후 추진체가 필리핀 동쪽 태평양 해상에 떨어지게 하려면 발사 각도상 남해보다는 고흥의 위치가 적합했다. 그렇게 고흥이 최종적으로 선정된 것이었다.

나는 우주발사체 개발 사업 예비타당성 용역 사업에 참여한 적도 있었다. 당시 한국개발연구원Korea Development Institute, KDI의 조동호 박사(현재 이화여대 교수)팀이 예비타당성 조사를 담당했는데, 내가 전문가로 추천된 것이다. 이때 나와 조 박사는 타당성을 검토하기에 앞서 외국의 주요 발사장을 직접 방문해 운영 사례를 직접 살펴보고 분석해야 한다는 데 뜻을 모았다.

그렇게 우리가 방문한 곳은 미국 플로리다주 케이프 커내버럴에 있는 우주 발사장과, 남미 프랑스령 기아나의 쿠루에 위치한 기아나 우주센터까지 두 곳이었다. 케이프 커내버럴의 메리트 섬에는 케네디 우주센터가 있는데, 미국에서 유학하던 시절에 방문한 적이 있었다. 당시만 하더라도 훗날 내가 로켓 개발 분야에 종사하게 될 것이라고는 꿈에도 생각하지 못했다. 이번에 방문한 곳은 그 옆의 공군 발사장이었다. 군 시설답게 보안이 철저하고 사진 촬영도 크게 제한됐다.

다음으로 방문한 곳은 기아나 우주센터였다. 이곳은 프랑스령 기아나 수도인 카옌에서 북서쪽으로 약 60킬로미터 거리에 있다. 미국 마이애미에서 에어프랑스 항공편을 타고 카옌 공항에 도착하자 현대 그레이스 승합차가 기다리고 있었다. 우리는 공항에서 기아나 우주센터로 쭉 뻗은 도로를 신나게 달렸다.

우주로켓 발사장은 적도에 가까울수록 유리하다. 적도에서 지구의 자전 방향인 동쪽으로 로켓을 발사하면 적은 추진력으로도 큰 힘을 얻을 수 있기 때문이다. 그런 면에서 북위 4도에 위치하며, 대서양에 면하여 로켓 발사 이후 분리된 추진체로 인한 피해를 최소화할 수 있는 기아나 우주센터는 최적의 조건을 갖춘 우주기지 중 한 곳으로 꼽혔다. 세계 최대의 위성 발사 용역업체인 프랑스의 아리안스페이스Arianespace와 유럽우주국European Space Agency, ESA도 이곳을 발사 기지로 활용했다.

　이론으로 아는 것과 실제로 눈으로 보는 것은 역시 큰 차이가 있었다. 특히 기아나 우주센터를 보고 난 뒤 나와 조 박사는 우주발사체 사업 타당성 검토에서 고려해야 할 기준과 조건을 명징하게 새기고, 국가를 위해 반드시 우주발사체 사업을 성공시키겠다고 다짐했다.

우주개발을 바라보는
지구인의 시선

인류의 우주개발은 미국과 소련의 체제 경쟁 속에서 본격적으로 진행됐다. 우주는 인류 모두가 한마음으로 동경해온 미개척지였지만, 아이러니하게도 우주개발은 분열과 대립의 역사 속에서 자라난 셈이다.

세계로 퍼진 우주개발 경쟁

1957년 소련은 세계 최초의 인공위성인 '스푸트니크 1호'를 지구 궤도에 진입시키는 데 성공했다. 인류가 우주개발에 첫걸음을 내디딘 순간으로, 세계 전체가 놀란 역사적 사건이었다. 소련은 이어 1961년에 보스토크 우주선을 이용해 세계 최초의 우주인인 유리 가가린Yuri Alekseyevich Gagarin의 유인 우주비행에도 성공했다.

미국은 소련의 우주개발 성과에 커다란 충격을 받았다. 단지 소련의 과학기술 수준이 미국을 앞섰다는 사실 때문만은 아니었다. 당시에 소련이 우주발사체를 대륙간 탄도미사일이라는 군사적 목적으로 사용할 수 있다는 의혹과 공포감이 미국 전역을 휩쓸었다. 이를 '스푸트니크 쇼크'라고 부른다.

스푸트니크 1호 발사 이듬해인 1958년, 미국은 대통령 직속 우주개발 전담 기관인 미국 항공우주국National Aeronautics and Space Administration, NASA을 출범시키며 소련과의 우주개발 경쟁에 돌입했다. NASA는 이전까지 개별적으로 활동하던 군과 연구소 등 여러 기관의 우주 관련 사업을 통합하여 미국 전체의 우주개발 역량을 총결집시킨 기관이었다.

1961년에 미국 제35대 대통령에 취임한 존 F. 케네디John Fitzgerald Kennedy는 1960년대 내로 인간을 달에 보내겠다는 원대한 계획을 발표했다. 인류 최초의 유인 달 탐사 계획인 '아폴로 계획'이 세상에 첫선을 보인 것이다. 처음에 케네디의 선언은 비현실적이라는 비판을 받았다. 하지만 1969년, 아폴로 11호가 세계 최초로 달 착륙에 성공하면서 아폴로 계획은 정말로 실현되었다. 이후 미국은 1970년대 초반까지 총 6회에 걸쳐 달 착륙을 성공시키며 개가를 올렸다. 이를 계기로 미국은 스푸트니크 쇼크에서 벗어나는 동시에 소련과의 우주개발 경쟁에서도 승기를 잡았다.

소련과 미국의 우주개발 경쟁에 자극받은 다른 주요 선진국들도 잇달아 우주를 향한 도전에 나섰다. 1965년에 프랑스는 자체 개발한 로켓으로 인공위성 A1의 발사에 성공했다. 1970년에 일본은 인공위성 오스미 1호를 발사했으며, 같은 해에 중국도 인공위성 동방홍 1호를 지구 궤도에 쏘아올렸다. 1971년에는 영국이 인공위성 블랙나이트 1호 발사에 성공했고, 1980년에는 인도가 인공위성 로히니 1호 발사에 성공하며 세계에서 일곱 번째로 위성 발사 국가 명단에 이름을 올렸다.

우리나라는 다른 주요 선진국들보다 한참 늦은 1980년대 후반에 이르러서야 본격적인 우주개발의 첫걸음을 떼기 시작했다. 하지만 이후 약 30여 년 동안 위성 및 발사체 기술 개발에 전력을 기울여 2022년에 한국형 발사체 누리호를 시험 발사하고, 2023년에는 상용 발사하는 데 성공했다. 이로써 우리나라는 전 세계에서 열한 번째로 자국 영토에서 자국산 위성을 자국산 로켓에 탑재해 발사하는 기술력을 확보한 나라의 반열에 올랐다. 다시 말해 우주개발의 자립을 이룬 셈이다. 이는 정부와 민간 연구자들이 혼신을 다해 이뤄낸 기념비적인 업적이었다.

우주개발의 가치

기념비적인 업적이라고 표현했지만, 우주개발을 못마땅하게 바라보거나 심지어 적대시하는 시각도 존재한다. 과학기술에 투자하는 국가 예산은 제한되어 있는데, 우주개발처럼 엄청난 돈이 드는 사업을 진행하면 다른 분야들이 뒷전이 되거나 홀대받을 수밖에 없다는 논리에서다.

아주 틀린 말은 아니다. 실제로 한국형 발사체 사업을 진행하면서 나로호 개발에는 약 5000억 원의 예산이 투입됐고, 누리호 개발에는 그 4배인 약 2조 원의 예산이 투입됐다. 다른 과학기술 분야의 종사자들이 "당장 우주에서 쌀이 나오나, 떡이 나오나." 하면서 볼멘소리를 하는 것도 이해할 수 있는 부분이다. 비슷한 일이 우리나라에서뿐만 아니라 미국과 소련이 체제 경쟁과 우주개발 경쟁을 하던 시절에도 벌어졌다. 양국 국민 모두 엄청난 재정이 투입되는 우주개발이 민생을 어렵게 만든다는 비판을 정부에 쏟아냈다. 여론의 악화로 양국 정부는 우주개발의 방향을 실용 목적을 띤 인공위성 개발로 전환하기도 했다.

그러나 인류의 역사를 돌아보면 새롭게 세상의 주도권을 쥐었던 것은 늘 남들이 가지 않았던 영역을 개척한 국가였다. 대항해 시대에 신항로를 개척하며 바다를 제패한 포르투갈, 스페인, 영국 같은 나라들이 그런 예다. 그 가운데 영국은 산업혁명을 일으키며 해가 지지 않는 제국을 만들었다. 20세기에 들어서서는 앞선 과학기술과 생산 능력을 확보한 나라들이 잇달아 강국 반열에 올랐으며, 특히 소련과 미국은 우주개발을 선점하면서 세계 질서를 양분했다.

우주개발은 장기적 안목으로 보아야 한다. 지금 당장 가시적인 보상이 돌아오지 않는다고 해서 우주개발을 소홀히 하는 것은 멀리 보았을 때 득보다 실이 클 수 있다. 게다가 지금은 미국을 중심으로 스페이스XSpace Exploration Technologies Corp.나 블루 오리진Blue Origin, LLC 같은 민간 기업들이 우주개발에 나서는 뉴 스페이스 시대가 열리고 있다. 우주개발이 언제까지나 몽상의 영역에 머물러 있지 않게 되었다는 뜻이다.

또한 우주개발은 실패 또한 자산의 일부로 보아야 한다. 발사체의 경우 개발 과정이 힘들기도 하지만, 발사 과정에서 아주 사소한 문제 하나로도 실패할 수 있다. 하지만 실패의 원인을 점검하고 이를 해결하는 과정에서 기술이 진일보하게 된다.

2024년에 한국 우주항공청이 출범했다. 우주개발에 대한 우리나라의 꿈은 여전히 이어지고 있다. 나는 비록 우주개발 프로젝트에서 중간에 손을 떼게 됐지만, 우리나라가 우주 강국이 되는 그날까지 계속 응원할 것이다. 뉴 스페이스 시대를 맞이하여 우주개발에 참여하는 많은 스타트업들을 보며, 우리나라의 젊은 사업가들의 용기와 의욕에 찬사를 보낸다.

우주개발 프로젝트에서 얻은 가르침

정부의 우주개발 프로젝트 가운데 나는 발사체 부문 담당으로서 로켓 엔진 개발 프로젝트에 깊이 참여했다. 이를 통해 우주개발이 얼마나 복잡하고 어려운 과정인지 절실히 깨달을 수 있었다. 발사체 개발에서 작은 결함 하나가 전체 성공 여부를 가르는 만큼, 모든 단계에서 극도로 세밀하게 진행되어야 한다. 발사 성공까지의 과정을 책임지는 사람은 본인의 역할이 얼마나 무겁고 중요한지 체감하게 된다.

로켓 엔진 시험장에서 총책임자로 일하던 시절, 나는 로켓 엔진 시험을 수없이 반복하며 성능을 최적화해야 했다. 엔진의 신뢰성이 보장되지 않으면 발사 전 과정이 무너질 수 있었기 때문이다. 또한 만반의 준비를 갖추고 모든 긴급 상황에 대비해야 했다. 이러한 경험은 나중에 내가 맡았던 현대제철 프로젝트에서 많은 도움을 주었다. 목표 설정, 구성원 통제, 공정 일정 및 리스크 관리 등 프로젝트 관리의 원칙은 책임자로서 현대제철 프로젝트를 성공으로 이끄는 데 요긴한 지침이자 가이드가 됐다.

외환위기의 격랑: 현대우주항공의 소멸

1990년대는 현대그룹이 우주항공 분야에 본격적으로 뛰어들며 새로운 도전을 시작한 시기였다. 1994년 설립된 현대우주항공은 그룹 내 우주항공 사업 전문 회사로, 주목할 만한 다양한 사업을 전개했다.

현대우주항공은 설립 초기에 국가가 주도하던 우주항공 국책사업에 참여했다. 한·중 중형항공기 개발 사업, 다목적 실용위성 개발 사업, 한국형 과학관측로켓 KSR III 개발 사업 등이 대표적인 사례다. 나는 이때 한국형 로켓 엔진 개발과 관련된 프로젝트를 수행하면서 우주개발에 발을 들여놓게 됐다.

이후 현대우주항공은 미국 항공기 제조사 보잉The Boeing Company
의 여객기 기종인 B-717에 주익main wing 50세트를 제작하여 공급
했다. 또 미국 우주항공기업 얼라이드시그널Allied Signal과 산업용 가
스터빈엔진ASE-120을 개발하기도 했고, 현대정공에서 이관된 1톤급
자동차용 자동변속기 개발 사업도 진행했으며, 한국형 고속전철에
장착될 변속기 개발 사업 등도 추진했다. 산업용 가스터빈엔진 및
자동변속기 개발 사업은 내가 직접 담당했던 프로젝트였다.

외환위기와 5대 그룹의 빅딜

이처럼 현대우주항공이 신규 사업을 활발하게 펼쳐나가던
1997년 말, 대한민국에 거대한 암운이 드리웠다. 외환 유동성 위
기, 이른바 '1997년 외환위기 사태'였다. 같은 해에 아시아 지역에
발생한 금융위기로 불안감을 느낀 외국 자본이 한국에서도 급격히
빠져나가며 외환보유고가 바닥을 드러냈다. 이때 무분별한 차입으
로 사업을 확장했던 국내의 여러 기업들이 부채를 갚지 못하게 되
면서 연쇄적으로 도산했다. 1990년 중반까지도 고속 성장을 이어
가던 우리나라는 순식간에 벼랑 끝에 내몰렸다.

당시 김영삼 정부는 국제통화기금International Monetary Fund, IMF에
구제금융을 신청하여 급한 불을 껐다. 하지만 그 대가로 IMF는 한
국 경제 전반의 개혁 조치를 요구했다. 이에 따라 부실기업이 퇴출

되고 기업 대다수가 대규모 구조조정을 단행하게 됐다.

한국 경제를 좌우하던 굴지의 대기업들도 외환위기의 충격을 피할 수 없었다. 1998년 출범한 김대중 정부는 현대·삼성·대우·LG·SK 등 국내 5대 그룹에 사업 구조조정을 강하게 압박했다. 이에 5대 그룹이 서로 계열사를 교환 또는 통합하는 '빅딜'을 진행하면서 현대그룹의 기존 사업구조도 커다란 변화를 겪게 됐다.

첫 번째 빅딜의 결과로 현대정공, 대우중공업, 한진중공업의 철도차량 사업 부문이 통합되어 1999년에 한국철도차량Korea Rolling Stock, KOROS이 새롭게 탄생했다. 3개 사는 한국철도차량의 지분을 각각 4:4:2의 비율로 보유했는데, 나중에 현대가 대우 측 지분을 인수(2006)하고 한진중공업이 지분을 매각(2007)하면서 2007년부터 현대로템으로 재탄생했다.

부채가 많고 수익성이 저조했던 항공 사업 부문도 빅딜의 대상이었다. 당시 항공기 제조 사업을 운영하던 현대우주항공, 삼성항공, 대우중공업 3개 사가 통합 대상이었다. 처음에는 대한항공의 항공기 제조 사업 부문도 통합 대상이었지만, 자체 유지·보수 사업 물량을 갖고 있던 대한항공은 빅딜을 거부하고 참가하지 않았다. 결국 1999년 10월에 현대, 삼성, 대우, 그리고 주채권은행인 산업은행이 각각 25퍼센트의 동등 지분을 보유하는 형태로 한국항공우주산업(주)KAI(이하 한국항공우주산업)이 출범했다.

역사 속으로 사라진 현대우주항공

벨 에포크*라 불리는 시대가 있다. 서양에서 19세기 말부터 제1차 세계대전 이전까지의 시기를 가리키는 말이다. 이때 서양은 산업혁명과 식민지 수탈로 물자가 풍부하고 문화가 풍성해진 황금 시대를 구가했다.

우리에게 그런 시대는 언제였을까? 나는 1990년대에서 외환 위기 사태 이전까지가 아니었나 생각한다. 저유가, 저달러, 저금리 의 3저 호황으로 경제가 살아나고, 대한민국 전체가 무엇이든 가능 하다고 생각해서 의욕이 넘치던 시기였다. 그렇지만 결국 외환위기 사태가 발생하며 모든 것이 무너졌고, 평생 직장이라는 개념도 사 라졌다. 대한민국은 슬픈 세기말을 맞이하게 됐다.

당시 현대우주항공에서 우주사업부장 겸 경영전략팀장을 맡 고 있었던 나 역시 외환위기의 격랑에 내가 몸담은 회사가 사라지 는 과정을 겪어야 했다. 정말 가슴이 아팠지만, 내가 가진 지위와 책임에 따라 끝까지 마무리지어야 할 일들이 있었다.

우선 나는 현대우주항공과 삼성항공, 대우중공업이 사업 통합 을 논의할 때 관여했다. 논의의 핵심은 세 회사의 합병 비율을 어 떻게 산정하느냐 하는 문제였다. 합리적인 결론은 세 회사의 기업

● Belle Époque. 유럽사의 시대 구분 중 하나. 프랑스어로 '아름다운 시절'을 의미한다.

가치에 따라 정하는 것이었다. 이에 세 회사는 각자 글로벌 회계법인을 선정해 기업가치 평가에 들어갔다. 현대우주항공은 딜로이트Deloitte Touche Tohmatsu Limited와, 삼성항공은 아서앤더슨Arthur Andersen LLP.과, 대우중공업은 KPMGKPMG International Cooperative와, 그리고 채권단은 맥킨지McKinsey & Company와 계약을 맺었다. 합병 비율을 산정하는 방식으로는 현금흐름할인법Discounted Cash Flow, DCF을 이용하기로 했다. 이는 미래의 영업활동에 의해 발생할 것으로 기대되는 현금흐름을 적절한 비율로 할인해 현재의 기업가치로 환산하는 방식이다.

나는 현금흐름할인법을 직관적으로 이해하기 어려웠다. 그래서 착수 미팅에 참여하여 딜로이트에서 파견된 회계사들에게 '미래가치를 어떻게 산정하느냐?'라고 물어보았다. 회계사들은 글로벌 회계 경력을 바탕으로 산출하는 따로 방법이 있으니 걱정할 필요가 없다고 대꾸했다. 사실 당시에 내가 현금흐름할인법에 대해 불안감을 가진 이유가 있었다. 현대우주항공은 불과 수년 전에 설립된 신생 회사였고, 공장이나 설비 구축도 진행 중인 상태였다. 게다가 부채 비율도 매우 높았기 때문에 기업가치 평가에서 여러모로 불리할 것으로 보였다. 그런데 딜로이트와의 회의 중에 귀를 번쩍 뜨이게 하는 말을 듣게 됐다. 미래가치를 산정할 때 구매의향서Letter of Intent, LOI도 반영할 수 있다는 말이었다.

그 무렵 현대우주항공은 미국의 우주항공기업 얼라이드시그널과 가스터빈엔진 개발 사업을 진행하고 있었다. 대만 공군에 납품한 전투기용 엔진을 개조해 산업용 가스터빈엔진으로 만드는 사업이었다. 이때 현대우주항공은 가스터빈 부품의 생산설비를 발주한 상태였다. 다시 말해 발주는 했지만 공장에 생산설비를 구축하지는 못한 시점이었다. 하지만 나는 발주한 생산설비 목록을 활용할 수 있겠다고 생각했다. 그래서 현대우주항공이 생산할 예정이었던 가스터빈엔진 부품에 대한 구매의향서를 받을 수 있을지 모른다는 희망으로 GE^{General Electric Company}, 프랫앤휘트니^{Pratt & Whitney}, BMW롤스로이스^{BMW Rolls-Royce Motor Cars Limited}를 노크했다.

일말의 가능성을 기대했지만 프랫앤휘트니와 BMW롤스로이스 측은 아예 검토조차 하지 않았다. 가스터빈엔진은 한번 개발하면 보통 30년 이상 생산한다. 이 때문에 업력이 짧은 신생 부품 회사에게는 진입장벽이 너무 높았다. 하지만 우여곡절 끝에 GE로부터 겨우 구매의향서를 받을 수 있었다. GE의 항공기엔진사업부 ^{General Electric Aircraft Engines}의 마이크 슬로안^{Mike Sloan} 대표가 나의 설명을 진지하게 듣고 협조해준 덕분이었다.

그러나 회사의 기업가치를 높게 평가받기 위해 뛰어다녔던 나의 고생은 결국 헛수고가 되고 말았다. 각 회사별로 진행했던 기업가치 평가를 하나로 조율하기가 어려워지자, 결국 세 회사가 동일 지분 방식으로 통합하기로 결정했기 때문이었다. 당시 우리는 딜로이트의 회계사들에게 시간당 400~600달러라는 상당한 비용을 지급했다. 처음부터 동등 지분으로 결정했더라면 쓰지 않아도 될 돈이었다. 회사가 사라지는 마당에 헛돈까지 쓴 셈이었다. 딜로이트에서 파견한 회계사들은 만족스러운 표정으로 돌아가며 다음에 일이 생기면 불러달라는 말도 잊지 않았다. 그들을 바라보며 느꼈던 얄밉고 허탈한 감정이 지금도 떠오른다.

의미 없는 경험은
없다

1999년 10월, 현대우주항공은 김대중 정부의 빅딜 정책에 따라 새롭게 출범한 한국항공우주산업KAI에 항공 사업 부문을 현물 출자 방식으로 넘겼다. 회사의 사업 구도를 이루는 커다란 기둥이 뽑힌 셈이었다. 그러나 이는 시작일 뿐이었다. 같은 해 12월에는 변속기 사업 부문을 물적분할 방식으로 분리했고, 이듬해 2월에는 우주 사업 부문을 현대정공에 양도했다. 이어 헬리콥터 운항 사업과 항공기 부품 사업도 KAI에 양도했다. 그런 다음 2001년 12월, 법인을 청산하면서 현대우주항공은 역사의 뒤안길로 사라졌다.

나는 현대우주항공의 설립과 함께 우주개발 분야와 인연을 맺었다. 처음에 현대정공에서 현대우주항공으로 소속이 바뀐 뒤, 난생처음 로켓 엔진 개발 임무를 맡아 꽤 어려움을 겪기도 했다. 그렇지만 새로운 업무에 적응하기 위해 노력하고, 특히 우주개발이라는 국가 프로젝트에 참여하면서 큰 보람과 성취감을 느낄 수 있었다. 나의 인생을 바칠 목표를 찾았다는 생각에 설렘과 흥분을 느꼈다. 그러나 국가의 위기와 함께 회사가 청산 절차에 들어갔고, 그 모습을 바라보는 내 심경은 이루 말할 수 없이 참담했다.

우닷컴 창업 시도

나는 혼란스러운 마음을 다스리면서 여러 가지 생각에 빠져들었다. 이때 내 머릿속을 가장 강하게 사로잡은 것은 '창업'이었다.

1999년 당시는 김대중 정부가 외환위기 극복을 위해 다각도로 노력을 기울이고 있던 시점이었다. 특히 경제 부흥을 위해 초고속인터넷을 보급하고 정보기술 산업 육성에 나서며 벤처기업들이 대거 출현했다. 이른바 '닷컴 열풍'이었다.

이러한 바람을 타고 1999년 말, 뉴 밀레니엄을 앞둔 시점에 나는 직접 로켓 개발 사업을 하는 회사를 차려보려고 했다. 로켓 개발 프로젝트를 수행하면서 우주개발 분야에 깊숙이 발을 들여놓았기 때문에 쉽사리 그 일을 포기할 수 없었다. 사명은 '우닷컴'을 염두에 두었다. 원래 우주와 닷컴을 합쳐 '우주닷컴'으로 하려고 했다가 나의 성인 우와 닷컴을 합친 '우닷컴'으로 가닥을 잡았다.

로켓 엔진 개발 사업은 예전부터 정몽구 회장의 관심사 가운데 하나였다. 그래서 나는 현대우주항공 대표였던 김동진 사장을 통해 창업 의사를 정 회장에 전달했다. 놀랍게도 승인이라는 사인이 떨어졌다. 현대우주항공에서 추진하던 로켓 개발을 목적으로 회사를 설립하는 것이니, 현대와의 관계 단절이 아니라 일종의 분사라고 받아들여진 듯했다. 정몽구 회장의 허락을 받은 후 나는 창업 준비에 나섰다. 회사가 입주할 사무실을 구하기 위해 동료인 백종현, 윤민정 등과 서울 강남 지역을 돌아다니기도 했다.

그러나 창업 시도는 결국 중단하게 됐다. 당시의 사업적 환경에서 로켓 개발 벤처를 성공적으로 운영하기란 불가능에 가까웠다. 고객은 정부 기관에 국한되어 있었고 민간 시장의 가능성은 거의 존재하지 않았다.

지금은 뉴 스페이스 시대의 바람을 타고 페리지에어로스페이스PERIGEE AEROSPACE, 이노스페이스INNOSPACE, 우나스텔라UNA STELLA 등 젊은 스타트업들이 우주발사체 사업에 뛰어들고 있다. 역사에 가정은 없다고들 하지만, 그때부터 지금까지 로켓 개발을 계속해왔다면 과연 지금 어떻게 되었을까 하는 생각이 지금도 가끔씩 머리를 스친다.

현대정공으로의 복귀

현대우주항공이 청산된 뒤, 나는 직전의 직장인 현대정공으로 복귀했다. 2000년 1월의 일이었다. 그로부터 한 달 뒤 현대정공은 현대우주항공의 우주 사업 부문을 양도받았다. 나는 이사대우로 승진하면서 현대정공에 신설된 우주사업부와 선행기술개발부를 담당하게 됐다. 결국 우주개발 분야의 끈을 놓지 않게 된 것이다.

같은 해 11월에 현대정공은 회사명을 현대모비스로 변경하며 사업구조를 재편했고, 자동차부품 전문업체로 거듭났다. 나는 로켓 개발 업무를 병행하면서, 회사의 신규 사업인 자동차 모듈 사업 및 핵심 부품 사업의 기술 관리, 시제품 제작, 선행기술 개발 업무 등을 담당하며 연구개발과 관련해 중요한 역할을 맡았다. 이 가운데 특히 모듈 사업은 자동차 생산 공정과 품질관리의 효율성을 크게 높이는 데 혁혁하게 기여했다. 모듈 사업은 이후 급성장하면서 현대모비스의 주력 사업으로 자리매김했다.

현대모비스가 자동차부품 업체로 전환하는 데 성공하면서 현대자동차그룹 전체의 사업 구조도 한층 더 탄탄해지게 됐다. 자동차는 무려 2만 개가 넘는 부품을 조립해 완성되는 제품이므로, 신뢰할 수 있는 품질의 부품을 안정적으로 제공받는 것이 자동차 제조업체의 경쟁력 강화로 이어지기 때문이다.

또 이때의 모듈 사업 경험으로 나는 자동차에 대한 이해도를 높일 수 있었는데, 이는 나중에 내가 현대제철에서 최첨단 자동차용 강판을 개발·생산할 때 큰 도움이 됐다.

의미 없는 경험은 없다. 돌아보면 내가 겪어온 모든 경험은 나름의 의미를 지니고 있었다. 실패와 아쉬움 속에서도 배울 것이 있었고, 그것이 이후의 나를 만든 밑거름이 됐다.

제4장

당진제철소를 달구는 붉은 열기

경영자로서
첫걸음을 시작하다

2000년에 나는 이사대우로 승진하며 현대정공에 복귀했다. 그리고 2004년 2월에는 현대로템 기술연구소장으로 발령받았다.

앞서 1999년에 빅딜을 통해 현대, 삼성, 대우, 산업은행이 각각 25퍼센트의 지분을 보유하는 형태로 한국항공우주산업KAI이 출범했다고 언급했다. 2004년에 현대로템은 대우중공업의 방산 부문을 인수하려고 계획했는데, 이때 인수 대상에는 대우중공업이 소유한 KAI의 지분 25퍼센트도 포함됐다. 그러면 현대는 기존의 지분을 합쳐 KAI의 경영권을 확보할 수 있었고, 여기에서 내가 중요한 업무를 맡을 예정이었다.

그러다가 정몽구 회장의 발탁으로 당진제철소 프로젝트에 투입되며 나의 커리어에는 대전환이 일어났다. 생각해보면 이 순간부터 나는 엔지니어에서 경영자가 되는 길로 접어든 셈이었다. 당진제철소 건설 프로젝트가 첫걸음을 뗀 뒤 나는 한보철강 인수 TF 팀장으로 인수 작업을 완료했고, 이어서 제철 사업 기획단장과 연구소장 그리고 구매본부장을 거쳐 제철 사업 총괄사장이 됐다. 당진제철소가 본격적으로 가동되고 나자 정몽구 회장은 나를 대표이사 사장으로 발탁했고 얼마 뒤에는 부회장으로 임명했다.

한 사람의 엔지니어가 제철 사업의 모든 것을 경험한 CEO로 거듭나기까지, 그 과정에는 정몽구 회장의 큰 그림이 함께했다. 이때부터 나의 역할은 정 회장이 믿고 맡긴 과업을 성공적으로 완수해낼 수 있도록, 필요한 지식과 기술을 치열하게 습득하고 거느린 인재들을 이끌어 최고의 결과를 만들어내는 것이었다.

경영자가 되기 위한 경험

경영자는 최고급 와인이나 위스키처럼 오랜 경험과 숙성의 과정을 통해 탄생한다. 여기에 경영자 자신의 진심과 정성, 노력이 가미되어야 비로소 한 사람의 온전한 경영자가 될 수 있다.

오랜 업력을 가진 회사가 내부에서 최고경영자를 발탁하는 경우, 후보자의 경력은 대체로 말단 사원부터 중간 간부와 임원의 단계를 밟고 올라간다. 창업자가 자식에게 경영권을 승계하더라도 일정 기간 경영 수업을 거친다. 아무리 '금수저'를 물고 태어났다고 해도 곧바로 경영자에 취임하는 경우는 거의 없다. 물론 스타트업이나 벤처기업을 창업하는 사람은 법인 설립과 동시에 대표이사 직함을 달고 경영자로 활동할 수 있다. 하지만 이러한 사람도 진정한 경영자로 거듭나려면 경험과 시간을 축적해야만 한다.

나는 공학을 전공한 엔지니어로서 직장생활을 시작했다. 현대중공업에서 품질관리 기사로 근무하며 울산조선소의 거칠고 투박한 선박 건조 현장에서 실무 경험을 쌓았다. 미국에 유학하고 나서 현대정공 구조연구실장으로 일할 때는 연구 책임자 겸 관리자가 되어 서른네 살이라는 젊은 나이에 연구개발 조직을 이끌었다. 당시 구조연구실에는 공학을 전공한 연구원들이 열대여섯 명에 이르렀는데, 한 부서의 휘하 직원으로서 결코 적은 숫자가 아니다. 이때부터 나는 연구개발이라는 본연의 업무를 충실하게 수행하는 한편 조직 관리를 배우기 시작했다.

새로 설립된 현대우주항공으로 소속을 옮긴 뒤에는 로켓 엔진 개발 부서의 책임자로 일했다. 여기서는 우주사업부장과 경영전략팀장을 겸임했다. 로켓 엔진 개발은 당시로서는 새로운 사업 영역으로, 특히 국가 우주개발 사업과도 긴밀하게 연계되어 있었다. 전문적이고 특수한 영역인 데다 담당 부서의 책임자나 실무자가 아니면 파악하기 어려운 사항이 많았다. 회사는 이 점을 고려해 내게 상당히 독립적인 의사결정 권한을 부여했다. 그래서 나는 100여 명에 달하는 연구개발 인력을 이끌며 마치 회사 내의 독립적인 회사를 운영하는 소사장 같은 역할을 수행했다. 우리 조직은 수익성보다는 장기적 비전을 보고 움직이는 팀으로, 미개척 시장인 우주 사업의 선봉 역할을 했다.

이때 나는 기획, 예산 편성, 정부 대관 업무, 조직 관리, 입찰 참여, 계약, 구매, 생산, 납품, 정산 등 다방면에서 실무를 쌓으며 경영자로서의 토대를 닦아갔다. 당시에는 이 모든 일이 나중에 어떤 도움이 될지 알지 못했지만, 지금 돌아보면 좋은 예행연습이었다.

분기점을 마주하다

나는 로켓 엔진 개발에 모든 노력을 투입하던 엔지니어였고, 경영자가 되겠다는 야망은 품어본 적도 없었다. 하루빨리 훌륭한 로켓을 개발해 우리가 우주 사업의 선두에 서야 한다는 열망을 품고 있을 뿐이었다. 그랬던 나의 운명은 정몽구 회장에 의해 완전히 뒤바뀌었다. 정 회장은 2004년 한보철강 인수 무렵부터 나를 당진제철소 건설 프로젝트의 주요 책임자로 발탁했다.

이때 나는 정 회장의 인사에 거절 의사를 밝힐 만큼 로켓 개발 업무에 진심이었다. 다시 정 회장을 만나기까지 일주일간은 회사를 그만둘 것을 고려할 정도로 치열하게 고민했다. 하지만 결국 나는 정몽구 회장의 뜻을 거스르지 못하고 당진제철소 프로젝트에 투입됐다.

이후 나는 한보철강이라는 큰 기업의 자산을 인수하는 작업, 초대형 산업시설인 제철소 사업의 기획, 총 10조 원이 넘는 막대한 예산이 투입된 제철소 건설의 총괄 지휘, 제철 사업의 지속성장을 뒷받침할 기술연구소 설립 및 운영, 제철소 가동에 필요한 핵심 원료 구매 등의 임무를 수행했다. 이 모든 과정에서 정몽구 회장은 늘 나에게 새로운 자리와 역할을 부여했고, 나는 맡은 임무를 성공적으로 완수하며 그의 기대에 부응해나갔다. 그것은 모두 현대제철의 대표이사 부회장으로서 거대한 조직을 이끌기 위해 반드시 알아두고 거쳐야 할 과정이었다. 즉 나는 현대라는 대기업 안에서 정몽구 회장에게 일종의 경영자 수업을 받았던 셈이다.

마스터플랜:
경제성 분석과 자금조달 전략

당진제철소 프로젝트의 본격적인 가동에 앞서 추진된 한보철강 인수 작업에 관해서는 1장에서 이야기했다. 이 작업을 마무리하고서 바로 맡게 된 것은 제철 사업 기획단장 자리였다. 이때 내가 맡은 업무는 당진제철소 건설을 위한 마스터플랜을 입안하는 것이었다.

당진제철소 프로젝트의 첫 번째 과제

사업을 추진할 때 가장 먼저 해야 할 일은 시장 환경을 분석하고 경제성과 사업성을 꼼꼼히 따지는 것이다. 특히 막대한 자금이 소요되는 대형 프로젝트에서는 이러한 분석이 더욱 철저해야 한다.

당진제철소 프로젝트를 처음 시작할 때 책정한 투자비는 총 5조 8400억 원이었다. 이와 비교할 수 있는 대규모 투자사업은 2001년에 완공된 인천국제공항 건설이 있는데, 여기에는 약 7조 원이 투자됐다. 즉 당진제철소 건설 프로젝트도 인천국제공항 못지 않은 초대형 사업이었던 셈이다.

일관제철소 건설은 창업주 정주영 회장의 꿈이었고, 아들인 정몽구 회장에게는 대를 이은 숙원사업이었다. 하지만 기업인의 꿈은 반드시 사업성이 담보되어야 한다. 개인적인 야망만으로 무리하게 추진된 대규모 사업은 성공하지 못했을 때 기업에 큰 후폭풍을 몰고 올 수 있다. 따라서 사업을 기획할 때는 열정 못지않게 냉철함이 중요하다.

내가 당진제철소 프로젝트에 본격적으로 관여하게 되었을 때도 가장 먼저 한 일은 사업의 경제성 분석이었다. 일관제철소를 건설하는 것이 경제적으로 얼마나 타당한 것인지, 수익성은 얼마나 되는지 등을 알아보는 작업이었다. 사업 경제성 분석은 가장 정확하고 세밀하게 진행되어야 했다. 세간에서 현대는 매우 신속한 결정을 내리는 기업으로 알고 있지만, 의사결정 과정에서는 매우 신중하다. 단지 결정 이후 행동이 빠를 뿐이다.

당진제철소 사업의 경제성과 타당성

2004년, 당진제철소 프로젝트가 시작될 시점에 국내 철강재 중간소재 수입량은 연간 1500만 톤에 달했다. 과거에 정부가 현대그룹의 일관제철소 건설을 막을 때마다 내세운 논리는 '공급 과잉'이었다. 그러나 정부가 현대그룹의 발목을 잡는 동안 일본 철강업체들은 생산 설비를 증설하여 한국 시장에 철강재를 연간 1000만 톤 이상 수출하는 지경에 이르렀다.

예전부터 현대그룹에서는 정부의 공급 과잉론이 현실성이 없다고 반박해왔으며, 2000년대 이후에는 오히려 공급 부족 사태에 직면할 것이라고 내다봤다. 실제로 2004년을 기준으로 보면 연간 800만 톤의 철강 생산 능력을 가진 당진제철소가 완공된다고 해도 여전히 1500만 톤의 수입량을 대체할 수는 없었다. 현대그룹의 예측이 맞았던 것이다.

따라서 당진제철소 건설 이후 국내 철강 시장에서 공급 과잉으로 인한 수익성 악화를 우려할 필요는 없었다. 또한 현대자동차그룹 내에는 현대자동차, 기아, 현대모비스 등 대량의 철강재를 사용하는 계열사들이 있어서 당진제철소 입장에서는 기본적인 시장을 확보한 셈이었다. 반대로 현대자동차그룹 입장에서는 주요 원자재인 철강재를 계열사를 통해 안정적으로 공급받을 수 있었다. 그룹 전체의 시너지 효과도 기대할 수 있었던 것이다.

당진제철소의 경제성 분석은 가톨릭대학교 경제학과의 곽만
순 교수팀이 수행했다. 때마침 우리는 국내 최고의 철강 전문가인
김상규 박사를 영입하여 경제성 분석을 더욱 빈틈없이 진행할 수
있었다. 나중에 김상규 박사는 현대제철의 경영기획본부장 전무로
퇴임할 때까지 많은 공을 세우며 현대제철의 발전에 기여했다.

자금조달 전략과 실행

경제성 분석과 함께 또 하나의 중요한 과제는 대규모 투자비
를 조달하는 것이었다. 만약 자금 조달 능력이 부족한 회사가 대규
모 사업을 추진한다면 외부 차입에 의존하는 수밖에 없다. 하지만
현대제철은 2004년 기준으로 매출액이 5조 원을 넘었고 영업이익
도 약 5000억 원에 달했다. 당진제철소 건설 사업이 진행 중이던
2007년 매출액은 7조 3000억 원, 2008년 매출액은 10조 5000억
원을 기록하는 등 높은 성장세를 이어갔다. 이처럼 현대제철은 현
금 창출 능력이 뛰어난 우량 회사였기에 당진제철소 건설에 필요
한 자금의 절반 정도는 거뜬히 조달할 수 있었다.

현대제철은 재무구조가 건실하고 신용도가 높아서 자금을 차
입할 때도 큰 어려움이 없었다. 외부 차입에 관해 우리는 금융 비용
을 최소화하고자 장기 분할 상환과 저금리라는 두 가지 대원칙 아
래 전략을 세웠다.

외화 자금 유치는 설비를 공급해줄 기업이 속해 있는 국가의 수출신용기관Export Credit Agency, ECA●을 통해 수출신용금융을 활용한 다는 방침을 세웠다. 가령 A라는 국가의 B라는 설비업체가 현대제 철과 설비 공급 계약을 맺으면, 그 나라의 C라는 수출신용기관이 그 계약을 근거로 D라는 금융기관을 통해 현대제철에 여신을 제공 하는 구조다. 절차가 복잡해 관련 업무가 많아지지만, 장기 저리로 자금을 조달할 수 있는 영리한 전략이었다.

현대제철의 수출신용금융 조달 작업은 2007년 1월부터 본격 화해 2008년까지 이어졌다. 여러 국가의 수출신용기관과 다수의 은행이 관계되는 구조여서 차입 약정서를 맺기까지 꽤 많은 시간 과 노력이 투입됐다.

그런데 현대제철이 수출신용금융을 통해 차입금을 처음 인출 한 지 얼마 지나지 않아 미국의 대형 투자은행 리먼브라더스Lehman Brothers Holdings Inc.가 파산하는 사태가 벌어졌다. '2008년 글로벌 금 융위기'의 신호탄이었다. 이때부터 세계 금융시장은 순식간에 공 황 상태로 빠져들었다. 만약 현대제철의 수출신용금융 조달 작업이 조금만 더 지연되었더라면 당진제철소 건설 투자비 확보에 상당한

● 자국 기업들의 수출 진흥과 대외투자 등을 촉진하기 위한 공적 금융기관을 말한다. 우 리나라에서는 한국수출입은행이 수출신용기관 역할을 하고 있다.

차질이 빚어질 수도 있는 아슬아슬한 상황이었다. 그야말로 천운이 따른 셈이었다.

자금조달 작업이 성공적으로 마무리되면서 당진제철소 건설 프로젝트는 박차를 가했다. 현대제철은 건설을 완료한 후에도 부채 비율이 약 80퍼센트 정도에 그쳤다. 그만큼 재무구조를 상당히 양호한 상태로 꾸준하게 유지한 것이었다.

당진공장의
새로운 출발

2004년 10월 1일, 한보철강 당진공장 자산 인수가 완료됐다. 당진공장 시설은 1997년 한보그룹 부도 사태 이후 7년이 넘도록 방치되다시피 한 상태였다. 현대제철은 일관제철소 건설 사업에 앞서 당진공장의 생산 설비 가동을 정상화해야 했다.

과거 당진공장은 A 지구와 B 지구로 나뉘어 운영됐다. A 지구에는 철근 공장과 열연 공장이 있었고, B 지구에는 열연 공장과 제강 공장 그리고 코렉스COREX 공장을 건설 중이었다. 건설 중이던 공장은 한보그룹의 부도로 공사가 중단된 상태였다. A 지구 역시 철근 공장만 가동 중이었고 열연 공장은 가동이 중단돼 있었다.

인수 직후에 당진공장은 인적이 끊어져 삭막한 공기만 감도는 거대한 폐허와 같았다. 한보철강의 임직원 수는 한때 3,000명이 넘었지만, 인수 직후에는 500여 명으로 줄어들어 있었다. 수많은 이들이 제각기 살길을 찾아 떠나버린 뒤였다.

당진공장 정상화의 시작

2004년 10월 10일, 당진공장의 새로운 출발을 알리는 개소식이 열렸다. 여기에는 현대제철의 김무일 부회장과 이용도 사장 및 정석수 사장, 현대하이스코의 이상기 부회장과 김원갑 사장 등 고위 경영진이 참석했다. 이때 김무일 당시 현대제철 부회장은 기념사를 통해 당진공장의 정상화 계획을 발표했다. A 지구의 열연 공장을 2005년 상반기까지, B 지구의 나머지 공장을 2006년 말까지 가동시키겠다는 것이 그 핵심이었다. 기존 한보철강 임직원 500여 명은 현대제철과 현대하이스코로 소속을 옮기며 '현대맨'으로 탈바꿈했다. 이들은 당진공장 정상화 작업에 앞장서며 큰 힘이 되어주었다.

가장 먼저 시작한 작업은 A 지구 열연 공장의 정상화였다. 이때 한보철강을 떠났던 직원들이 일부 복귀하며 작업 진척에 속도가 붙었다. 2005년 3월이 되어 열연 공정을 통한 철강재 시범 생산에 들어갔고, 5월에는 열연 코일(핫코일) 상업 생산에 돌입했다.

다음은 B 지구 정상화였다. B 지구 열연 공장 공사는 1997년 당시 건설 공정률 30퍼센트 정도에서 진행이 멈춘 상태였다. 이때 현대제철은 열연 공장 건설 계획을 대폭 수정하기로 했다. 조만간 건설 작업에 착수하게 될 일관제철소와의 연계성을 고려해 생산 라인 전체를 새롭게 설계하기로 한 것이다. 그러면서 B 지구 열연 공장의 연간 생산 규모도 기존 200만 톤에서 300만 톤으로 확대했다. B 지구 열연 공장은 계획대로 2006년 말에 공장 가동에 들어갔다. 그리고 그해 말까지 80만 톤의 철강재를 생산했다.

B 지구 열연 공장은 특히 자동차용 고급 강판 소재를 생산하는 임무를 담당했다. 자동차용 고급 강판 소재를 만들 때는 고로에서 생산된 고품질의 슬래브가 필요하다. 초기에는 외국 철강업체들로부터 슬래브를 공급받아 제품을 생산하다가, 2010년 당진제철소 고로 1기가 완공된 이후에는 자체적으로 슬래브를 조달할 수 있게 됐다.

당진공장을 인수한 직후에 우리는 일본의 JFE스틸JFE Steel Corporation 기술진에게 B 지구의 열연 공장에서 고품질 자동차 강판 생산이 가능할 것인지 문의한 적이 있었다. JFE스틸은 현대자동차그룹의 오랜 파트너이자, 지금도 신일본제철(현 일본제철)과 함께 일본 철강업계를 주도하는 철강회사다. 그런데 당시 JFE 기술자들은 당진공장을 살펴본 뒤 '불가' 결론을 냈다. 낙심천만이었으나,

이후 현대제철 기술자들이 각고의 노력을 거듭한 끝에 자동차 강판을 성공적으로 생산할 수 있게 됐다.

남은 과제는 나머지 제강 공장과 코렉스 공장을 어떻게 할 것인가였다. 현대제철은 뒤에서 설명할 몇 가지 이유로 코렉스 공법은 배제하기로 했다. 따라서 코렉스 공장은 폐기가 결정됐다. 제강 공장은 기본적으로 코렉스 공장에서 생산된 쇳물로 제강 공정을 진행하기 위해 지어진 공장이었으니, 코렉스 공장의 필요성이 사라지며 제강 공장도 필요성이 상실됐다. 우리는 사용 가치가 있거나 매각이 가능한 설비들만 추려내고 제강 공장도 폐기하기로 결정했다.

이처럼 오랫동안 폐허처럼 방치되었던 한보철강 당진공장은 현대자동차그룹의 품에서 완전히 정상화되었고, 향후 건설될 일관제철소와 함께 새로운 걸음을 떼게 되었다.

일본 2위 철강회사를 놀라게 만든 도약

JFE스틸은 2023년 기준으로 생산량, 매출액, 품질, 시장 점유율 등에서 일본 내 2위를 차지하며, 세계적으로는 6~7위를 차지하는 주요 철강기업이다. 자동차, 조선, 건설, 에너지 등 다양한 산업에 고품질 철강을 제공하며, 친환경 기술 및 초고강도강 개발을 장점으로 일본 내 1위 기업인 일본제철과 격차를 줄여가고 있다.

2000년대 초반에 현대자동차그룹은 JFE스틸과 사업적으로 긴밀한 관계를 맺고 있었다. 당시 현대자동차그룹에서는 현대하이스코가 냉연 강판을 생산했다. 냉연 강판은 열연 강판을 한 번 더 압연해서 생산하는 고급 철강재로 자동차의 차체 제조에 사용된다.

그리고 그 시절 현대하이스코에 열연 강판을 공급하는 곳이 JFE스틸이었다.

바다 하지메와의 첫 만남

2004년 9월, 나는 기술이전과 슬래브 공급 문제를 논의하기 위해 JFE스틸에 미리 면담을 요청했다. 방문 당일에 모습을 드러낸 사람은 JFE스틸의 바다 하지메Bada Hajime 전무였다. 나도 전무였기에 직급상으로 그와 나는 대등한 위치에 있었다. 그러나 당시 철강 전문가가 아니었던 나와 달리 그는 동경대 금속공학과 출신에 제철소의 여러 분야를 거쳐 JFE스틸의 기획본부장이라는 요직에 오른 철강 실력자였다.

그날 점심을 겸한 미팅 자리에서 바다 하지메 전무가 가장 자주 말한 단어는 '데키마스[가능하다]'와 '데키마센[불가능하다]'이었다. 그는 "자기가 할 수 없는 것을 할 수 있다고 하면, 할 수 있다고 하는 것이 할 수 없다는 이야기와 같은 맥락이 된다."라며 좀체 이해하기 어려운 태도를 보였다. 그러다가 결국 기술도 줄 수 없고, 슬래브도 줄 수 없다고 결론지어 말했다. 나는 미팅 내내 그에게 농락당한 느낌이 들었다. 울컥하며 부아가 치밀어 올랐지만 그 자리에서 내색하지는 않았다.

바다 하지메와의 두 번째 만남

당진제철소가 본격적으로 가동을 시작한 지 몇 년이 지난 어느 날, JFE스틸의 바다 하지메 사장이 당진제철소를 견학하러 왔다. 그사이에 그는 전무에서 사장으로 승진했고, 나 역시 당진제철소의 사장으로 재직 중이었다.

나는 과거에 그와의 미팅에서 갈피를 잡을 수 없는 말로 협력 요청을 거절당했던 일 때문에 가슴에 앙금이 남아 있었다. 하지만 그 때문에 공식적으로 방문한 JFE스틸의 사장을 홀대할 수는 없는 노릇이었다. 별수 없이 사장실에서 다시 바다 하지메 사장을 맞이했을 때, 그는 뜻밖의 말을 꺼냈다.

"정말 대단한 일을 해내셨군요."

그는 자신이 제강 공정 전문가이며, 이미 제철소가 구축된 회사에 입사해서 줄곧 업무를 맡아왔기 때문에 제철소 건설 과정을 경험한 적은 없었다고 했다. 그래서 내가 당진제철소 건설부터 책임진 총괄사장으로서 건설을 성공적으로 마무리하고 순조롭게 공장을 가동해나가고 있는 모습을 보고 감탄할 수밖에 없었다고 말했다. 그러고는 "당신이 나보다 더 낫다는 것을 인정하지 않을 수 없군요."라는 말을 덧붙였다.

철강업계를 아는 사람이라면 당진제철소의 건설과 운영을 보면서 현대제철이 얼마나 큰일을 해냈는지 인정할 것이다. 바다 하지메 사장이 나와 현대제철에 건넨 말은 그러한 맥락에서 비롯된 것이라 할 수 있었다.

나중에 바다 하지메 사장은 2010년에 세계철강협회World Steel Association, WSA 회장을 역임했다. 과거에 WSA는 전 세계의 철강 시장을 거머쥔 매우 강력한 조직이었다. 철강 시장은 공급자 중심의 시장이기 때문에 각국 회원사들이 의견을 모으면 자신들의 뜻대로 시장을 쥐락펴락할 수 있었다. 바다 하지메 사장은 WSA 회장으로 재임 중이던 2012년, 서울 신라호텔에서 WSA 이사회가 개최되었을 때 세계 각국에서 모인 주요 철강업체 경영자들에게 직접 나를 소개했다. 또 행사에 동행했던 내 아내에게는 "정말 대단한 분을 남편으로 두셨다."며 찬사를 보내기도 했다.

나와 현대제철이 이루어낸 성과를 진심으로 솔직하게 인정하는 모습에 나는 과거의 앙금을 깔끔하게 모두 털어냈다. 철강업계를 떠난 후 많은 시간이 흘렀지만, 지금까지도 기억에 남는 사람이 바다 하지메 사장이다.

못 먹는 감을
파는 방법

앞서 현대제철이 당진공장을 인수하며 B 지구에 건설 중이던 코렉스 공장을 폐기하기로 결정했다고 언급했다. 이유는 현대제철이 앞으로 건설할 일관제철소에서는 신기술인 코렉스 공법이 아닌 전통적인 고로 공법으로 쇳물을 생산하겠다고 결정했기 때문이다.

코렉스 공장을 포기한 이유

고로 공법으로 쇳물을 생산하려면 철광석을 굵은 덩어리로 만들기 위해 한 번 쪄주는 소결 공정과, 유연탄을 코크스로 만드는 공정까지 두 개의 선先 공정을 거쳐야 한다. 그런데 1979년, 오스트리아의 철강회사인 뵈스트알피네^{Voest Alpine}가 새로운 제철 기술인 코렉스 공법을 개발했다. 코렉스 공법으로는 두 개의 선 공정 없이 덩어리 형태의 원료인 괴塊철광석과 괴탄塊炭을 코렉스로爐에 투입해 곧바로 쇳물을 생산할 수 있었다. 즉 소결과 코크스 생산을 위한 공장을 굳이 지을 필요가 없다는 뜻이다. 그렇다면 현대제철은 선진 기술인 코렉스 공법과, 이미 어느 정도 건설이 진행 중이던 코렉스 공장을 왜 포기한 것일까?

세계 철광석 시장의 80퍼센트는 분광粉鑛, 즉 작은 알갱이로 된 철광석이 차지한다. 그러나 코렉스로에는 괴광塊鑛을 사용해야 하므로 원료 확보가 쉽지 않았다. 게다가 오직 고급 철광석을 사용해야만 일정한 품질을 유지할 수 있었다. 또 당시의 코렉스로는 아무리 크게 지어도 연간 60만 톤 규모가 한계였다. 만약 연간 300만 톤 규모의 고로와 같은 생산량을 확보하려면 적어도 다섯 개의 코렉스로를 지어야 한다는 계산이 나온다. 즉 코렉스 공장을 가동하려면 원료와 건설 부지 확보, 운영과 관리 비용 측면에서 단점이 있었다. 그래서 정몽구 회장은 한보철강을 인수하기 전부터 코렉스 설비를 사용하지 않기로 방침을 정해두었다.

코렉스 설비를 팔 기업을 찾아라

예전에 한보철강은 코렉스로 두 기를 건설하다가 중단했다.

여기에는 약 6000억 원의 비용이 투자되었고, 건설 공정은 각각 60퍼센트와 40퍼센트 정도 진행된 상태였다. 몇몇 중요한 설비들은 박스에 포장된 신제품 상태 그대로 보관되어 있었다.

코렉스 공장은 철거하기로 방침이 정해졌지만, 이미 들여놓은 설비는 어떻게 할 것인가가 새롭게 과제로 떠올랐다. 처음 제시된 방안은 고철로 판매하는 것이었다. 이 경우 100억 원 정도를 받을 수 있었다.

현대제철 컨소시엄이 한보철강을 인수할 때 투자한 총금액은 약 9000억 원이었다. 코렉스 설비 인수가만 따지면 약 200억 원이었다. 당시 나는 제철 사업 구매본부장을 맡고 있었는데, 설비를 고철로 판매하는 것은 너무 아깝게 느껴졌다. 그래서 고철로 매각하는 방안에 제동을 걸었다.

"잠깐! 왜 코렉스 설비를 꼭 고철로 매각해야 합니까? 해외에는 코렉스 설비를 필요로 하는 기업이 있을 수 있습니다. 설비를 온전한 상태로 매각하면 훨씬 좋은 값을 받을 수 있을 겁니다. 한번 그런 기업을 찾아봅시다."

그 즉시 우리는 전 세계 주요 매체에 코렉스 설비를 매각한다는 공고를 냈다. 얼마 지나지 않아 세계 각국의 여러 기업이 연락을 취해왔다. 그 가운데 가장 적극적으로 매입 의사를 밝힌 기업은 인도의 대형 철강회사인 에사르스틸Essar Steel이었다.

에사르스틸과의 매각 협상

에사르스틸은 인도의 재벌그룹인 에사르그룹Essar Group of Companies의 철강 계열사였다. 에사르그룹은 철강 외에 통신, 건설, 에너지, 해운 등 다양한 분야에서 사업을 펼치는 기업집단으로, 그 소유주는 샤쉬 루이아Shashi Ruia 회장이었다.

에사르스틸은 이미 여러 개의 코렉스로를 가동하며 철강을 생산하고 있었기에 우리의 설비를 매입할 가능성이 커 보였다. 다만 한 가지 걸리는 부분이 있었다. 예전에 이들이 한보철강 매각을 위한 입찰에 참가했다는 사실이었다.

기업 매각을 위한 입찰에 참여하면 먼저 현장을 실사하여 대략적인 자산 가치를 평가한다. 그런 다음 평가 결과를 토대로 입찰 금액을 산정하는 등 인수 전략을 짜게 된다. 즉 에사르스틸은 이미 한보철강 코렉스 공장을 살펴본 터였고, 현대제철이 4차 매각 입찰에서 9000억 원대에 한보철강을 인수한 사실도 파악하고 있었다. 이런 점을 고려하면 에사르스틸은 현대제철이 코렉스 설비를 인수하는 데 사용한 금액을 어느 정도 파악하고 있을 가능성이 컸다.

매입하는 측이 물건 가격에 대한 정보를 알고 있다면 매각하는 측은 가격을 제시할 때 전략적인 판단을 해야 하는 법이다. 우리는 치밀하게 판매 전략을 세웠다. 그러고 나서 나는 김범수 이사와 임병직 부장 등 구매본부팀과 함께 루이아 회장과 직접 담판을 벌이러 인도 뭄바이로 날아갔다.

루이아 회장은 애연가로 알려져 있었다. 집무실에서 만났을 때도 그는 연신 담배를 입에 물고 피웠다. 그런데 그가 담배에 불을 붙이는 도구는 일회용 라이터였다. 우리는 속으로 '옳다구나!'를 외치며 그의 환심을 사기 위해 준비한 선물 가운데 하나를 꺼냈다. 루이아 회장은 눈을 둥그렇게 뜨며 감탄사를 내뱉었다. 우리가 준비한 선물은 흡연자들의 로망인 듀퐁 라이터였다. 엄청난 거부인 루이아 회장이 듀퐁 라이터를 못 살 일은 물론 없겠지만, 협상에 앞서 그의 마음을 열게 만드는 데는 충분했다.

협상에 들어가며 나는 먼저 그에게 "얼마에 사시겠습니까?"라고 물었다. 그는 곧장 "2000만 달러에 사겠습니다."라고 대답했다. 역시 그는 우리가 당진공장을 인수하며 코렉스 설비에 들인 금액을 알고 있었다. 나는 얼굴빛을 흐리지 않은 채 대답했다.

"우리 코렉스 설비는 한 번도 쓰지 않은 새것입니다. 이걸 새로 사려면 4억 달러 이상을 투자해야 합니다. 그러니 우리는 그 절반인 2억 달러에 드리겠습니다."

루이아 회장은 내 말을 듣고 슬며시 웃음을 지었다.

"당신들이 얼마에 샀는지 내가 뻔히 아는데 그게 말이 됩니까?"

여기서부터 우리의 정보력이 빛을 발했다. 사전 조사한 바에 따르면 에사르스틸은 당시 인도 동부 지역의 대규모 철광석 광산 개발권을 따내기 위해 제철소가 필요한 상황이었다. 코렉스 설비 가격에 연연하다가 협상이 길어지면 제때 제철소를 확보할 수 없게 되고, 그러면 광산 개발권을 놓칠 수 있는 상황이었다. 우리는 이 정보를 알고 있다는 사실을 전달하며 루이아 회장을 압박했다.

루이아 회장은 결국 우리의 제안에 동의했다. 최종 매각 가격은 1억 1000만 달러로 합의했다. 우리가 처음 제시한 가격보다는 많이 낮아졌다. 하지만 코렉스 설비를 고철로 매각하는 대금의 10배, 우리가 코렉스 설비 인수에 들인 금액의 5배에 달했으니 충분히 남는 거래였다. 나는 계약서에 서명하며 속으로 쾌재를 불렀다. 더구나 우리는 현 상태에서 매각하며 손을 떼고, 철거와 분해 및 패킹은 에사르의 업무 범위로 계약했다. 혹시 철거 과정에서 발생할 수 있는 안전사고와 비용 문제 등 여러 가지를 고려한 결정이었다. 정말 더할 나위 없이 짜릿한 순간이었다.

하지만 우리와의 거래는 루이아 회장에게도 남는 장사였다. 새로 설비를 사들이는 것보다 4분의 1 가격으로 매입한 것이니 만족스러울 법했다. 덕분에 루이아 회장과 우리는 한동안 돈독한 관계를 이어갔다. 그는 우리의 초대로 당진제철소 준공식에 왔고, 내가 에사르스틸에 가서 우리에게 사들인 코렉스 설비를 설치한 공장을 견학하기도 했다.

한번은 그의 초대로 뭄바이에 있는 그의 대저택에 가본 적도 있었다. 루이아 회장의 저택은 내가 평생 방문했던 집 가운데 가장 화려하고 으리으리했다. 그곳에는 에스컬레이터, 엘리베이터, 수영장, 심지어 가족용 극장까지 갖춰져 있었다. 소장한 영화 필름의 양도 셀 수 없이 많았다. 또 하나 인상적이었던 것은 그의 저택으로 가는 길이었다. 인도는 양극화가 매우 극심한 나라다. 그의 집은 언덕 위에 거창하게 세워져 있었는데, 바로 근처까지 지붕조차 없는 집들이 밀집한 빈민촌이 펼쳐져 있었다. 그 광경을 보며 어쩐지 씁쓸한 감정을 떨칠 수 없었다.

고로 용적을
결정하기까지

　　당진제철소 착공에 들어가기에 앞서 논의된 중대한 이슈 중
하나는 고로의 내용적을 얼마나 크게 잡는지였다. 당연한 말이지만
쇠를 녹이는 고로의 내용적이 클수록 생산할 수 있는 쇳물의 양도
많아진다. 이때 우리가 선택한 내용적은 $5,250\,m^3$였다.

　　그때까지 국내에서 가동 중인 고로 가운데 내용적이 가장 큰
것은 포스코가 가동하는 $4,600\,m^3$짜리 고로였다. 그런데 현대제철
이 내용적 $5,250\,m^3$짜리 고로를 새로 짓는다고 하자 "아니, 포스코
도 $5,000\,m^3$가 넘는 고로가 없는데 현대제철이 무슨 수로 $5,250\,m^3$
짜리 고로를 짓는다는 거냐?" 하는 의혹이 여기저기서 제기됐다.

그러나 5,000 m^3를 넘는 고로가 없다는 것은 국내에서의 이야기일 뿐이었다. 고로 대형화는 당시 세계 철강업계의 추세였다. 일본이나 독일 등 몇몇 나라에서는 이미 내용적이 5,000 m^3 이상인 고로를 가동하고 있었다. 일본의 신일본제철은 5,775 m^3짜리 고로를 가동 중이었고, 중국에서는 5,500 m^3짜리 고로 건설을 추진하고 있었다. 게다가 포스코가 내용적 5,000 m^3를 넘는 고로를 짓지 않은 것은 이미 포항제철소와 광양제철소에 보유한 여러 개의 고로로 충분한 양의 쇳물을 생산할 수 있었기 때문이었다.

그렇지만 우리가 5,250 m^3짜리 고로 건설을 결정하기 위해서는 더 강한 확신이 필요했다.

전문가의 의견을 경청해야 하는 이유

나는 당진제철소 프로젝트에 투입되어 MEP^{Master Engineering Plan} 통합기술사양을 작성하며 조언가 그룹을 구성했다. 여기에는 고로 조업을 경험한 포스코 출신 엔지니어들, 사외이사를 포함한 국내 학계 교수들, 우리와 기술협력을 맺은 독일 철강기업 티센크루프스틸^{thyssenkrupp Steel, TKS} 기술자들, 룩셈부르크의 고로 설계 전문회사 폴워스^{PAUL WURTH}, 그리고 뒤에서 언급할 기술 고문 피터 하인리히^{Peter Heinrich} 박사 등이 포함됐다.

국내 전문가들은 고로 내용적을 5,250 m^3로 추진하는 사안에 강한 반대 의견을 냈다. 국내에 있는 기술자나 회사 가운데 그만한 용적으로 고로를 지은 경험을 가진 곳이 없었기 때문이었다. 고로 내용적 규모를 놓고 회사 내에서 갑론을박이 벌어지고 있을 무렵, 나는 TKS와 폴워스 등 협력 기업들의 관계자를 만나러 급하게 하루짜리 해외 출장을 잡았다. 고로 내용적을 최종적으로 결정하는 데 밑받침이 될 수 있는 확실한 조언을 구하기 위해서였다. 특히 당진제철소 건설 프로젝트에서 핵심이라 할 수 있는 고로의 설계는 폴워스가 맡고 있었는데, 이들은 고로와 관련한 엔지니어링과 핵심 설비 공급 분야에서 세계적인 명성을 가지고 있었다.

나는 네덜란드 암스테르담의 스히폴공항에서 TKS와 폴워스 관계자를 만나 5,250㎥짜리 고로 건설과 운영이 가능할 것인지 물었다. 그들은 한결같이 "가능하다."라고 답변했다. 포스코가 운영하는 4,600㎥짜리 고로는 건설하기 쉬운 편이고 5,250㎥짜리 고로 역시 어렵지 않다는 것이었다. 또 세계적인 추세에 따라 대형 고로를 건설하는 것이 옳으며, 설계와 조업도 충분히 가능하다고 말했다. 나는 그들과 긴급회담을 통해 확신을 다진 뒤 곧바로 인천공항으로 돌아오는 항공편에 몸을 실었다.

누군가는 "전화나 이메일로 상의해도 될 것을 굳이 먼 나라까지 가서 만나야 할 필요가 있나?"라고 물을 수 있을 것이다. 하지만 총금액 10조 원이 넘는 예산을 운용하는 사업을 맡은 이상 완벽에 완벽을 기해야 했다. 그리고 중요한 사안일수록 사람들을 만나서 의견을 경청하는 것이 나의 원칙이었다. 전문가를 만나 요모조모를 빈틈없이 물어보고, 충분한 정보를 쌓아 적정한 기준을 마련해야 올바른 판단을 내릴 수 있는 법이기 때문이다.

현대제철이 $5,250\,m^3$ 대형 고로 건설을 확정했다는 사실이 알려지자, 포스코는 고로를 개수할 때 내용적을 $5,500\,m^3$까지 확장하기로 결정했다. 심지어 우리보다 먼저 대형 고로의 조업을 시작했다. 결국 우리의 판단이 옳았던 것이다.

나의 제철 멘토,
하인리히 박사

당진에 현대제철 기술연구소가 건립되고 초대 연구소장으로 근무하고 있던 어느 날이었다. 정몽구 회장이 직접 내게 한 가지 지시를 내렸다. 제철 분야에서 저명한 전문가를 기술 고문으로 모셔오라는 것이었다. 나는 우리와 기술협력 관계에 있었던 TKS에 의뢰해 적임자를 물색했다. 얼마 후 TKS는 피터 하인리히 박사를 추천했다.

하인리히 박사는 유럽의 명문 공과대학 중 하나인 독일 아헨 공과대학교Rheinisch-Westfälische Technische Hochschule Aachen 금속공학과 박사 출신으로, 독일의 제철 설비 공급회사인 만네스만Mannesmann

에서 연구소장과 부사장을 역임했으며, 고로 분야에서 세계적인 엔지니어로 평가받고 있었다. 우리는 누구보다도 그가 적임이라고 판단하고 즉시 사장급 고문으로 영입했다.

천군만마를 얻다

정몽구 회장은 영입에 응해준 하인리히 박사에게 큰 관심과 감사를 표했다. 그리고 하인리히 박사뿐만 아니라 그의 부인까지 한국으로 초청해 하인리히 박사와 함께 생활할 수 있도록 대형 아파트를 제공했다. 또 박사의 부인이 사용할 수 있도록 기사가 딸린 승용차도 내주었다.

하인리히 박사가 당진 기술연구소에 왔을 때 나는 천군만마를 얻은 듯했다. 연구소장이라는 직함을 달고 있었지만 나는 아직 제철 분야에 입문한 지 얼마 지나지 않은 시점이었다. 그런 나에게 하인리히 박사는 제철소 설비나 공정, 건설, 운영 등 모든 분야에서 배우고 조언을 구할 수 있는 선생님이나 마찬가지였다. 그래서 나는 틈날 때마다 하인리히 박사의 사무실에 찾아갔다. 그와 함께 시간을 보내며 제철소 업무와 관련한 이야기뿐만 아니라 서로 개인적인 이야기도 깊이 나눴다. 그러면서 우리는 점점 더 마음을 열고 대화를 나누는 가까운 사이가 됐다.

하인리히 박사는 나에게 제철 사업의 기술적인 부분에서 수많은 지식과 노하우를 전수해주었다. 그는 제철 설비 공급회사에서 일하며 외국에서 오랜 기간 파견 근무를 해왔는데, 이 과정에서 고로 엔지니어로서 보고 느낀 바에 대해서도 많은 이야기를 들려주었다.

하인리히 박사는 나에게 중요한 조언을 몇 가지 해주었다. 그는 프로젝트 책임자라면 진도관리를 철저히 해야 한다고 늘 강조했다. 또 그러기 위해서는 책임자가 스스로 결정을 내릴 수 있어야 한다고 말했다.

"제철소를 건설하는 프로젝트에서는 총책임자가 의사결정을 제때 올바르게 하는 것이 정말 중요합니다. 그렇지 못하면 프로젝트 진행 자체가 어려워요. 그러니 당신은 스스로 결정할 수 있는 프로젝트 책임자가 되도록 하세요."

나는 하인리히 박사에게 이 말을 귀에 못이 박이도록 들었다. 덕분에 나는 중요한 결정을 내리기 전에 해당 사안을 충분히 파악하기 위해 모든 노력을 기울이게 됐다. 그리고 전문가의 이야기를 경청하되, 최종적인 판단은 스스로 해야 한다는 원칙 또한 세우게 됐다.

하인리히 박사와의 영원한 작별

하인리히 박사는 기술연구소에서 지내는 동안 기술 고문으로서 제철소 건설 과정에 필요한 조언을 아낌없이 해주었고, 제철소 완공 이후에도 참고할 수 있도록 많은 기술 자료를 만들어주었다.

당진제철소가 자리를 잡은 뒤 하인리히 박사는 독일로 돌아갔다. 그곳에서도 그는 우리의 든든한 응원군이 되어주었다. 현대제철은 TKS에 직원을 보내 제철소 조업에 필요한 기술을 배우는 연수 프로그램을 운영했는데, 하인리히 박사가 직접 현대제철의 직원들을 지도해준 것이다.

그러던 어느 날, 하인리히 박사가 심장마비로 쓰러졌다. 과거에 앓았던 심장병이 재발한 것이었다. 그는 급히 병원으로 옮겨져 치료를 받았으나 결국 세상을 등지고 말았다.

하인리히 박사의 별세 소식은 현대제철에도 전해졌다. 부고를 접한 정몽구 회장은 안타까움을 금치 못하며 고인에 대한 예우를 직접 챙겼다. 하인리히 박사의 부인을 한국으로 초청해 직접 위로하는 자리를 마련하고 고인에 대한 감사의 뜻을 다시 한번 전했다.

하인리히 박사의 부인은 당진에서 머물던 아파트에 들러 유품을 정리했다. 부인은 동행했던 나에게 하인리히 박사가 소중하게 보관했던 각종 기술 자료와 함께 레미 마틴 한 병을 건넸다. 그 술은 생전에 하인리히 박사가 "보기만 하고 마시지는 않겠다."라고 말했던 애장품이었다. 부인은 엷은 미소를 띠며 말했다.

"아무래도 남편을 마지막까지 따뜻하게 대해주고 스승으로
대우해준 분께 드리는 게 좋을 것 같아요."

나는 기업 현장에서 오랫동안 일하면서 비즈니스적인 관계에
서도 신뢰와 우정이 매우 중요하게 작용한다는 것을 깨우쳤다. 비
즈니스를 하는 사람이라면 상대를 대할 때 일로서뿐만 아니라 상
대라는 존재 자체에 진심으로 다가서려는 노력이 필요하다. 그런
태도가 사업의 성공으로 이어질 때가 적지 않다. 나는 이를 '비즈니
스 프렌드십'이라 부른다.

　내가 평생 비즈니스 프렌드십을 맺어온 사람 가운데 하인리히
박사는 가장 특별한 인연이었다. 그는 내게 많은 조언과 격려를 아
끼지 않은 진정한 '제철 스승이자 멘토'였다. 그와의 인연은 나에게
매우 소중하면서도 안타까운 기억으로 남아 있다.

제철 원료를
확보하라

철강산업은 기본적으로 장치산업에 속한다. 철강을 제조하기 위해서는 대규모의 설비와 각종 장치 등을 갖춘 공장이 필요하기 때문이다. 하지만 큰 자본을 들여 철강 생산을 위한 공장을 건설한다고 해도 원료가 없으면 무용지물에 불과하다. 특히 제철소의 고로는 한번 불을 넣어 가동을 시작하면 계속 원료를 투입해야 쇳물을 생산할 수 있다. 이 때문에 세계 각국의 일관제철소들은 철강 생산의 핵심 원료인 철광석과 석탄을 확보하는 데 심혈을 기울인다.

현대제철도 당진제철소 건설 프로젝트에 나설 때부터 원료 확보를 위해 한바탕 구매 전쟁을 벌였다. 나는 구매본부장을 역임하는 중에 철광석과 석탄 등 제철 원료를 확보하기 위해 무던히 고생해야 했다.

원료 공급 계약을 체결하다

2005년 1월 초, 제철 원료 확보를 위한 TF팀이 구성됐다. 내가 직접 경력자들을 채용하고, 이어서 타당성 조사를 실시했다. 당진제철소 기공식이 2006년 10월에 열렸으니 무려 2년 가까이 앞서 원료 확보에 뛰어든 것이었다. 이는 정몽구 회장의 지시였다. 그는 원료 확보 추진 상황을 직접 챙겼을 뿐만 아니라 훗날 주요 광산회사들과 원료 공급 계약을 맺는 자리에도 거의 빠짐없이 참석했다. 그만큼 그는 일관제철소 사업 추진 과정에서 원료 확보가 얼마나 중요한지를 잘 알고 있었다.

그러나 발 빠른 움직임에도 불구하고 우리 TF팀은 발족 초기부터 적지 않은 어려움을 겪었다. 가장 큰 원인은 주요 광산회사들의 소극적인 태도였다. 이들은 이미 세계 여러 제철소를 고객사로 두고 있어서 신규 고객 확보에 열의가 없었다. 광산에서 생산하는 철광석과 석탄은 이미 고객이 정해져 있다. 새로운 고객에게 원료를 추가로 공급하기 위해서는 광산회사가 새로운 광산 개발에 투자해야 한다. 그런데 신규 제철소 프로젝트는 실패하는 경우가 많았다. 그리고 나면 그 부담은 광산회사가 오롯이 져야 했다. 이 때문에 광산회사들은 처음 일관제철소 사업을 시작하는 현대제철에 선뜻 손을 내밀어주지 않았다.

우리는 기본으로 돌아가기로 했다. 철광석과 석탄이 거래되는 세계 시장 상황과 주요 광산회사에 대한 기초적인 조사부터 시작했다. 그러면서 접촉 대상으로 세계적인 광산회사 몇 곳을 선정했다. 1차 후보로 추린 곳은 오스트레일리아의 BHP빌리턴bhpbilliton, 현 BHP Group Limited과 리오틴토Rio Tinto Limited 그리고 브라질의 발레VALE 였다. 모두 제철 원료 시장의 메이저 공급회사로, 특히 발레는 세계 1위의 철광석 생산업체였다. 브라질의 카라자스 광산에서 생산하는 철광석은 특히 품질이 좋기로 정평이 나 있었다.

2005년 2월 설 연휴에 나는 오스트레일리아 출장길에 올랐다. 그리고 서부 도시 퍼스에 위치한 리오틴토 본사를 방문해 샘 월시 Sam Walsh 사장에게 현대제철의 제철 사업을 브리핑했다. 우리는 메이저 공급회사들과 처음 접촉할 때 현대자동차그룹의 브랜드 파워를 적극적으로 활용했다. 현대제철이 현대자동차그룹에 자동차용 고급 강판을 공급한다는 계획을 이야기했고, 현대자동차의 인지도 덕분에 협상은 예상보다 순조롭게 풀려나갔다.

하지만 최종 계약이 성사되기까지는 여러 단계의 고비를 넘어야 했다. 우리는 오스트레일리아와 브라질의 광산을 직접 찾아가서 현장을 살펴봤고, 현지 경영진들에게 당진제철소 사업 계획을 상세하게 설명하며 설득해나갔다. 이 자리에는 정몽구 회장이 동행하기도 했다. 세계적인 인지도를 가진 현대자동차그룹 소유주가 직접 제철 사업에 대한 강한 의지와 열정을 보여주면서 광산회사의 경영진은 현대제철과 손을 잡기로 마음을 굳혔다. 그렇게 현대제철의 원료 확보를 위한 장기 공급 계약이 잇달아 성사되기에 이르렀다.

나중에 안 사실이지만, 내가 광산을 돌아다니며 우리 제철사업에 대하여 설명하고 원료 확보에 협조를 요청했을 때 광산 쪽 관계자들 대부분이 우리의 계획을 신뢰하지 않았다고 했다. 매우 대담한 계획이어서 성공하기가 어렵다고 판단했다는 것이었다. 그런데 현대제철소가 무사히 완공되어 원료를 투입해 쇳물이 생산되는 것을 보고 그들은 매우 놀라워하며 진심으로 기뻐해주었다.

나와 현대제철을 도와준 소중한 인연

제철 원료 확보를 위해 광산회사들과 접촉하고 협상을 벌이는 과정에서 나는 여러 좋은 사람들과 비즈니스 프렌드십을 맺었다. 리오틴토의 샘 월시는 (당시에는 반신반의하기는 했지만) 우리 프로젝트의 성공을 빌어주었고, BHP빌리턴코리아의 김정희 대표는 원료 조달의 핵심 포인트를 우리에게 많이 알려주었다.

그 가운데 가장 기억에 남는 사람은 리오틴토 한국 지사에서 근무하던 피터 헨더슨Peter Henderson이다. 첫 만남에서 그는 철광석 시장의 전반적인 상황을 설명하며, 철강업계에서 광산회사와 맺는 신뢰 관계가 얼마나 중요한지를 강조했다. 피터는 이후 우리 TF팀의 든든한 조력자로서 리오틴토 본사 경영진과의 만남을 주선해주었다. 그의 도움으로 우리는 오스트레일리아로 가서 샘 월시 사장에게 사업을 직접 브리핑할 기회를 얻었으며, 필바라 철광석 광산과 헌터밸리 석탄 광산을 둘러볼 수 있었다. 피터는 나아가 리오틴토가 현대제철의 주요 협력사가 될 수 있도록 최선을 다하겠다는 약속도 전했다.

이러한 협력관계는 개인적인 인연으로도 이어졌다. 당시 피터는 한국인 여성과 사귀고 있었다. 나와 아내는 그 두 사람과 여러 차례 만났는데, 둘 사이의 진실한 감정을 확인하고서 그들이 결혼에 이르는 데 결정적인 도움을 주었다.

리오틴토 철광석 자회사 로브리버Robe River의 잭 사토Jack Sato 사장도 기억에 남는 인연이다. 피터의 주선으로 만나게 된 잭 사장은 현대제철과 리오틴토 간의 원료 공급 계약 체결에 중추적 역할을 했다. 나중에 그는 리오틴토의 몽골 지역 석탄 개발 프로젝트를 총괄하는 사장으로 근무하다가 은퇴했다. 은퇴 후 그는 한국을 방문해 나와 만나 현대제철이 당진제철소 운영에 성공한 것을 진심으로 축하해주었다.

발레의 철광석 부문 사장이었던 호세 카를로스 마르틴스José

Carlos Martins도 고마운 인연이다. 마르틴스는 2009년 9월 당진제철소 초도 원료 입하식과 2010년 1월 고로 화입식에도 참석할 만큼 현대제철의 적극적인 후원자 역할을 해주었다. 그 역시 은퇴한 후에 한국을 방문하여 나에게 이런 말을 전해주었다.

"당진제철소 프로젝트를 지켜보며 현대의 저력을 느꼈습니다. 우리 회사가 철광석을 공급하는 당진제철소가 성공적으로 가동하는 모습을 보는 것 자체가 즐거운 경험이었지요. 그래서 은퇴한 후에 꼭 다시 한국에 오고 싶었습니다."

이런 사람들과의 만남과 협력이 없었다면 우리의 프로젝트는 성공으로 이어지기 어려웠을 것이다. 그들은 비즈니스 파트너를 넘어 내 삶에서 특별한 인연으로 남았다.

치열한
공정 관리

2009년 3월, 정몽구 회장은 나를 제철 사업 총괄사장에 임명했다. 이전까지 나는 연구소장을 거쳐 구매본부장으로 일하다가 느닷없이 제철소 건설의 총괄 책임자가 됐다.

이때 나에게 부여된 임무는 한마디로 '당진제철소 건설 공사를 예정된 공기에 맞춰 마무리하는 것'이었다. 2007년 7월에 파일 항타Pile 杭打● 를 시작하여 2010년 1월 가동을 목표로 삼았으니, 내가 총괄사장이 된 시점에는 총 30개월의 공사 기간 중 단 10개월밖

● 건물을 지을 때 구조물을 단단히 지탱할 수 있도록 지반을 다지는 작업.

에 남지 않은 시점이었다. 그런데도 공사 현장에는 여전히 할 일이 태산처럼 쌓여 있었다. 나는 어느 날 갑자기 태산을 두 어깨에 짊어진 셈이 됐다.

당진제철소 고로 1호기의 건설 공기가 30개월로 잡힌 데는 몇 가지 배경이 있었다. 첫 번째는 비용 문제였다. 공기가 늘어질수록 공사비가 늘어나기 때문에 공기는 가능한 한 짧을수록 좋았다. 건설 계획을 수립할 때 참여한 전문가들은 30개월이면 고로 1호기 건설이 가능하다고 확인해주었다. 두 번째는 1990년대에 포스코가 마지막으로 건설한 고로인 광양제철소 제5 고로의 공기가 30개월이기 때문이었다. 이는 단순히 자존심 대결이 아니었다. 현대가 비록 고로 건설의 후발주자이자 제철 사업에 처음 뛰어든 터이지만, '현대가 충분히 할 수 있다.'라는 것을 온 세상에 보여줄 필요가 있었다.

물론 30개월이라는 공기는 결코 여유를 부릴 수 있는 기간이 아니었다. 따라서 전체 공정 관리를 치열하게 하는 것 외에 다른 방법이 없었다.

당진제철소 프로젝트의 규모

당진제철소 프로젝트에 투입되기 전까지 나는 현대그룹과 현대자동차그룹의 여러 계열사에서 다양한 프로젝트 업무를 수행했다. 프로젝트에 들어가기 전에는 사전 계획을 세우곤 했는데, 핵심은 언제나 Q·C·D였다. Q는 품질Quality, C는 비용Cost, D는 납기Delivery를 의미한다. 프로젝트의 성적표는 Q·C·D를 얼마나 정교하고 치밀하게 관리하느냐에 달려 있었다.

제철소 건설과 같은 초대형 사업은 공사 기간이 길어질수록 전체 비용이 엄청난 속도로 불어난다. 공사에 참여하는 업체 및 근로자들에게 지급할 대금과 공사 현장 관리 비용이 큰 비중을 차지하기 때문이다. 따라서 건설 공사에는 예정된 공기를 맞추는 것이 매우 중요했다. 하지만 당진제철소 건설 과정에서 예정된 공기를 맞추기란 여간 어려운 일이 아니었다. 바로 그 엄청난 규모 때문이었다.

당진제철소는 그저 하나의 공장이 아니라 거대한 산업단지Industrial Complex나 다름없었다. 고로 공장만 해도 고로 본체, 열풍로, 송풍기, 원료처리 설비, 배기가스 설비 등 각각의 구성 요소가 하나의 공장 규모에 해당했다. 또 핵심 시설인 고로 공장 외에 주요 공장의 개수만 20여 개에 달했다. 그리고 각각의 공장은 여러 설비가 유기적으로 연결돼 있었다. 당진제철소가 완벽하게 가동되기 위해서는 이 모든 공장이 완공되어야 했다.

2009년 5월을 기준으로 당진제철소 공사 현장에 투입된 인원은 1만 2000여 명, 참여 업체는 340개 사를 웃돌았고, 건설 중장비는 900여 대에 이르렀다. 당진제철소 건설은 그야말로 엄청난 프로젝트였던 것이다.

당진제철소 새벽 6시 회의

제철 사업 총괄사장에 임명되고 난 뒤 나는 당진제철소 건설 현장 곳곳에서 진행되는 공사 상황을 날마다 확인했다. 현대제철은 일관제철소 건설에 처음 도전하는 터였고, 나 역시 총괄사장이라는 직책을 처음 수행하는 것이었다. 내가 모르는 사안이 허다했지만, 책임자로서 중요한 의사결정을 내리기 위해서는 최대한 모든 것을 파악해야 했다. 나는 날마다 분초를 쪼개 가며 커맨더 역할을 했다. 그로 인한 업무량은 상상을 초월했다.

총력을 기울여야 하는 것은 나뿐만이 아니었다. 공사 현장이 밤낮없이 돌아가는 상황에서 전체적인 공정 상황을 파악하고, 업체들을 조율하며, 진도율을 관리하려면 나와 함께 주요 책임자들이 컨트롤타워가 되어 현장을 빈틈없이 파악하고 치밀하게 대응할 필요가 있었다. 우리는 즉시 비상근무체제에 돌입했다.

새벽 6시, 직장인이라면 대부분 아직 꿈속을 헤맬 시간이다. 그러나 당진제철소 건설 현장의 사무실은 이미 불이 켜져 있었다. 회의실에는 제철 사업 총괄사장인 나를 비롯해 주요 임직원이 모여 있었다. 내가 입을 떼는 순간이 곧 회의 시작이었다.

군이 새벽 6시마다 회의를 연 이유는 단순했다. 건설 현장 책임자와 주요 실무자들이 모여서 공정 현황을 점검하고 대책을 논의할 시간은 이때 말고는 없었다. 일과 중에는 모두 현장에 투입되어 업무를 보아야 했고, 저녁에도 늦게까지 잔업을 하는 경우가 많았기 때문이다.

새벽 6시 회의는 아침 8시 전까지 마무리되어야 밥을 먹고 업무에 들어갈 수 있었다. 그러나 20여 개에 달하는 공장의 공사 현황을 일일이 점검해야 했기에 두 시간도 부족하기 일쑤였다. 회의 시작에 앞서 간단한 인사나 격려의 말조차 나누기 어려운 날도 허다했다.

내 경우에는 인사나 식사가 아니라 잠잘 시간조차 부족했다. 당시 나는 회의자료는 반드시 사전에 읽고 중요한 부분을 확인한다는 원칙을 고수했다. 회의 참석자들은 각자 맡은 업무 분야에 대한 자료만 챙기면 충분했지만, 나는 모든 업무 분야를 상세하게 파악해야 했으므로 회의 준비에 많은 시간과 에너지가 필요했다.

악착같은 공정 관리

현장에서는 주요 설비의 납기 지연이나 품질 문제로 인해 공사가 멈추는 경우가 빈번히 발생했다. 납기 문제가 생기면 시공을 맡은 업체들은 공기를 맞추기 위해 밤낮없이 작업을 이어가야 했고, 이는 현장을 감독하고 관리할 현대제철의 임직원들도 마찬가지였다. 제철소 건설 과정에는 여러 기술적 문제도 끊임없이 일어나며 일정에 차질을 빚었다. 대단위 산업시설을 짓는 프로젝트 특성상 각 공장에 들어가는 설비들의 품질과 성능 문제가 예상보다 빈번하게 발생했다.

우리는 설비 납기를 관리하고 성능을 점검하기 위해 김대헌 이사를 중심으로 외주관리실을 설치했다. 당진제철소 건설에 설비를 공급한 회사는 한국을 포함하여 유럽, 일본, 중국 등 전 세계에 폭넓게 분포되어 있었는데 모두 800개 사가 넘었다. 그리고 그들이 공급한 설비 물량은 무려 24만 8000톤에 달했다. 우리는 이를 일일이 점검하고 제때 현장에 설비를 조달하기 위해 이만저만한 고생을 한 게 아니었다.

2009년 8월 15일, 코크스 공장에서 퍼스트 코크스First Cokes 생산을 앞둔 때였다. 퍼스트 코크스는 코크스 공장에서 첫 번째로 생산하는 코크스를 의미한다. 코크스 생산은 일관제철소의 공정 가운데 가장 앞에 위치하는 공정으로, 코크스를 생산해야 철광석과 함께 고로에 넣어 쇳물을 생산할 수 있었다. 즉 퍼스트 코크스는 전체 생산 공정의 첫 단추에 해당하는 셈이었다.

나는 퍼스트 코크스 생산 일정을 점검하기 위해 수시로 회의를 소집했다. 회의의 목표는 오직 퍼스트 코크스 생산 일정을 맞추는 것이었다. 여기에 참석하는 이들로는 독일 아헨공대 출신인 이주 박사, 포스코 경력자 양태석 이사, 현대제철 기술진인 윤선희 부장 등 몇 사람, 국내 구조물 제작사인 한진중공업, 설비 설치 업체인 롯데건설, 독일의 설비 공급업체인 우데Uhde, 그리고 슈퍼바이저 역할을 하는 TKS 관계자 등 수십 명이 있었다. 회의는 하루에 두 차례씩 열리기도 했고, 며칠을 연이어 열리기도 했다. 그런데 한번은 코크스 생산 설비를 공급하는 역할을 맡은 우데의 현장 매니저가 미적지근한 태도를 보인 적이 있었다. 나는 그에게 당장 독일 본사에 연락해 지원을 요청하라고 강하게 압박했다. 그러자 며칠 뒤 우데의 호프만Alfred Hoffmann 사장이 직접 당진 공사 현장에 방문해 일정에 차질이 없도록 조치를 취해주었다.

이는 코크스 공장의 공정 관리 사례일 뿐이다. 앞서 말했듯 제철소 건설 현장에는 20여 개에 달하는 공장이 지어지고 있었다. 그러니 참여자 각각의 일정과 작업을 조율하며 공장마다의 공정을 관리하는 일이 얼마나 복잡하고 어려웠을지는 새삼 말할 필요가 없을 것이다.

고로 가동 100일 작전

당진제철소 건설 공사 기간 동안 투입된 인력은 연인원 398만여 명에 달했다. 하루 평균으로는 약 5,300여 명의 작업자들이 건설 현장에서 매일 구슬땀을 흘렸다. 투입된 인력의 숫자도 방대했지만, 공정의 복잡성과 난이도 역시 최고 수준이었다. 나는 마치 백만대군을 이끄는 장수의 마음으로 공정 관리에 목숨을 걸다시피했다.

공사가 막바지를 향해가며 정몽구 회장은 당진제철소 건설 현장을 더욱 자주 방문했다. 2009년 한 해 동안 그가 당진을 방문한 횟수는 100번을 훌쩍 넘었다. 공사 현장에서는 긴장감과 압박감의 수위가 한층 고조되었다.

고로 가동을 100일 앞둔 시점에서 우리는 '100일 작전'에 돌입했다. 이제는 건설뿐만 아니라 고로 가동에 대비해 조업을 준비해야 했다. 외국인 수퍼바이저와 자체 기술진들과의 조업 회의를 분리해 진행하는 한편, 포스코에서 정년 퇴임한 현장 출신 베테랑 전문가들을 고문으로 모셔 별도의 작전 미팅을 가졌다.

첫 작전 미팅에 들어가니 거의 80명 가까운 인원이 모여 있었다. 나는 전문가의 고견을 듣기 위해 열심히 메모하고 필요한 질문을 했다. 그분들은 "부장님만 봐도 영광이던 시절을 지나 사장님과 직접 회의하다니 신기하다."라며 놀라워했다. 전문가들은 직책은 고문이었지만 모두 현장에 투입됐다. 이들 가운데 강주 기장은 비교적 젊은 편이어서 현직으로 임명되었고, 100일 작전 동안 핵심적인 역할을 하며 프로젝트에 큰 도움을 주었다. 그의 열정과 전문성은 현대제철 직원들에게 많은 감명을 주었다.

2009년 12월 24일, 크리스마스이브였다. 그날도 현장을 점검하고 숙소인 영빈관으로 돌아와 같은 곳에 머물던 몇몇 외국인 수퍼바이저들을 불러들였다. 그들에게는 1년 중 가장 행복한 명절일 텐데 여기 당진에 와서 밤을 새우며 일하고 있으니 나름의 위로를 전달하기 위해서였다. 나는 그들에게 다시는 크리스마스를 같이 보내지 말자고 서로 독려하며 약속했다. 수퍼바이저들은 다행히 공사가 계획대로 진행되어 예정한 시기에 돌아갈 수 있을 것 같아 고맙다고 답했다. 그때 내 머릿속에 떠오른 것은 지난날 현대중공업 울산공장에서 크리스마스 아침에 겪었던 출근 소동이었다. 그 시절과는 사뭇 달라진 내 모습과 지나간 세월에 나는 어쩐지 가슴이 벅차오르는 것을 느꼈다.

MK가 내 명찰을
잡아뗀 사연

　2009년의 어느 날, 당진제철소 제1 고로 공사는 2010년 1월 가동을 목표로 숨 가쁘게 달려가고 있었다. 높이 110미터, 최대 직경 17미터에 달하는 고로는 이미 웅장한 외형을 뽐내고 있었다.

　당진제철소 건설 기간 중에 정몽구 회장은 매주 두세 차례씩 공사 현장을 방문했다. 그가 공사 현장을 이동할 때는 카니발 차량을 이용했다. 운전은 홍승수 부사장이 맡고 나는 조수석에 자리했으며, 뒷자리에는 정몽구 회장과 현대제철 박승하 부회장, 엠코 김창희 부회장, 이병석 사장 등이 자리했다.

　정몽구 회장이 방문한다는 소식이 들려오면 모든 현장이 초긴장 상태에 빠졌다. 그 가운데 가장 긴장하는 곳은 제1 고로 공사 현장이었다. 그곳은 정몽구 회장이 늘 빼놓지 않고 들르는 곳 가운데 하나였다.

멈춰 선 엘리베이터

고로를 지을 때는 일정한 높이가 되면 각종 자재와 설비 등을 운반하기 위해 화물용 엘리베이터를 설치한다. 건물이 존재하는 한 끝까지 운용하는 승객용 엘리베이터와 달리, 화물용 엘리베이터는 공사가 끝나면 철거되기 때문에 큰 비용을 들여 짓지 않는 것이 일반적이다. 또 승객용 엘리베이터는 하루에도 수많은 사람이 이용하기 때문에 성능의 유지와 안전 관리에 만전을 기하고 정기 점검도 매우 짧은 주기로 실시한다. 그러나 화물용 엘리베이터는 가끔 사람도 이용하기는 하지만, 주로 자재를 옮기기 위한 것이기 때문에 승객용만큼 점검이 자주 이뤄지지는 않는 편이다.

당진제철소 제1 고로 공사 현장에도 화물용 엘리베이터가 설치되어 있었다. 정몽구 회장은 고로 상부의 공사 진척 상황을 살펴보기 위해 종종 화물용 엘리베이터를 이용했다. 그간 엘리베이터는 아무런 문제 없이 움직였던 터였다. 그런데 그날, 하필이면 정몽구 회장이 엘리베이터에 탑승한 순간에 문제가 발생했다.

정몽구 회장은 제철 사업 총괄사장이었던 나를 비롯해 현장

관계자들과 함께 화물용 엘리베이터에 올랐다. 우리가 탑승한 뒤 누군가 작동 버튼을 눌렀다. 그런데 평소 같으면 곧장 움직였을 엘리베이터가 움직이지 않았다. 다시 버튼을 눌렀지만 엘리베이터는 요지부동이었다. 그 순간 정적이 흘렀다. 정몽구 회장의 표정이 굳어졌다. 정몽구 회장은 엘리베이터 밖으로 뛰쳐나와 나에게 고함을 질렀다.

"이런 것 하나도 제대로 관리 못하나!"

정몽구 회장은 내가 입고 있던 근무복의 가슴팍에 달려 있던 명찰을 확 잡아뗐다. 나는 얼어붙은 채 아무 말도 꺼낼 수 없었다. 정몽구 회장은 그 길로 카니발에 탑승하여 제철소 건설 현장의 본관 역할을 하는 통제센터 사무실로 향했다. 나는 망연자실하여 서 있다가 황급히 다른 차를 타고 통제센터로 갔다.

징계조치 철회를 건의하다

사무실에 들어서니 이미 또 다른 일이 벌어져 있었다. 정몽구 회장이 엘리베이터 관리 소홀의 책임을 물어 고로 공사를 담당하는 지준길 부사장과 박남순 이사에 대해 징계를 내릴 것을 지시한 것이었다.

정몽구 회장이 터뜨린 노기로 통제센터 내부는 분위기가 싸늘해져 있었다. 어떻게든 이 사태를 수습해야 한다는 생각이 내 머릿속을 가득 채웠다. 만약 정몽구 회장의 지시대로 두 중역에 대한 징계조치가 그대로 이뤄진다면 전체 건설 현장의 사기가 크게 떨어질 것이 분명했다. 공기가 빠듯하여 모두가 혼신의 힘을 다해야 할 시점에 그런 사태가 벌어지는 것만은 막아야 했다. 나는 심호흡을 한번 하고 정몽구 회장이 있는 방의 문을 열었다.

"회장님, 먼저 제 불찰을 깊이 사과드립니다. 그리고 지시하신 인사조치도 충분히 이해합니다. 하지만 한 번만 다시 생각해주십시오. 건설 공기가 얼마 남지 않은 시점에 저희 모두가 한마음으로 당진제철소 프로젝트 성공을 바라고 헌신하고 있습니다. 이제부터는 모든 결정이 플러스가 되는 결정이어야지, 마이너스가 되는 결정을 해서는 성공을 확신할 수 없습니다. 부디 한 번만 더 재고해주십시오."

물론 정몽구 회장이 내 명찰을 잡아떼었으니 나에게도 어떤 징계가 내려질 것인지 알 수 없었다. 하지만 그때는 나 자신에 대한 걱정보다 당진제철소 건설을 완수해야 한다는 사명감이 앞섰다. 이제까지 온갖 노력을 기울여 매진해온 당진제철소 프로젝트는 어느

덧 나에게도 일생의 목표가 되어 있었다.

내 진심이 전해진 것이었을까. 못마땅할 것이 분명했지만 정몽구 회장은 내 건의를 받아들여주었다. 그러고는 비서를 향해 큰 목소리로 지시를 내렸다.

"헬기 준비해!"

당진제철소의
첫 번째 쇳물

2010년 1월 5일, 지금도 그날은 잊을 수 없다. 이날은 고로 1호기에 처음으로 불을 넣는 화입식이 열린 날이었다. 즉 고로가 첫 가동에 들어간 것이다. 30여 년에 걸친 현대의 숙원사업, 당진제철소가 역사적인 첫걸음을 떼는 날이었다.

오전 10시의 화입식 개식 선언과 함께 나는 제철 사업 총괄 사장으로서 단상에 올라 내빈과 외빈께 고로 건설 경과를 보고했다. 그야말로 감격스러운 순간이었다. 당진제철소 프로젝트에 관여한 지 벌써 6년 가까이 흐른 시점이었다. 수많은 책임자와 실무자들이 밤낮없이 헌신한 덕분에 고로 1호기 공사는 예정대로 마무리되었다. 고비마다 넘어서야 했던 숱한 난관들이 주마등처럼 머릿속을 스쳐 지나갔다. '마침내 해냈구나.'라는 벅찬 감정이 밀려왔다.

정몽구 회장은 기념사를 마치고 기다란 화입봉을 손에 들었다. 그런 다음 현대제철 직원들이 봉송해온 성화를 화입봉에 붙였다. 정 회장이 움직이는 순간순간마다 모두의 시선이 그를 향했다. 곧 정몽구 회장은 고로의 화입구를 통해 성화가 타오르는 화입봉을 밀어 넣었다. 선대 정주영 회장이 끝내 뜻을 이루지 못하고 눈을 감은 현대의 숙원사업을 아들 정몽구 회장이 끝내 실현해내는 가슴 뭉클한 장면이었다.

첫 쇳물을 맞이하다

이튿날 오후 4시 무렵, 고로 1호기가 생산한 첫 쇳물이 출선出銑됐다. 고로에 불을 넣은 지 약 27시간 만이었다. 나는 즉시 정몽구 회장께 전화를 걸었다.

"회장님, 쇳물이 나오기 시작했습니다. 사진을 찍어서 보내 드렸으니 한번 보십시오!"

다음 날 먼동이 트기도 전에 당진제철소 상공에서 정몽구 회장이 탄 헬리콥터가 굉음을 내며 착륙장에 내려앉았다. 보통 정 회장이 당진에 방문하면 함께 통제센터로 가서 보고하는 절차를 거치곤 했다. 그런데 그날 새벽 정몽구 회장은 헬리콥터에서 내리자마자 상기된 표정으로 내게 외쳤다.

"고로로 가!"

"회장님, 센터에 안 들르시고요? 작업복으로 갈아입으셔야 할 텐데요."

"그냥 고로로 가!"

얼마나 쇳물을 보고 싶었으면, 하는 생각이 들었다. 첫 출선은 나에게도 고대하던 순간이었지만 정몽구 회장에게는 더욱더 고대하던 감격스러운 순간이었을 것이다. 고로를 향해 서둘러 발걸음을 옮기는 정 회장의 뒷모습을 보면서 내 눈시울이 젖어들었다.

당진제철소의 사업적·경제적 의의

현대제철은 당진제철소 고로 1호기를 가동하면서 한국 철강업계 사상 처음으로 민간 기업이 일관제철소를 건설한 새로운 역사의 주인공이 됐다. 이는 1973년 박정희 정부의 주도로 포항제철소에서 첫 쇳물이 출선된 이후 37년 만의 일이었다.

같은 해인 2010년 11월, 당진제철소 고로 2호기가 가동에 들어갔다. 연간 생산량 400만 톤 규모의 초대형 고로 두 기를 가동하면서 당진제철소는 총 800만 톤의 조강 생산 능력을 갖춘 일관제철소가 됐다. 이는 세계 철강 역사에서 유례가 없는 기록이었다. 이때 고로 2호기의 공기는 1호기의 30개월보다 1개월 단축된 29개월 만에 완료됐다. 1호기 건설을 통해 경험과 자신감을 쌓은 덕분이었다.

2013년 9월에는 고로 3호기가 가동을 시작했다. 이로써 당진제철소는 연간 1200만 톤의 조강 생산 능력을 갖춘 일관제철소가 됐다. 아울러 현대제철은 기존에 보유한 전기로 부문의 생산량을 더해 총 2400만 톤의 조강 생산 능력을 갖춘 세계 제11위의 글로벌 종합제철소로 도약했다.

당진제철소 전체를 건설하는 데 투입된 비용은 7년간 10조 원에 달했다. 직접 투자비 외에 각종 운영비, 인건비, 부대비용 등을 합하면 총비용은 15조 원에 이르렀다. 경제적 파급효과도 막대하여 고용 창출 효과가 약 20만 명, 생산 유발 효과는 약 46조 원을 기록했다.

세계 유수의 자동차회사들은 신차 개발 단계부터 철강회사들과 자동차용 강판 기술을 공동으로 개발하는 경우가 많다. 자동차용 강판의 품질이 완성차의 품질과 직결되기 때문이다. 그런데 당진제철소는 현대자동차그룹이 처음부터 자동차용 고품질 강판을 조달하기 위해 세운 곳이었고, 당진제철소가 성공적으로 가동됨으로써 현대자동차그룹은 '쇳물에서 자동차까지' 직접 생산하는 회사로 거듭났다. 이는 현대자동차와 기아 등 완성차 생산 계열사들의 브랜드 이미지 제고에 크게 기여했다.

여기서 유념해야 할 사실이 하나 있다. 현대제철이 자동차 강판을 생산한다고 해서 현대자동차나 기아 같은 계열사들이 '당연하게' 쓰는 것이 아니라는 점이다. 현대제철이 자동차 강판을 생산할 무렵에 계열사들은 이미 포스코를 비롯한 전 세계 철강회사에서 자동차 강판을 조달하고 있었다. 완성차 회사는 자동차의 품질에 영향을 주는 변화, 특히 양산 후 부품 변경 Running Change을 매우 금기시한다. 게다가 초기 단계인 현대제철의 강판을 사용한다면 자동차의 품질에 문제가 생길 우려가 있었다. 이를 해소하기 위해서는 확실한 품질 보증이 필요했다. 그래서 이전보다 품질 규격을 강화하여 사전 검사를 여러 차례 실시했고, 현대제철 제품은 이 모든 요구조건을 다 만족시켰다. 그 결과 계열사들이 현대제철의 강판을 쓰게 됐으며, 전반적인 품질 향상으로도 이어진 것이다.

당진제철소는 세계 최고 수준의 친환경 제철소라는 새로운 이정표를 세우기도 했다. 제철소는 공업 국가의 필수 산업시설이지만, 철강 생산 과정에서 필연적으로 오염물질과 비산먼지 등 공해를 발생시킨다. 특히 야적장에 보관하곤 하는 제철 원료인 철광석과 유연탄, 석회석 등이 바람에 날리면 인근의 주민들이 피해를 보게 된다. 현대제철이 당진제철소 건설에 나섰을 때 당진 지역 주민들을 설득하는 데 가장 애를 먹은 부분이기도 했다.

정몽구 회장은 이러한 난관을 '친환경 제철소'를 만드는 방식으로 돌파했다. 원료 저장 시설을 돔 야구장처럼 생긴 대규모 밀폐형 시설로 만들기로 한 것이다. 이와 함께 컨베이어 등 원료 이송 시설도 밀폐형으로 구상했다. 그 결과 완성된 당진제철소는 세계 최초의 '밀폐형 원료 처리 시스템'을 갖추게 됐다. 전 세계 어느 일관제철소도 시도한 적이 없었던 획기적인 방식이었다. 당진제철소는 곧장 세계 철강업계의 주목을 받게 됐고, 많은 제철소가 이를 벤치마킹했다. 신생 일관제철소가 역사와 전통을 자랑하는 기존 유력 제철소에 한 수 가르치는 입장이 된 것이다.

당진제철소에 서린 현대의 정신

당진제철소는 국내 철강업계의 경쟁력을 이전보다 한 단계 끌어올렸을 뿐 아니라 세계 철강업계 역사에도 굵직한 획을 그었다. 당진제철소는 철강업계의 기존 상식으로는 얼른 이해하기 어려울 정도로 짧은 공기와 적은 투자비로 완공됐다. 제철소 건설 과정에서 기술 컨설팅을 맡은 독일 철강회사 TKS도 놀라움을 표시했을 정도였다.

한때 불가능해 보였던 현대의 꿈을 이와 같은 대성공으로 이끈 비밀은 무엇이었을까? 당진제철소 프로젝트 초기부터 관여해 거의 모든 과정을 거쳐왔던 내 시선에서 보면, 아무래도 가장 큰 성공 요인은 현대 특유의 도전정신이라고 생각한다. 창업주인 정주영 회장 시대부터 현대에 각인된 불굴의 기상이 정몽구 회장의 추진력과 뚝심 그리고 리더십을 만나 위대한 도전, 위대한 성공으로 이어진 것이다.

우리는 당진제철소 건설이라는 대역사를 맡아 사명감과 책임감, 나아가 현대라는 자부심으로 혼신을 다했다. 그렇게 모두가 자신을 불태우면서 우리나라 산업계의 마지막 빅 프로젝트라고 평가받는 당진제철소의 신화를 이룩했다. 그 험난하고 치열했던 도전의 여정을 함께한 것은 내 인생에서 가장 큰 발자취로 남을 것이다.

제5장

현대제철 CEO의
리더십 인사이트

일의 운명,
운명의 일

나는 현대중공업 울산조선소의 품질관리기사로 커리어를 시작했고, 미국 유학에서 돌아와서는 현대정공에서 구조연구실장으로 일했다. 현대우주항공이 신설되며 나는 연구2부장으로서 로켓엔진을 개발했고, 외환위기의 여파로 현대우주항공이 소멸한 뒤에는 다시 현대정공으로 돌아와 신설 우주사업부와 선행기술개발부를 담당했다. 이후에는 현대로템의 기술연구소장으로 근무했다.

그때껏 엔지니어로서 커리어를 이어오던 나는 정몽구 회장의 발탁으로 당진제철소 프로젝트에 투입되며 경영자의 길을 걷게 됐다. 한보철강 인수 TF 팀장으로서 인수 작업을 진행했고, 인수가 완료된 뒤에는 제철 사업 기획단장으로서 마스터 플랜을 작성했다. 이후에는 연구소장을 거쳐 구매본부장을 지내며 제철 원료 조달을 담당했으며, 건설 공기를 10개월 남긴 시점에 제철 사업 총괄사장이 되어 당진제철소 가동까지 건설 작업 진행을 맡아 수행했다. 당진제철소가 본격적인 가동을 시작한 이후에 정몽구 회장은 나를 현대제철의 대표이사 사장, 그리고 부회장으로 임명했다.

처음으로 일을 시작할 때 한 사람의 엔지니어였던 나는 수십 년이 지나 현대제철이라는 거대한 기업의 CEO가 됐다. 이처럼 커리어의 대전환과 인생 역전을 몸소 겪고 나니, 나는 '날 때부터 정해진 운명'이라는 것을 믿지 않게 됐다. 운명의 역할은 늘 우리에게 새롭게 질문을 던지는 것이고, 우리가 할 일은 매번 그 질문에 치열하게 답을 찾아가는 것이다. 우연조차 필연으로 만들어가는 것이 인생을 개척해나가는 사람의 본모습이라고 나는 생각한다.

돌아보면 엔지니어의 길과 경영자의 길은 크게 다르지 않았다. 사람을 상대하고, 조직을 구성하고, 프로젝트를 기획하고, 가능성과 타당성을 따져보고, 그것을 현실로 구현하여 의미가 있는 것으로 만들어야 한다는 점은 서로 마찬가지였다. 또 기술만 알아도 사업이 될 수 없었고, 사업만 알아도 혁신을 이룩할 수 없었다. 엔지니어 출신 CEO라는 내 정체성은 무엇 하나 버릴 것이 없는 내 모든 경험의 총합이었다.

이러한 나의 정체성은 일과 함께 만들어졌다. 요즘 직장이나 직업에 관해 그저 돈을 벌기 위한 수단으로 치부하는 경향이 늘어가고 있음을 알고 있다. 그러나 일은 세상에서 자신이 태어난 의미를 만들어가는 데 중요한 도구다. '일한다'는 것은 세상에서 자신이 있을 자리를 만들어가는 과정이다. 일하는 과정에서 우리는 타인과 관계 맺는 법과 자신의 위치를 알게 되며, 일함으로써 우리는 자신이 세상에 영향을 미치는 방식을 확인하고 그 무게감을 알게 된다.

그래서 이번 장에서 풀어놓고 싶은 이야기는 '일하는 한 사람'으로서 내 자리와 운명을 만들어온, 일과 사람을 대하는 나만의 원칙 그리고 사업과 조직을 이끄는 리더십의 방식이다.

일을 대하는 자세

현대중공업에 다니던 시절 나는 평사원이면서 중역의 사무실을 드나들거나, 대리 직급으로 과장급 이상이 참석하는 강연회에 들어가는 등 엉뚱한 짓을 많이 저질렀다. 이처럼 틀에 얽매이기 싫어하는 자유분방한 기질을 갖고 있었지만, 일에 관해서는 달랐다.

프로페셔널의 자세

나는 '어떤 일이든 나에게 부여된 임무라면 철두철미하게 해내야 한다'라는 신념이 있다. 그것은 회사에 대한 책임감 때문이기도 했지만, 나 자신의 자존심이 달린 문제이기도 했다. 일로써 자기

가치를 평가받고자 하는 사람은 남이 뭐라고 하지 않아도 스스로 높은 경지를 지향하게 되는 법이다. 이런 사람을 세상에서는 '프로페셔널'이라고 부른다.

요즘 직장인들은 자신을 프로페셔널이라고 생각하는 경우가 많지 않은 것 같다. 일은 그저 수입을 얻는 수단일 뿐이라고 생각하는 것이다. 물론 그것을 마냥 비판하기는 어렵다. 본질적으로 일은 '생계를 꾸려나갈 수 있는 수단'이니까. 하지만 나는 일하는 의미를 생계의 수단 너머에서 찾고자 했다. 완벽한 업무 수행을 통해 성취감과 보람을 얻었을 때 나는 가장 큰 만족감을 느꼈다. 일에 대한 욕심이 나를 회사에 다니게 만드는 가장 큰 원동력이 됐다. 그래서 나는 자신을 '생계형 직장인'이 아니라 '미션형 직장인'이라고 규정했다.

미션형 직장인으로서 일을 대할 때 세운 두 가지 원칙이 있었다. 하나는 자신감을 가지는 것이었다. 자신감은 같은 일을 해도 성취할 확률을 높이는 견인차 역할을 하기 때문이다. 다른 하나는 벤치마크를 설정하고 그것과 나의 성과를 비교하는 것이었다. 내가 반드시 세계 최고는 아니더라도, 비교 대상보다는 더 잘하자는 것이 나의 목표였다.

어떤 영역에서 일류가 되고 싶다면 무턱대고 노력만 할 것이 아니라 먼저 일류에 오른 대상을 보고 배울 점을 찾아야 한다. 내가 제철 사업을 총괄하면서 비교 대상으로 삼은 것은 두말할 것도 없이 '포스코'였다. 포스코는 국내 최대의 철강회사이자 세계에서 가장 경쟁력 있는 철강회사 가운데 하나다. 또한 현대제철 이전까지 국내에서 유일하게 일관제철소를 보유하고 있었다. 포스코는 어떤 의미에서든 현대제철의 경쟁 상대가 될 수밖에 없었다. 그래서 나는 포스코를 벤치마크의 대상이자 넘어서야 할 산으로 규정하고, 포스코보다 더 나은 결과를 만들어낼 수 있다는 자신감을 갖고 노력했다.

비즈니스 오리엔티드의 자세

나는 어디에서 무슨 일을 맡더라도 성과를 내기 위해 가능한 한 모든 수단과 방편을 동원했다. 그리고 모든 생각과 행동의 초점을 내가 맡은 업무와 미션에 맞췄다. 말하자면 '비즈니스 오리엔티드Business-oriented'가 일을 대하는 나의 기본적인 태도였다.

현대정공 구조연구실장으로 근무하던 1990년대 초반에 나는 정몽구 회장의 지시로 현대정공 울산공장의 컨테이너 생산공장 자동화 프로젝트에 투입됐다. 당시 현대정공 울산공장과 현대자동차 울산공장은 바로 이웃해 있었다. 현대자동차는 이미 현대그룹의 간판 기업이자 한국을 대표하는 자동차회사였다. 나는 대규모 양산체제를 갖춘 현대자동차의 생산라인을 보고 나면 컨테이너 생산공장 자동화에 관해 참고할 점을 찾을 수 있을지 모른다고 생각했다. 그래서 현대자동차 울산공장 생산기술본부에 견학을 요청했다.

현대자동차 울산공장에 가니 박황호 생산담당 이사와 최달호 생산기술 부장이 날 맞이해주었다. 이야기를 나눠보니 마침 나의 모교인 경기고등학교 선배들이었다. 두 사람의 안내로 나는 자동차 생산라인을 꼼꼼히 살펴볼 수 있었다.

앞서 언급했듯 컨테이너 생산공장 자동화 프로젝트의 결과는 '불가'였다. 하지만 이 견학으로 나는 자동차처럼 부가가치가 큰 제품이 아닌 컨테이너 박스의 생산 자동화는 경제성이 없다는 확신을 가질 수 있었다.

몰입의 자세

경영자가 되었을 때 내가 신입사원이나 젊은 직원들에게 자주 강조한 말이 있다.

"여러분, 회사에 '아바타'를 보내지 말고 '진짜 본인'이 와서 일을 해야 합니다."

요즘 직장인들 가운데는 근무시간에 대충 일하고, 퇴근 후에 자기 생활을 즐김으로써 만족감을 추구하는 사람들이 많다. 하지만 그렇게 얻는 즐거움이 인생에서 얼마나 큰 의미를 가질 수 있을까? '훅'하고 불면 사라질 먼지 같은 기억에 지나지 않는 것이 아닐까?

나는 일에서 인생의 의미를 찾으려 했다. 임무를 부여받으면 좋은 성과를 내고 싶다고 생각했고, 그런 마음으로 일하면 기분이 고조되어 몰입의 상태에 이르렀다. 어쩌면 일에서 의미보다 재미를 먼저 찾았다고 볼 수 있다. 미국 기업 테슬라TESLA의 최고경영자인 일론 머스크Elon Musk는 일주일에 최대 100시간을 일하는 워커홀릭이다. 일에서 재미를 느끼지 못한다면 그렇게 일하는 것은 불가능하다. 그리고 그 결과 그는 세계적인 기업을 일구었고 시대의 아이콘이 됐다.

우리나라는 주 52시간 근무제가 도입돼 있다. 근로자들의 휴식과 건강을 보장하자는 취지에서 실시된 제도다. 취지 자체를 보자면, 그리고 일과 삶의 균형을 요구하는 시대적 흐름을 생각하면 충분히 공감할 수 있다. 다만 주 52시간 근무제가 우리나라 기업들의 성장 동력에 제동을 거는 경우도 생길 수 있다는 점은 고려해야 하지 않을까 싶다. 특히 신규 사업을 펼치는 기업은 일정 기간 동안 집중적으로 모든 역량을 투입해야 하는 시점이 반드시 찾아온다. 이때 모든 임직원이 합심해 밤낮없이 노력해도 성공할 수 있을지 미지수인데, 근무시간 제도를 경직되게 운영하면 신규 사업 추진에 제약이 따를 수밖에 없다. 또한 이는 한창 일을 배우고 실력을 키워야 할 젊은 직장인의 발목을 잡을 수도 있다. 일을 많이 할수록 역량이 발전하고 성장하게 되는 게 세상의 이치다. 나는 수없이 많은 일을 하면서 그것을 온몸으로 체득했다. 따라서 개인적으로는 더 일하기를 원하는 기업과 사람은 그 길을 열어주면서 제도를 유연하게 운영할 필요가 있다고 본다.

헌신의 자세

현대제철이 당진제철소를 건설하는 동안 나를 비롯한 현장의 임직원 모두는 어엿한 일관제철소를 성공적으로 건설하겠다는 일념으로 헌신했다. 이때 일관제철소를 이미 경험했던 포스코 출신 고문들은 워낙 많은 업무량과 바삐 돌아가는 속도에 혀를 내둘렀다. 그들은 현장을 지휘하던 내게 종종 이렇게 말했다.

> "포스코 시절보다 일을 3배는 하는 것 같지만, 느끼는 보람
> 도 3배군요."

모름지기 일이 힘들고 어려울수록 성취했을 때의 보람은 더욱 큰 법이다. 사람은 그런 과정을 반복하면서 성장하고 발전한다. 나는 회사에서 미션을 받으면 그것이 무엇이든 받아들였고, 어떤 임무에서도 성과를 내고자 했다. 개인적으로 나는 한국의 우주개발

사업에 기여하고 싶다는 열망이 있었지만, 내가 몸담은 기업이 다른 곳에서 나의 재능과 역량을 필요로 한다면 기꺼이 응했다. 그 결과 나는 현대의 30년 숙원인 제철 사업의 성공에 크게 기여했다. 이 과정에서 내가 얻은 것은 이전에 상상도 할 수 없었던 수많은 값진 경험과 자부심이었다. 이는 나 자신을 모두 내던지는 '헌신'의 정당한 대가였다.

인생의
두 가지 좌우명

나는 평생 한결같이 지키려고 노력한 두 가지 좌우명이 있다. 두 가지 모두 일과 사람에 대한 나름의 원칙이다.

한결같은 사람이 되자

첫 번째 좌우명은 '한결같은 사람이 되자'다. 세상에는 자신이 상대하는 이와의 역학관계나 친분에 따라 다른 태도와 언행을 일삼는 사람이 꽤 많다. 강한 사람에는 고개를 숙이고, 약한 사람에게는 함부로 대하는 것이다. 때와 장소에 따라 카멜레온처럼 변신하면서 자신을 숨기는 사람도 드물지 않다. 특히 조직에서 상사의 눈에 들면 진급이나 처우 등에서 여러모로 이익을 누릴 수 있으므로, 직장인은 아무래도 윗사람에게 잘 보이려고 애쓰거나 아부하는 행동을 하게 된다.

인간은 사회적 동물이므로 수많은 타인과 서로 다른 관계를 맺어가는 것이 자연스러운 본능인지도 모른다. 물론 나에게도 친구나 가족을 만날 때나 비즈니스 관계로 만날 때 태도나 말투, 눈빛이 달라지는 면모가 분명 존재할 것이다. 하지만 나는 달라지는 태도의 기준이 내 이익이 되지 않도록 노력했다. 어째서 그러한 마음을 품게 되었는지는 알 수 없다. 아주 어릴 때부터 나는 한결같은 사람이 되기를 원했고, 어떤 사람을 만나든지 솔직하게 대하는 것이 내 방식이었다. 그래서 학창 시절에는 선배들에게 버르장머리가 없다는 말도 자주 들었다. 가끔 손해를 보는 경우도 생기곤 했지만, 그렇다고 나의 천성을 숨기며 살고 싶지는 않았다.

직장생활을 하면서도 마찬가지였다. 윗사람을 대하는 방식과 아랫사람을 대하는 방식, 그리고 비슷한 직급이나 나이의 동료를 대하는 방식이 별반 다르지 않았다. 늘 먼저 상대방의 이야기를 주의 깊게 들었고, 그러고 난 다음에 솔직하게 내 생각과 의견을 말했다. 이러한 태도는 정몽구 회장을 대할 때도 마찬가지였다.

간혹 후배나 부하 직원에게 "행여 내가 다른 사람처럼 보이면 이야기를 해달라."라고 당부하기도 했다. 여기에는 그럴 만한 이유가 있었다. 아무래도 윗사람은 아랫사람을 대할 때 긴장이 풀리고 느슨해져서 흐트러진 모습을 보이기가 쉬워진다. 반대로 아랫사람은 기본적으로 윗사람에게 잘보이려 하므로 솔직한 심경을 잘 드러내지 않게 된다. 결국 어떤 사람의 인격과 본심은 윗사람보다 아랫사람이 보았을 때 더 잘 보이게 된다. 늘 한결같은 모습을 유지하려고 했지만, 사람인 이상 나도 실수를 할 수 있었다. 그래서 내 주변의 아랫사람들을 거울로 삼아 누가 보더라도 '우유철은 한결같은 사람'으로 여겨지기를 바랐다.

칼자루를 쥐어라

두 번째 좌우명은 '칼자루를 쥐어라.'다. 이는 좌우명이라기보다는 일을 수행하거나 인간관계를 맺을 때 지켜온 나름의 신조라 할 수 있다.

'칼자루를 쥔다'는 것은 다시 말하면 주도권initiative을 갖는다는 의미다. 여태껏 나는 일을 하면서 난관과 고비를 헤쳐나가야 할 일이 많았다. 그때마다 내 소신껏 대응하기 위해서는 반드시 주도권을 쥐고 있어야 했다.

주도권이란 갖고 싶다고 해서 마냥 가질 수 있는 것이 아니다. 주도권을 쥐기 위해서는 기본적으로 뛰어난 업무 능력과 헌신하는 태도를 갖춰야 한다. 그런데 이보다 중요한 것이 있다. 바로 무슨 일을 대하더라도 스스로 떳떳하고 당당할 수 있어야 한다는 점이다. 만약 내가 누군가에게 약점을 잡힌다면 칼자루는 고사하고 칼끝을 쥐고 있는 형국이 된다. 그러면 내 고삐를 상대에게 내준 채 일방적으로 끌려 다니게 된다.

과거 내가 현대제철 부회장으로 재직하던 시절에 여러 지인이 이런저런 이유로 도와달라고 부탁하는 경우가 종종 있었다. 그때마다 나는 단칼에 거절했다. 그런 부탁을 한번 들어주기 시작하면 나중에 공과 사를 분별하지 못하게 되기 때문이었다. 그래서 지인들에게 욕을 먹더라도 나는 떳떳해지는 길을 택했다.

조직에서 어떤 일을 할 때는 결코 개인적인 사리사욕을 앞세워서는 안 된다. 당장은 본인에게 이득이 생기더라도 나중에 반드시 내 목을 옥죄는 고삐가 되어 돌아온다. 늘 하늘을 우러러 부끄러움이 없어야만 칼자루를 쥘 수 있는 법이다.

조직의 실력을
키우는 방법

기업의 성과는 결국 '사람'이 만들어낸다. 그래서 나는 경영자로서 무엇보다도 사람을 가장 중시했다.

실력을 갖춘 사람은 어느 조직에서나 인정받는다. 나 역시 인재를 뽑을 때 첫 번째 덕목으로 실력을 꼽는다. 따라서 신입사원이나 경력사원을 채용할 때는 지원자가 해당 업무에서 얼마나 실력을 갖추었는지를 가장 먼저 보게 된다. 하지만 진짜 실력은 지원서나 자기소개서에 적힌 학력과 스펙, 경력만으로 드러나지 않는다. 이는 회사에 입사해 업무를 수행하는 과정에서 드러나는 법이다.

뽑지 않으면 실력을 알 수 없고, 실력을 모르면 뽑을 수가 없다. 이러한 모순을 조직은 대체 어떻게 해결해야 할까?

구슬이 서 말이라도 꿰어야 보배다

나는 관리자와 경영자를 거치면서 많은 직원들을 직접 영입하거나 채용에 관여했다. 그렇게 나와 함께 일한 이들은 대부분 우수한 두뇌와 뛰어난 업무 능력, 조직에 대한 책임감을 갖춘 인재들이었다.

그런데 나는 처음부터 그러한 실력을 갖춘 이들을 뽑으려 한 것이 아니었다. 나는 '개인의 실력이 얼마나 뛰어난가?'에 주목하지 않았다. 내가 초점을 맞춘 것은 '이들과 함께 어떻게 하면 조직의 실력을 극대화할 수 있을 것인가?'였다.

나는 30대 중반 무렵부터 부서장을 맡기 시작했고, 그래서 일찌감치 조직의 실력을 키우는 데 더 많은 관심을 기울이게 됐다. '구슬이 서 말이라도 꿰어야 보배'라는 말처럼, 직원 개개인의 실력이 아무리 우수하더라도 그것이 조직의 실력으로 이어지지 않는다면 아무런 소용이 없다. 개인의 실력을 조직의 실력으로 통합하고 승화해야만 의미가 있다.

이런 역할을 맡을 책임은 간부나 중역, 경영자에게 있다. 구성원을 뽑을 때는 처음부터 조직의 성장을 염두에 두고 가능성이 보이는 이를 선발해야 하며, '뽑고 나면 끝'이 아니라 선발된 구성원이 성장함으로써 조직의 성장에 보탬이 될 수 있게 지도하고 관리해야 한다.

임파워먼트: 조직의 실력을 끌어올리는 방법

현대우주항공에 몸담았던 시절, 어느 교육컨설팅 업체가 리더십을 주제로 우리 회사에서 강연을 한 적이 있었다. 그때 '재즈팀 리더십'이라는 개념을 접했다. 팀 구성원 각자가 솔로로서도 프로페셔널할 뿐 아니라, 합을 맞춰 콘서트를 하면 더욱 훌륭해진다는 내용이었다. 이 개념은 내가 추구하는 인재 육성 방안과 잘 맞아떨어진다. 먼저 개인의 역량을 극대화시키고, 이들을 이끌어 조직의 역량도 끌어올리는 것이다. 나는 기업의 최대 목표는 인재를 키워 그 인재가 천 명을 먹여살리는 전문가로 성장하게 만드는 것이라고 보았다.

이를 위해서는 먼저 구성원의 성장 욕구를 자극해야 했다. 사람이라면 누구나 지금보다 더 나은 자신이 되고 싶어 하는 본능적인 욕구가 있다. 이를 자극해주면 스스로 목표를 세워 자발적으로 움직이게 된다. 여기에서 활용할 수 있는 강력한 방법 가운데 하나가 임파워먼트Empowerment다. 구성원에게 비교적 중요하고 어려운 과제를 맡긴 다음 일정한 권한을 위임하는 것이다. 그러면 그 구성원은 스스로 책임감과 사명감을 갖고 실행에 나설 가능성이 커지게 된다.

내가 부하들에게 임무를 맡길 때 하는 말이 있다.

"당신을 믿고 맡기는 일입니다. 필요한 모든 것을 다 지원해 줄 테니, 소신을 가지고 임무를 완수하기를 바랍니다."

상사에게 이러한 지시를 받은 부하는 임무를 완수하기 위해 자신의 모든 역량을 쏟게 된다.

사실 이는 정몽구 회장이 나를 대한 방식과 같다. 정몽구 회장의 뜻에 따라 나는 철강 분야에 새롭게 진입했고, 시간이 지나며 맡은 업무의 분야와 범위가 계속해서 바뀌었다. 그리고 그때마다 더 크고 많은 권한과 책임을 부여받았다. 나는 정몽구 회장이 지시한 임무를 완수하고자 혼까지 바쳐 최선의 노력을 다했다. 그리고 내 경험상, 이렇게 맡은 미션을 완수하여 얻는 희열은 그 어떤 행복보다도 만족감이 컸다.

조직을 구성하는 인원이 많아질수록 권한 위임은 불가피해진다. 나는 큰 규모의 조직을 운영할 때는 믿을 만한 부하 직원들에게 권한을 위임하면서 그들의 의사결정 수준이 나와 같은 시선까지 올라올 수 있도록 독려했다. 그러면 자연스럽게 조직 전체의 실력이 향상됐다.

조직 성장의 린치핀, 경청과 소통

임파워먼트는 이미 그 효과가 충분히 검증된 인적자원 개발 방법론이다. 그러나 실제 기업 현장에서 활용하기란 마냥 쉽지 않다. 권한을 위임해야 할 상사가 부하를 믿지 못하거나, 독단적인 사고에 갇혀 부하에게 자율권을 부여하지 않는 경우가 많아서다. 그래서 임파워먼트의 가장 중요한 전제는 '상사와 부하 사이의 소통과 신뢰'다.

나는 부하 직원들과의 접촉과 소통을 무엇보다 중요시했다. 내 이야기를 꺼내기 전에 먼저 그들의 생각과 의견을 잘 듣고 존중했다. 이러한 태도를 가지게 된 데는 어린 시절에 감명 깊게 읽은 책 하나가 큰 영향을 미쳤다. 독일의 동화작가 미하일 엔데Michael Ende의 작품 『모모』인데, 주인공인 모모는 남의 이야기를 잘 들어주는 재주로 여러 가지 문제들을 해결해가곤 했다. 어린 시절이었지만 나는 이 책을 통해 인간관계에서 일어나는 일들을 해결하는 데 경청하는 태도가 중요하다는 것을 알게 됐다.

상대의 말을 경청하려면 우선 상대가 말을 꺼내는 데 어려움이 없어야 하는 법이다. 이는 상사와 부하 관계뿐만 아니라 수평적인 관계에서도 마찬가지다. 구성원 간에 벽이 낮아야만 의견 개진과 협력이 잘 이뤄질 수 있고, 궁극적으로 조직의 성과가 높아질 수 있다.

벽을 낮추고 팀워크를 끈끈하게 만드는 방법으로 내가 자주 활용한 수단은 '회식'이었다. 어쩌면 올드 스타일이라고 할 수도 있겠지만, 사실 회식은 소통에 무척 효과적인 방법이다. 회식의 효과를 눈으로 확인한 것은 첫 직장인 현대중공업 울산조선소에서였다. 실적 미달로 크게 야단맞은 팀이 있으면 부장은 꼭 퇴근 후에 그 팀 전체를 불러 밥을 사주었다. 한 사람 한 사람마다 무슨 사정이 있는지 듣고, 또 위로와 격려의 말을 전했다. 덕분에 팀의 사기는 유지되었고 다음에는 좋은 실적을 올리곤 했다.

요즘 젊은 직장인 사이에는 회식을 기피하는 문화가 널리 퍼져 있음을 알고 있다. 이들에게 회식은 소통의 순간이 아니라 사적인 시간을 빼앗는 구습이 됐다. 시대가 바뀌며 조직의 구성원이 바뀌는 것도, 이전 세대와 다음 세대의 문화가 달라지는 것도 어쩔 수 없는 일이다. 하지만 달라지지 말아야 할 것이 있다. 리더라면 반드시 구성원 간의 소통을 원활하게 만들기 위한 방법을 찾아내고 적용해야 한다는 점이다.

조직을 효과적으로 운영하려면 구성원들 간에 서로 알고 소통하는 것이 매우 중요하다. 일단 테이블 위에 올라온 문제는 어떻게든 조직이 해결 방법을 찾아 개선해나갈 수 있다. 그러나 숨겨진 문제는 무엇이 잘못된 것인지도 알 수 없고, 따라서 해결책조차 찾아낼 수 없다. 조직에서는 사소한 문제가 알려지지 않은 채 방치되다가 시간이 지나서 발목을 잡거나 엄청난 비용을 들여 해결해야 하는 경우가 왕왕 일어난다. 따라서 리더라면 어떤 문제에 관해서건 드러내놓고 대화할 수 있는 조직문화를 만들어야 건전하고 능력 있는 조직을 꾸릴 수 있다. 과거의 스타일대로 할 수 없다고 해서 손을 놓으면 책임을 소홀히 하는 것이다. 조직 관리와 조직 역량 강화는 아무리 시대가 변해도 리더의 필수적인 임무다.

개인의 성장을 조직의 성장으로

나는 건강한 조직을 만들기 위해서는 개인의 발전과 회사의 발전이 함께 이뤄져야 한다고 생각한다. 회사는 발전하는데 개인은 도태된다면 구성원들 사이에 불만이 쌓일 수밖에 없다. 반대로 개인은 성장하는데 회사는 침체된다면 조직의 존립이 위협받게 된다. 개인의 발전과 회사의 발전은 동기화Synchronized되어 함께 발전해야 하고, 그 방법을 찾는 것은 리더의 주요한 임무다.

나는 마지막 직장인 현대로템에서 부회장으로 재임하던 중에도 개인과 회사의 동반 발전을 위한 방법을 모색했다. 그 한 가지 예가 자발적 참여로 운영되는 '디지털 학습조직'이라는 공부 모임을 만든 것이다.

2010년대 이후 국내 기업들 사이에 '디지털 전환'이 커다란 화두가 됐다. 디지털 기술을 도입함으로써 기업의 사업 구조와 운영 방식을 혁신하자는 움직임이 생겨난 것이다. 그러나 내가 현대로템 부회장으로 부임한 2018년 무렵에도 실질적인 변화는 거의 일어나지 않았다. 디지털 전환은 회사가 장비나 시스템을 도입하고 구축하는 것만으로는 완성되지 않는다. 조직 구성원이 디지털 기술을 습득하고 적극적으로 활용하자는 마인드를 갖춰야만 실질로 이어질 수 있었다.

나는 디지털 학습조직을 만듦으로써 디지털 전환의 기반을 만들어보려고 했다. 그래서 우리가 가장 처음 학습하기로 한 것은 '파이썬Python'이었다. 파이썬은 널리 이용되는 프로그래밍 언어로, 비교적 배우기가 수월한 편에 속한다.

파이썬을 선택한 데는 과거의 내 경험이 작용했다. 나는 서울대학교 대학원에서 석사 과정을 밟던 1980년대 초반에 처음 컴퓨터를 사용했다. 이때 컴퓨터 사용 능력을 익힌 덕분에 현대중공업에 다닐 때 국내에 처음 보급되기 시작한 초창기 퍼스널 컴퓨터Personal Computer, PC인 IBM 5550 모델을 자유자재로 다룰 수 있었다. 당시 우리 부서에서 컴퓨터를 사용할 수 있는 사람은 내가 유일했고, 컴퓨터로 회사의 업무 효율을 크게 개선하여 좋은 평가를 받았다. 이와 마찬가지로, 디지털 전환 시대에 직원들이 파이썬을 배워둔다면 반드시 커리어에 도움이 될 것이라 생각했던 것이다.

그런데 학습조직을 운영하다 보니 회사 내에 파이썬 고수들이 생각보다 많다는 것을 알게 됐다. 그들은 개인적으로만 파이썬을 이용하고 있었는데, 공부 모임을 계기로 동료 직원들에게 프로그래밍을 가르치게 됐다. 그 결과 공부 모임에 참여한 직원 모두가 파이썬을 활용할 수 있는 실력을 갖추게 됐다. 개인의 성장을 도모하기 위한 자발적인 참여 모임이었지만, 결국 효과는 조직의 단합과 실력 향상으로 이어진 것이었다.

네 돈이면
하겠냐?

나는 회사에서 꽤 오랜 세월을 중역으로 지냈다. 2000년에 현대모비스 이사대우로 승진한 이후 2019년 12월 현대로템 부회장으로 퇴임할 때까지, 햇수로 20년을 중역으로 보낸 셈이다.

중역의 본질

중역이란 의미상으로는 '책임이 무거운 역할'을 의미하고, 회사에서는 사장, 이사 등의 임원을 가리킨다. 전략, 사업, 인사, 재무, 기술, 영업 등을 담당하는 중역들은 각자 맡은 분야에서 충실하게 업무를 수행하는 동시에 오너 경영자나 최고경영자의 의사결정 과정에서 필요한 정보와 적절한 조언을 제공해야 한다. 일종의 참모 역할을 하는 셈이다. 사업과 경영에서 회사의 명운에 영향력을 미칠 수 있는 자리이니 실로 그 역할과 책임이 막중하다. 현대나 삼성 같은 국내 대표 기업들의 성장 과정을 보면 훌륭한 중역들의 역할이 컸음을 확인할 수 있다.

중역의 본질은 회사의 소유주 또는 주주들의 의사결정 과정을 위임받은 '대리인'이다. 그들이 직접 회사의 모든 일을 관장하기 어렵기 때문에 중역을 선임해 주요 임무를 맡기는 것이다. 따라서 중역은 그 임무를 받들어 올바른 결정을 내릴 의무가 있다. 하지만 현실에서 중역들은 최고 의사결정자가 어떤 결정을 내리거나 지시를 내리면 그것이 옳든 그르든 무조건 따르는 경우가 드물지 않다.

만약에 최고 의사결정자가 명백하게 잘못된 결정을 내렸다면 중역은 어떻게 해야 할까? 예를 들어 최고 의사결정자가 큰돈이 투입되는 신규 사업 추진을 결정했다고 하자. 하지만 그 사업은 외부 차입도 많이 해야 하고 성공할 가능성이 매우 불투명하다. 이때 중역의 올바른 태도는 반대 의사를 표시하는 것이다. 물론 현실적으로 쉽지 않은 일임은 분명하다. 이때 용기의 지렛대로 삼을 수 있는 질문이 있다. 바로 "네 돈이면 하겠냐?"다.

중역의 자격: 주인의식

오랜 기간 중역으로 지내면서 내가 항상 마음에 새겨둔 원칙이 있다. 어떤 사업을 시도하는 결정을 내리기에 앞서 '과연 내 돈이라면 이 사업을 할 것인가?'라는 질문을 꼭 자신에게 던져보는 것이다.

이와 관련해 이야기하고 싶은 사례가 '한보 사태'다. 한보그룹 창업주인 정태수 회장은 세무공무원으로 일하다 사업가로 변신한 인물이었다. 그는 광산업으로 출발하여 아파트 건설업으로 큰돈을 벌며 사세를 확장했다. 이때 그는 한보그룹을 키우는 과정에 필요한 자금을 외부 차입에 크게 의존했다. 빚으로 사업한 셈이었다. 그러다가 결국 대규모 부채를 견디지 못하고 부도를 냈다. 이는 1997년 한국을 덮친 외환위기의 시발점이 됐다.

우리나라 경제는 1980년대에 고도성장을 경험한 뒤 1990년대 초중반까지도 높은 경제 성장률을 이어갔다. 당시에는 '무슨 사업이든 벌여만 놓으면 돈을 벌 수 있다.'라는 인식이 사회 전체에 만연했다. 정태수 회장이 차입에 의존해서라도 사업을 확장한 배경이다. 하지만 그는 기업을 키우고 싶은 의욕만 앞섰지 리스크 관리에는 별로 신경을 쓰지 않았다. 그 결과가 외환위기라는 부메랑으로 돌아와 국내 기업들을 강타했다.

앞서 말했던 것처럼 나는 파산한 한보철강을 현대가 인수하는 과정에 깊이 관여했다. 당시 한보철강 사장실을 방문했는데, 값비싼 사무용 가구가 비치되어 있을 뿐 아니라 개인용 목욕탕까지 설치되어 있었다. 나는 '한보그룹 중역은 온갖 호화를 즐기며 속 편하게 일했겠구나.' 하는 생각을 했다. 그들은 중역이라는 막중한 책임을 어깨에 지고 있었음에도 회사가 망한 데 대해 어떤 책임도 지지 않았다. 정태수 회장만 횡령 혐의로 재판받았고, 그마저도 도중에 해외로 도피했다.

중역은 최고 의사결정자의 결정을 추종하기만 하면 자기 자리도 지키고 월급도 꼬박꼬박 챙길 수 있다. 하지만 자리나 월급에 앞서 본인의 책임과 의무를 다하는 것이 중역이 해야 할 일이다. 회사의 경영과 사업에 관해 주인의식을 가지고 책임을 지는 자세가 필요하다는 것이다.

특히 전문경영인이라면 자신에게 위임된 권한을 바탕으로 최선의 경영을 해야 한다. 회사의 이익에 반하지 않고, 국가의 이익에 반하지 않으며, 이해관계자Stakeholder 모두 이익에도 반하지 않아야 한다. 이를 위해서는 전문경영인 자신이 최선의 경영을 하고 있다는 확신을 오너, 주주, 임직원, 고객, 협력업체, 관련 기관 등 모든 이해관계자에게 주기 위해 철저히 자신을 단속하고 관리해야 한다.

반대로 기업을 경영하는 사업가라면 중역을 선임할 때 자신과 운명을 같이할 수 있을 만큼 책임감을 가진 파트너를 찾아야 한다.

올바른 결정을 내릴 수 있도록 직언과 고언을 아끼지 않고, 회사의 사업을 자기 사업처럼 생각할 줄 아는 사람만이 진정한 중역의 자격이 있다.

리더의 본질은
의사결정에 있다

기업의 최고경영자가 수행해야 할 가장 중요한 업무는 무엇일까? 바로 '결단'이다. 조직의 리더가 가져야 할 가장 핵심적인 역할은 옳은 결정을 내림으로써 조직을 이끄는 것이다.

리더의 핵심 역량, 의사결정

기업의 최고 리더는 조직의 철학과 방향성을 설정하고, 전략을 수립하며, 사업 기회를 발굴하거나, 주요 거래처와의 협력 관계를 확립할 수 있어야 한다. 이러한 활동들은 결국 결정을 기반으로 이루어진다는 점에서 모두 의사결정의 영역에 포함된다.

의사결정은 단순히 '판단의 과정'이 아니다. 올바르고 신중한 결정을 통해 타당한 성과로 이어져야 하며, 그 행위 자체는 리더의 역량을 정의하는 주요 척도로 작용한다. 특히 결정의 질과 그 적시성은 리더십의 진가를 가르는 핵심 요소다.

경영자의 어깨에는 최종 결정권자이자 최고 책임자로서의 막중한 책임이 동시에 놓여 있다. 중요한 사안에 있어 결정을 내리는 주체는 리더 자신이며, 그 결과에 대한 책임 또한 전적으로 리더에게 있다.

만약 경영자가 실수로 잘못된 결정을 내린다면, 이는 회사 전체의 존립을 위협할 치명적인 결과로 이어질 수 있다. 무리한 차입과 외형 확장으로 인해 벌어진 한보철강의 실패가 대표적인 예다. 수조 원의 차입을 내어 추진한 한보철강의 당진공장 건설은 자금흐름이 막히면서 유동성 위기를 초래했고, 결국 파산이라는 비극으로 이어졌다.

알고 결정하는 것과 모르고 결정하는 것

내가 조직을 이끌며 중요한 의사결정을 내릴 때는 항상 이러한 기도를 올렸다.

"제발 제가 잘못된 결정을 하지 않도록 해주소서."

내가 섣부른 판단을 하거나 어설픈 결정을 내리면 그 결과는 조직에 심대한 위기를 초래할 수 있었다. 그래서 나는 중요한 사안일수록 최종 결정을 내리기 직전까지도 무척 신중한 태도를 유지하려고 노력했다. 내가 해당 사안을 철저하게 이해하고 파악할 때까지는 결정을 내리지 않았다. 빠른 결정이 언제나 옳을 수는 없는 법이다. 게다가 리더가 그 일에 관해 모르고 결정하는 것과 알고 결정하는 것은 큰 차이가 있을 수밖에 없다.

나는 당진제철소 건설 프로젝트를 맡으면서 중요한 결정을 수없이 많이 내려야 했다. 무려 10조 원이 넘는 초대형 사업의 현장을 진두지휘하는 입장에서 매 순간의 의사결정이 주는 무게감은 말로 표현하기 어려울 정도였다.

나는 제철 사업에서 잇달아 중책을 수행했지만, 처음부터 철강 전문가가 아니었기 때문에 경험이나 지식이 부족했다. 그런데도 의사결정을 내려야 하는 상황이어서 늘 노심초사했다. 이런 나에게 가장 용기를 주었던 사람은 기술 고문이었던 피터 하인리히 박사였다. 그는 내게 "당신 스스로 판단해서 결정할 수 있어야 한다."라고 입버릇처럼 조언해주었다. 진정한 리더라면 의사결정을 내릴 사안에 대해 충분히 파악하고 있어야 함을 일러주었던 것이다. 또 철강 산업을 잘 몰랐던 나에게 "철강산업을 제대로 보려고 노력하면 안목이 생기니까 결코 노력을 게을리하지 말라."라며 응원해주었다. 그의 조언은 진실로 나에게 뼈와 살이 됐다.

　하인리히 박사에게 가르침을 받은 이후 나는 올바른 의사결정을 내리기 위해 늘 최대한의 노력을 기울였다. 많은 전문가들의 의견을 경청했고, 필요한 정보를 광범위하게 조사했으며, 합리적인 판단 과정을 거쳐 최종 결정을 내렸다.

CEO는
첫 번째 영업사원

기업의 사명은 사업을 펼쳐 이윤을 창출하는 것이다. 그리고 경영자는 경영 실적으로 평가받는 사람이다. 따라서 CEO는 마땅히 '영업'을 중시해야 한다. CEO랍시고 사무실에만 들어앉아 조직 관리에만 몰두하면 돈을 벌 수 있는 사업 기회를 포착하기가 어렵다. 외부 활동도 활발히 하면서 비즈니스 인맥을 구축하고 활용하다 보면 생각지도 못한 곳에서 기회를 얻을 수도 있다.

현대와 삼성의 제휴를 성사시키다

현대제철 대표이사 부회장 시절에 나는 삼성그룹 계열사들에 우리 철강재를 공급하는 계약을 직접 성사시킨 적이 있다. 사실 현대와 삼성이라고 하면 국내 재계에서는 라이벌 관계로 유명하다. 하지만 비즈니스는 비즈니스다. 서로 경쟁하는 관계에서도 사업적으로 타당성이 있으면 거래를 트는 것이 비즈니스의 세계다.

삼성그룹 계열사들에 현대제철 제품을 공급하는 계약을 성사시킨 데는 당시 김종호 삼성전자 사장과의 만남이 크게 작용했다. 김종호 사장은 삼성전자에서 제조기술센터장과 글로벌기술센터장 등을 역임하며 삼성 스마트폰을 세계 1등으로 성장시키는 데 크게 기여한 인물로 평가받는다. 그는 삼성전자에서 최고의 제조공정 효율화 전문가로 꼽혔다. 삼성전자가 운영하는 여러 공장에서 제조공정의 효율성을 높여 비용 절감과 생산성 확대를 이끈 주역이 김종호 사장이었다.

삼성전자가 충청남도 아산 탕정에 삼성디스플레이 공장을 지을 때였다. 거대한 공장을 건설하려면 철강재를 조달해야 한다. 당시 김종호 사장은 이 문제를 협의하기 위해 현대제철 인천공장을 방문했다. 그 소식을 들은 나는 직접 인천공장으로 달려가서 그를 영접했다.

삼성전자의 대규모 공사는 주로 삼성엔지니어링이나 삼성건설 등 계열 건설사들이 수행한다. 그 건설사들은 건설에 필요한 철근 등을 우리에게 발주하곤 했다. 즉 삼성전자는 우리에게 '고객의 고객'인 셈이었다. 우리 영업 파트에서는 우리와 삼성전자는 직접적으로 관련이 없으니 부회장인 내가 굳이 직접 가서 영접할 필요는 없을 것이라고 조언했다.

그러나 내 생각은 달랐다. 김종호 사장은 평사원으로 입사해 삼성전자 CEO 자리에까지 오른 입지전적인 인물이었다. 익히 그에 관해 알고 있던 나에게 이번 만남은 업체 간에 일어나는 그저 한 번의 거래가 아니라, 김종호라는 인물과 시작하는 사업적 인연이 될 수 있겠다고 판단했다.

비즈니스 프렌드십의 필요성

비즈니스 관계는 어떠한 활동을 통해 참여자 각자의 목표와 이익이 모두 달성될 수 있을 때 발생한다. 만약 여기서 누군가는 이득을 보지만 누군가는 손해를 보는 결과가 나온다면 그 관계는 오래 지속되기 어렵다. 그래서 서로 윈윈할 수 있는 지점까지 합의를 이끌어가는 것이 무척 중요하다.

비즈니스 관계에서 각자의 이익만 주장한다면 합의점을 찾기가 어렵다. 여기에서 필요한 것이 바로 '비즈니스 프렌드십'이다. 비즈니스 프렌드십은 사업적으로 만나는 상대에게 일 외적으로도 배려와 존경심을 갖고 서로 간에 신뢰를 공유하는 것이라 할 수 있다. 상대방이 자신을 속이지 않을 것이라는 믿음이 있다면, 서로가 마음을 터놓고 대화를 나눈다면 솔직한 거래로 합의점에 도달하기가 원활해진다. 돈독한 비즈니스 프렌드십을 맺어 놓으면 당면한 거래뿐만 아니라 앞으로도 좋은 관계를 유지할 수 있게 된다.

나는 김종호 사장에 대한 존중의 마음을 담아 직접 그를 만나러 갔고, 그와 함께 솔직하게 이야기를 나누었다. 그 결과 알게 된 김종호 사장의 최대 관심사는 '공기 단축'이었다.

공사는 크게 E·C·P로 구분된다. E Engineering, 즉 '설계'는 삼성전자가 직접 수행한다. C Construction, 즉 '건설'은 삼성엔지니어링이나 삼성건설 등 건설사가 수행한다. 그리고 P Procurement, 즉 '자재 조달'에서 철강재 공급은 우리 현대제철의 몫이었다. 건설은 일단 자재를 확보하면 일사천리로 진행할 수 있게 된다. 그리고 건설 자재인 철근, 형강, 열연, 후판, 파이프 등은 국내 철강업체 가운데 현대제철만이 유일하게 일괄 조달할 수 있는 품목이었다. 과거에 삼성전자가 공장을 지을 때는 철강재 품목에 따라 여러 철강업체들과 거래하면서 절차와 시간이 많이 걸렸다. 나는 건설에 필요한 철강재를 현대제철이 일괄 공급하면 공기를 단축시킬 수 있다는 점을 들어 김종호 사장과 협의했다. 그 결과 삼성의 탕정 디스플레이 공장 건설에 필요한 철강재 품목을 현대제철이 일괄 공급하는 계약이 성사됐다. 전체 금액은 약 1300억 원에 달했다.

그 후 2016년에 김종호 사장은 삼성중공업의 생산부문장 사장으로 임명됐다. 당시 삼성중공업은 대규모 적자를 내고 있었는데, 구원투수로 김종호 사장을 영입해 조선소의 공정 혁신을 꾀하려고 한 것이었다.

조선소의 선박 건조 과정에는 철강재 중에서도 후판이 대량으로 사용된다. 그런데 삼성중공업은 현대제철과 거래가 없다시피 했다. 대신 포스코와 일본 철강업체에게 후판을 공급받았다. 그들 나름의 이유는 있었다. 후판 수급이 어려워지는 상황이 발생하면 현대제철은 현대중공업에만 후판을 공급하리라 판단한 것이다. 당시 후판 구매 책임자들에게 이 이야기를 들은 김종호 사장은 이렇게 말했다고 한다.

"우리가 애플에 디스플레이를 공급하고 있는데, 삼성 휴대폰을 더 팔려고 애플에 디스플레이를 공급해주지 않으면 비즈니스가 될 것 같습니까? 더구나 현대제철의 우유철 부회장은 내가 잘 아는데, 그는 그렇게 할 사람이 아닙니다."

김종호 사장의 결단 덕분에 현대제철은 삼성중공업에 조선용 후판을 대량으로 공급하는 전기를 마련했다. 그 결과 현대제철은 한때 삼성중공업이 선박 건조에 사용하는 후판의 약 60퍼센트를 공급하게 됐다. 포스코와 일본 업체 등을 제치고 삼성중공업의 최대 후판 공급업체가 된 것이었다. 과거 탕정 디스플레이 공장 건설 과정에서 그를 직접 만나보고자 했던 내 판단이 그와의 비즈니스 프렌드십을 만든 것은 물론이고, 현대제철이 삼성 계열사들과 거래를 확대하는 중요한 계기가 되었던 셈이다. CEO가 회사의 첫 번째 영업사원이라는 마인드를 가져야 하는 이유가 바로 이것이다.

그런 점에서 정몽구 회장의 사례도 언급할 필요가 있을 듯하다. 현대제철이 당진제철소를 건설할 때 가장 중요한 시설인 고로의 시공을 맡은 회사는 SK건설이었다. 어느 자리에서 정몽구 회장이 최태원 SK그룹 회장을 만날 기회가 있었는데, 그때 정 회장은 최 회장에게 다가가 인사를 하며 "고로 건설을 잘 부탁드립니다."라고 말을 건넸다. 본인보다 스무 살은 더 나이가 많은 재계 선배인 현대자동차그룹 회장이 먼저 다가와 고개를 숙였기 때문이었을까, 아니면 일관제철소 건설에 대한 정 회장의 간절한 염원이 전달되었기 때문이었을까. 최 회장은 그 즉시 SK건설 사장에게 전화해 당진제철소 고로 시공을 확실하게 할 것을 지시했다.

나와 정몽구 회장의 사례처럼, 경영자라면 기업의 첫 번째 영업사원으로서 할 수 있는 것은 무엇이든 한다는 자세를 반드시 가질 필요가 있다.

철,
그 이상의 가치 창조

철강업계에 막 진입했을 때 나는 철의 제조에 경험이 없었다. 하지만 철의 사용자 입장에서는 가장 경험이 많은 사람이기도 했다. 건설, 조선, 자동차, 플랜트, 철도, 방산 등 철이 어떻게 사용되는지를 가장 잘 알고 있었다.

철을 소비하는 산업은 저마다 특징이 있다. 각 산업별로 고유한 특성을 파악하고, 고객사마다 철을 잘 사용할 수 있도록 공급하는 것이 철강업체의 역할이라 할 수 있다. 현대제철 CEO로 재직하던 시절에 나는 이러한 의미를 담아 회사의 비전을 직접 만들고 발표했다.

"Engineering the Future beyond Steel(철, 그 이상의 가치 창조)."

여기에는 현대제철이 단지 철강 제조업체에 머물 것이 아니라, 철을 통해서 더 큰 가치를 창조하는 '엔지니어링' 회사로 거듭나고자 하는 뜻을 담아냈다. 이 문구는 지금까지도 현대제철의 비전을 보여주는 말로 쓰이고 있다.

엔지니어 출신 CEO가 필요한 이유

엔지니어링이라고 하면 보통 기계나 설비, 도구를 설계하고 연구개발을 거쳐 실물을 만들어내는 과정이나 학문으로 생각하는 경우가 대부분일 것이다. 엔지니어들 중에도 그런 인식을 가진 사람들이 많다.

그러나 엔지니어링에는 처음부터 시장성과 사업성이 포함되어 있다. 돈이 되지 않는 기술이나 제품을 개발하는 것은 실용적이지 않다는 것이 엔지니어링의 기본적인 태도다. 나는 공학을 공부하고 산업 현장에 들어오면서부터 엔지니어링 업무를 사업성과 연결하여 바라보는 습관을 들였다. 말하자면 엔지니어로 활동하기 시작한 초창기부터 이윤 창출을 목적으로 하는 경영자의 관점에서 일을 바라본 것이었다.

세상에는 다양한 산업이 존재한다. 하지만 크게 보면 제조업,

서비스업, 유통업 등 몇 개의 큰 영역으로 간추릴 수 있다. 나는 공학 박사 출신으로 줄곧 제조업체에서 연구개발 전문가로 일하다가 나중에는 최고경영자를 역임했다. 그런 과정에서 한 가지 느낀 점이 있다. 제조업체의 최고경영자는 엔지니어 출신이 맡는 것이 타당하지 않느냐는 것이다.

우리나라 기업 역사를 되돌아보면 1990년대까지는 상대를 졸업한 사람들이 경영자를 맡는 경우가 많았다. 2000년대 들어 기술 중심 대기업에서 엔지니어 출신 경영자들이 속속 등장하기 시작했지만, 지금도 경영학이나 경제학을 전공한 사람들이 경영자로 활동하는 제조기업이 많다.

내가 제조기업에서 엔지니어 출신이 경영자를 맡는 것이 좋다고 생각하는 이유는 의사결정 면에서 이점이 있다고 보기 때문이다. 제조업체의 기술이나 제품 특성에 관해서는 아무래도 엔지니어가 훨씬 더 전문적인 지식을 가지고 있을 수밖에 없다. 이런 전문성은 크고 작은 의사결정 과정에서 상당히 중요하게 작용할 수 있다. 이는 앞서 말한 '알고 결정하는 것과 모르고 결정하는 것'의 차이에서 온다. 엔지니어 출신 CEO는 스스로 기술 이슈에 대해 정확하게 이해하고 적절한 시점에 정확한 결정을 내릴 수 있다는 점에서 분명한 장점을 지닌다.

반대로 엔지니어가 아닌 경영자는 기술 이슈와 관련한 결정을 내릴 때 기술적인 문제를 속속들이 알지 못하니 중요한 결정을 내릴 때도 참모들의 견해를 참고할 수밖에 없다. 이때 기술 분야를 담당하는 참모진의 전문성이 뛰어나고 책임감도 강하다면 큰 문제가 없을 수 있다. 그럼에도 최고경영자가 중요한 기술 이슈를 잘 아느냐 모르느냐는 결정의 질에 중대한 영향을 미칠 수밖에 없다.

연구개발을 중시한 정몽구 회장의 안목

기업에서 미래를 확실하게 담보할 수 있는 투자는 연구개발에 대한 투자다. 그리고 나는 정몽구 회장이야말로 이 사실을 대한민국에서 가장 잘 인식하고 있는 경영자였다고 생각한다. 내가 거쳤던 현대정공, 현대우주항공, 현대모비스, 현대로템, 현대제철 등 현대자동차그룹의 모든 계열사가 기술연구소를 운영하고 있었다. 특히 현대자동차와 기아는 남양연구소 등 R&D 분야에 1만 5000여 명의 연구 인력이 근무하고 있다. 이러한 경험을 통해 정몽구 회장은 연구소 인력을 우대하고 연구개발 업무를 매우 중시하는 경영자라는 것을 알게 됐다.

나는 현대제철 이전에 근무했던 계열사에서 줄곧 기술연구소 소속으로 연구개발 업무를 맡았다. 덕분에 엔지니어들에게 연구개발에 필요한 시설이 갖춰진 연구소가 얼마나 중요한지는 누구보다 잘 알고 있었다. 그래서 당진제철소 건설 프로젝트에 관여한 이후 현대제철이 뛰어난 경쟁력을 가진 철강기업으로 도약하려면 제대로 된 기술연구소를 갖추는 일이 시급하다고 판단했다.

마침 정몽구 회장도 같은 생각을 하고 있었다. 그는 한보철강 인수 작업이 완료되고 일관제철소 건설 사업에 들어가면서 철강 기술을 연구할 연구소 설립을 지시했다. 현대자동차 남양연구소는 현대자동차그룹이 세계적인 자동차 메이커로 도약하는 데 크게 뒷받침했는데, 정몽구 회장은 이를 모델로 현대제철 기술연구소를 구상했다. 아울러 당진제철소 완공 전에 자동차용 고급 강판을 생산할 수 있는 핵심 기술을 확보할 것도 당부했다. 그렇게 해서 당진제철소 기공식이 열리기 한 달 전인 2006년 9월, 당진공장에 현대제철 기술연구소가 들어서게 됐다.

정몽구 회장은 연구소가 건립되기 이전부터 연구개발 인력을 확보하는 데 큰 관심을 기울였다. 연구소 공사가 진행되는 도중에도 당진공장을 방문하면 당시 연구소장이었던 내게 수시로 야단치듯 말했다.

"이봐, 연구소 짓고 나면 비워둘 거야? 빨리 연구개발 인력을 뽑아야지! 우수한 엔지니어가 많아야 회사의 미래도 밝아지는 법이야."

철강업계의 판을 바꾼 현대제철 기술연구소 설립

내가 현대제철에 와서 가장 잘했다고 평가하는 일 중 하나는 기술연구소의 운영 방안과 전략을 확립한 일이다. 현대제철 기술연구소는 처음 시작할 때만 하더라도 연구원 수가 10여 명에 불과했다. 하지만 정몽구 회장의 전폭적인 지원을 받아 인력을 확충하여 600명이 넘는 엔지니어를 두게 됐다.

현대제철 당진제철소가 건설되기 전까지 한국 철강산업의 대표주자는 포스코였다. 철강을 전공한 인재들이 가장 선호하는 기업도, 서울대 금속공학과 출신들이 가장 많이 가는 기업도 단연 포스코였다. 그런데 당시 철강업계는 연구소에서 근무하는 엔지니어들이 중역으로 진급하기가 어려운 풍토를 갖고 있었다. 생산 현장에 나가서 생산 업무를 담당해봐야 중역에 오를 자격을 갖출 수 있었다. 그런 분위기 속에서 현대제철이 기술연구소에 적극적으로 투자하고 연구개발 인력을 우대하자 다른 철강업체가 긴장하지 않을 수 없었다. 국내 철강업계는 기본적으로 연구개발 인력의 저변이 두텁지 않은 편이다. 그런 까닭에 현대제철이 연구개발 인력을 우대하는 정책을 펼치자 다른 철강업체들도 연구개발 인력 유출을 우려해 처우 개선에 나서는 계기가 마련되기도 했다.

요컨대 현대제철 기술연구소의 등장은 철강을 전공한 엔지니어들에게 새로운 기회의 장이 되기도 했지만, 국내 철강업계에 종사하는 전체 엔지니어들의 대우를 한 단계 끌어올리는 촉매제 역할도 한 셈이었다. 여기에 엔지니어 출신이자 현대제철 기술연구소의 초대 소장을 역임한 내가 어느 정도 기여한 것 같아서 상당한 보람을 느낀다.

나의 인재상:
실력, 헌신, 친화력

나는 직장에서 부서장과 중역 생활을 오랫동안 했기 때문에 직원 채용 면접에 면접관으로 들어간 적이 수없이 많았다. 면접을 보는 지원자에게 면접 과정은 부담스럽고 긴장될 수밖에 없을 것이다. 그런데 면접관 역시 면접은 무척 어렵고 힘든 일이다. 사람의 인성과 됨됨이를 짧은 시간 안에 파악해내야 하기 때문이다.

그래서 면접관이 참고하는 정보 가운데 하나가 인상이다. 그 사람의 표정, 옷차림, 말투, 태도, 행동거지 등을 보면 그 사람이 어떤 성격을 가진 인물인지 어느 정도 파악할 수 있다.

직장인에게 여유가 필요한 이유

나는 면접관으로 들어가면 밝고 구김살 없는 인상을 가진 사람에게 먼저 눈길이 가곤 했다. 꾸밈없이 환한 얼굴로 말을 재치 있게 하며 여유를 보여주는 사람에게 호감이 갔다. 직장인은 아무래도 늘 마음에 여유를 가질 필요가 있다. 무언가에 쫓기듯이 행동하거나 잔뜩 긴장하고 있으면 될 일도 안 되는 경우가 비즈니스 중에는 왕왕 벌어진다. '급할수록 돌아가라.'라는 속담이 있듯, 여유로운 자세를 가진 사람이 어려운 상황에서도 잘 대처할 수 있다. 또 사람이 살다 보면 실패를 겪거나 괴로운 일을 당하는 경우도 벌어지는데, 그런 때에 부정적인 감정을 훌훌 털어내고 심리적인 안정을 유지하려면 기본적으로 밝은 성격과 여유로운 마음을 갖고 있어야 한다. 그런 사람들이 회복 탄력성도 좋을 수밖에 없다.

실력이 있는 사람보다 실력을 키우려고 하는 사람

앞서 말했듯 나는 '실력'을 인재의 첫 번째 덕목으로 꼽는 사람이다. 면접을 통과해 회사에 입사하면 그때부터는 조직의 구성원으로서 제몫을 해내야 한다. 회사라는 조직에서 자기 업무와 과제를 충실히 수행하려면 무엇보다 실력을 갖추는 게 급선무다.

그러나 처음부터 무슨 일이든 훌륭하게 해낼 수 있는 사람은 아무도 없다. 정도의 차이는 있겠지만 처음 하는 일은 누구나 서

툴 수밖에 없다. 머리가 똑똑하고 잠재적인 재능을 가진 사람이라도 노력하지 않으면 실력을 배양할 수 없는 법이다. 그래서 나는 인재를 판단할 때는 길게, 멀리 내다보고자 했다. 처음부터 실력을 뽐내는 사람보다 실력을 갖추려고 부단히 노력하는 모습을 보여주는 사람에게 더 믿음과 기회를 주었다.

'하늘은 스스로 돕는 자를 돕는다.'라고 했다. 무슨 일이든지 이뤄내려면 본인 스스로 노력하는 것이 중요하다는 이치를 담고 있는 경구다. 나는 회사생활을 하면서 후배나 부하 직원이 열심히 노력하는 모습을 보면 소매를 걷어붙이고 도와주었다. 업무나 진로 등의 문제로 상의를 구하면 언제든지 성심성의껏 조언을 제공하려고 했다.

내가 직장생활을 하는 동안 함께 일했던 부하들은 대체로 진급을 잘했다. 그들 스스로 열심히 노력한 것이 바탕이 되었지만, 내가 그들의 실력을 인정하고 북돋워주고 평가해준 것이 진급 심사에 상당 부분 반영되었던 것도 사실이다. 보스가 해야 할 아주 중요한 역할 중 하나가 부하들을 진급시키는 것이다. 이는 결국 인재 양성과 맥락이 통하는 말이다. 그렇게 하려면 부하가 최대한 실력을 발휘하도록 동기를 마련해주어야 한다. 이는 부하에게 관심과 애정을 가진 리더만이 할 수 있는 일이다. 나는 실력 있는 인재들을 좋아하고, 그들이 제대로 대접받을 수 있도록 최선을 다했다.

개인의 성장에 그치지 않고 조직에 헌신하는 사람

인재의 두 번째 덕목으로 중시하는 것은 '헌신'이다. 직장인이 자신의 실력을 갈고닦는 것은 어디까지나 조직에 보탬이 되겠다는 목표를 전제로 삼아야 한다. 조직은 안중에 두지 않고 개인의 성장과 영달만 바라는 것은 '배신'이나 다름없다.

나는 직장생활을 하면서 항상 회사에 100퍼센트 헌신하는 자세로 살아왔다고 자부한다. 이는 하늘을 우러러 한 점의 부끄러움도 없는 사실이다. 직장생활 초기부터 연구개발 업무가 본업이다 보니 새롭고 낯선 과제를 수없이 맡아왔다. 그때마다 나는 회사의 기대에 부응하고 나 자신의 기준을 만족시키기 위해 끊임없이 노력했다. 사규에 정해진 출퇴근 시간 같은 것은 내게 의미가 없었다. 일을 제대로 수행하기 위해서라면 개인적인 시간도 아낌없이 내주었다.

요즘 직장인들 가운데는 회사에서 일하는 시간에 딴전을 피우거나, 개인 공부를 하거나, 부업까지 하는 이들도 있다. 그러니 조직의 생산성이 떨어지고 업무 효율이 떨어지는 것이다. 모름지기 높은 성과를 내려면 헌신하는 태도가 반드시 필요하다. 게다가 일에 헌신하고 조직에 헌신하는 사람이 성공하지 못하는 경우는 거의 없다. 조직에 헌신하는 것은 결국 자기 자신을 성장시키는 행위라는 점을 깨달을 필요가 있다.

외톨이가 아닌 모두와 화합하는 사람

인재의 세 번째 덕목으로 중시하는 것은 '친화력'이다. 사회생활은 물론이고 직장생활을 원만하게 하려면 주변 사람들과 친하게 지낼 필요가 있다. 세상을 오직 혼자서 살아간다면 친화력은 굳이 필요하지 않을 것이다. 하지만 회사나 단체 같은 조직에서 생활하는 구성원은 날마다 상사, 동료, 부하 등 많은 이들과 접촉하며 지낼 수밖에 없다. 그들과 함께 팀으로서 성과를 만들어가려면 서로 원활하게 소통하고 협력해나가야만 한다. 실력도 있고 헌신하는 태도를 갖춘 사람일지라도 친화력이 부족하면 조직에서 겉돌게 된다.

사실 요즘 사람들은 타인을 대하기를 무척 꺼린다. 전화벨이 울리는 것조차 두려워하는 현상인 '전화 공포증Call Phobia'이라는 용어가 생겨났을 만큼 타인과의 소통에 어려움을 느낀다. 이런 사람들이 남들에게 다가갈 때 써먹으면 좋은 방법이 있다. 바로 '미소'다. 나 역시 직장생활을 하면서 처음 보는 사람들과 함께 일하게 되는 경우가 꽤 많았고, 처음에는 어색하거나 불편기도 했다. 하지만 그들과 금세 가까워질 수 있었던 것은 미소 덕분이었다.

사람은 사회적 동물이기 때문에 누구나 마음속에 거부당하는 것을 두려워하고 외톨이가 되기를 두려워하는 마음이 있다. 이때 누군가 먼저 웃는 얼굴로 다가온다면 두려움을 내려놓고 조금씩 마음을 열게 된다. 먼저 친근하게 대하는 사람에게 모질게 대할 수는 없는 법이고, 그래서 '웃는 낯에 침 못 뱉는다.'라는 속담이 생긴 것이다. 즉 먼저 웃어줄 수 있는 친화력을 가진 사람은 주변에 우호적인 사람을 여럿 두게 된다. 이는 결국 자신에게도 이로움을 가져다준다.

후진 양성과
소통의 리더십

나는 '사람'에 대한 호기심이 컸다. 어릴 적부터 사람들과 대화하고 소통하며 어울리는 일을 무척 좋아했다. 직장생활을 하면서도 늘 관심은 사람에 있었다. 이러한 호기심은 지위고하를 가리지 않았다. 현대중공업 울산조선소에서 기사로 근무하던 사회 초년생 시절에는 내가 관리하던 현장의 용접사들과 허물없이 어울려 지내며 그들을 유심히 관찰했다. 반대로 내가 평사원 신분임에도 궁금한 것이 생기면 중역의 사무실을 찾아가서 그들과 대화하며 시간을 보냈다.

사람에 대한 내 호기심과 관심은 기본적으로 그 사람에 대한 친근감과 배려를 바탕에 깔고 있다. 그 사람이 어떤 성격을 가졌는지, 무슨 생각을 하고 있는지, 어떤 문제를 고심하고 있는지 등을 알고 싶어 하는 것은 단순한 호기심을 넘어 인간적인 소통과 교감을 하자는 것이었다.

소통을 통해 이루어진 진로 상담

이런 성향은 사회 초년생 시절뿐 아니라 직장생활 내내 지속됐다. 나는 미국 유학을 마치고 서른네 살에 현대정공에 입사한 후 곧바로 한 부서의 책임자로 일하게 됐다. 이후 현대자동차그룹의 계열사들을 거치며 연구소에서 부서장이나 연구소장으로 근무하며 중역으로 일했다. 이 과정에서 여러 후배와 부하들을 만났고, 그들과 인간적인 교류를 나눴다.

당시 나는 후배들에게 진로나 경력 개발에 관한 조언을 해주는 것을 좋아했다. (오죽하면 진로 컨설팅을 전문적으로 해보고 싶은 생각이 든 적도 있었다.) 이런 말을 하면 누군가는 "참 오지랖도 넓다."라고 할지 모르겠다. 하지만 윗사람이 아랫사람의 미래를 위해 조언해주고 도와주는 것은 자연스러운 미덕이 아닌가. 다만 현실적으로 그렇게 하지 않는 윗사람들이 많은 것일 뿐이다.

내가 아랫사람에게 진로 선택과 관련한 조언을 해줄 때 늘 하는 말이 있다.

"먼저 네가 좋아하는 것을 찾아라. 그런 다음에 그것과 함께 펼쳐갈 미래의 비전을 함께 생각해봐라."

당연한 말 같지만, 젊은 사람들은 삶의 경험이 미숙한 경우가 많아 정말로 자신이 원하는 것이 무엇인지 오해하는 경우가 많다. 그러다 보니 스스로 진로를 결정하지 못한 채 부모나 주변 사람들의 이야기에 휘둘리게 되는 것이다.

현대정공 구조연구실장으로 근무하던 초창기에 함께 일하던 한 부하 직원에게 유학을 권유한 적이 있는데, 그는 나의 조언을 듣고 유학을 떠나 박사 학위를 받았고 미국에 정착해 뜻을 펼치며 살고 있다. 바로 미국 휴스턴 SHELL에서 근무하는 정공현 박사다. 그가 잠시 한국에 귀국했을 때 만나 옛 추억을 나눈 적이 있었다. 그때 그는 내게 이렇게 말했다.

"제가 유학을 떠나도록 격려해주신 것을 평생 감사하게 생각하고 있습니다. 제 인생에 가장 영향을 많이 끼친 분이 바로 우 박사님입니다."

후진 양성을 목표로 삼다

나는 매년 연초가 되면 그해의 목표를 정하는 습관이 있다.

1999년 정초 무렵에 세운 목표는 '내가 회사에 다니는 의미를 찾는 것'이었다. 만약 해답을 찾지 못하면 회사를 그만두고 다른 일을 찾겠다고 생각했다. 그리고 나는 그 의미를 연말이 가까워져서야 발견했다. 바로 '후진 양성'이었다.

그 무렵 세상은 많이 어수선했다. 외환위기의 여파가 아직 우리 사회를 짓누르고 있었고, 내가 몸담은 회사인 현대우주항공이 대기업 빅딜 정책의 결과로 한국항공우주산업에 통합되면서 사라지는 상황에 처해 있었다. 그래서 나는 회사에 다니는 의미가 무엇인지 근본적인 질문을 자신에게 던졌던 것이다. 나는 그 답을 후진 양성에서 찾았다. 그와 동시에 내가 직장생활을 이어가야 하는 당위성을 찾지 못해 모호하게 지내던 시간이 끝났다.

어쩌면 그 결론은 자연스러운 것이었다. 이전부터 열심히 노력하는 후배나 부하들의 진로와 경력 계발에 관심을 가져왔기 때문이었다. 내가 지도해준 후배나 부하가 번듯한 프로페셔널로 성장하는 모습을 지켜보는 것은 너무나 흐뭇하고 대견한 일이다. 어찌 의미가 없을 수 있겠는가.

나는 아랫사람을 키우는 방법을 정몽구 회장으로부터 배웠다. 정 회장은 내게 끊임없이 새로운 임무를 부여했다. 여러 가지 미션을 주면서 업무 수행을 통해 내가 성장하게 했다. 한마디로 일 잘하는 사람에게 더 많은 일을 주는 방식이었다. 나 역시 이러한 방식을 활용해 인재를 양성했다. 일을 많이 준 아랫사람 가운데 그 일을 거부하는 사람은 거의 없었고, 어떻게든 완수하려는 의지를 보여주었다. 그들 역시 성장하려는 마음가짐이 준비되어 있었던 것이다.

젊은 세대와의 소통

나는 사회생활의 첫걸음을 떼는 신입사원들에게도 각별한 관심을 기울였다. 우선 활용한 방법은 강연이었다. 2004년에 전무로 승진해 제철 사업에 투입된 이후, 나는 신입사원들이 들어오면 항상 자청해서 신입사원 특강을 열었다. 이는 1년에 두 차례씩, 내가 퇴임할 때까지 계속됐다.

언젠가 특강 중에 신입사원들에게 "세상에서 제일 좋은 회사로 평가받는 곳이 어디라고 생각하느냐?"라는 질문을 던졌다. 가장 많이 돌아온 대답은 '구글'이었다. 이 말을 듣고 나는 그들에게 다음과 같이 말해주었다.

"내가 여러분에게 구글보다 현대제철에서 훨씬 더 성장할 수 있는 기회의 장을 만들어주겠습니다. 내가 노력할 테니 여러분도 열심히 노력하기를 바랍니다."

최고경영자가 된 후에도 나는 젊은 직원들에 대한 관심을 거두지 않았다. 현대제철의 대표이사 사장이 되면서 나는 'CEO와의 대화'라는 사내 프로그램을 열었다. 과거에 평사원이었던 내가 중역들의 사무실에 들어가 이야기를 나누었던 것처럼, 현대제철의 젊은 직원들이 CEO인 나와 함께 허심탄회한 대화를 나눌 시간을 만들고자 했던 것이다. 이 모임에는 한 번에 20명 안팎의 인원이 참가했다. 대화의 주제는 직원들이 직접 정하되, 참석자는 반드시 한 번 이상 발언을 하게 했다. 그래야 모임의 취지를 살릴 수 있기 때문이었다.

'CEO와의 대화'는 젊은 사원들에게도 CEO의 생각을 들을 수 있는 기회였지만, 나에게도 그들의 생각을 들을 수 있는 기회였다. 그들이 회사를 다니는 이유가 무엇인지, 지금 만족하고 있는지, 업무 과정에서 애로나 문제가 없는지 등을 파악하는 것은 전체 조직을 관리하기 위해 반드시 필요한 일이라고 생각했다. 이를 위해서는 참석자들이 마음 놓고 이야기를 꺼낼 분위기를 조성할 필요가 있었다. 첫 모임에 프로그램 담당자인 기획부서 팀장이 배석했는데, 나중에 내가 그를 따로 불러 이야기했다.

"자네가 여기 와서 앉아 있으면 어쩌나? 그러면 직원들이 마음 편하게 이야기를 할 수 있겠어?"

이후부터는 신입인 박희주 매니저에게 간사 역할을 맡기게 했다. 이처럼 젊은 직원들이 윗사람의 눈치를 보거나 주눅 들지 않고 나를 편하게 만날 수 있게 했던 것이다.

현대제철에서 지내던 동안 내가 직원들에게 가장 많이 했던 말 중 하나는 이것이었다.

"여러분이 손 뻗으면 닿는 곳에 내가 있을 테니, 언제든지 찾아와도 됩니다."

나는 직원들과의 소통을 위한 수단으로 술자리를 종종 가졌다. 한창 술자리가 이어지던 중에 간혹 직원의 가족이나 친구에게서 전화가 올 때가 있었다. 그때 직원이 "우리 회사 부회장님이랑 술 마시고 있어."라고 말하면 상대는 믿어주지 않곤 했다. 그러면 내가 화상전화로 연결해달라고 해서 인사를 나누곤 했다.

이처럼 젊은 직원들과의 소통과 교류에 적지 않은 노력을 기울이다 보니 뜻밖의 감동적인 순간을 맞이할 때도 있었다. 오래전에 인연을 맺었던 직원들이 훗날 나를 찾아와서 감사의 뜻을 전달한 것이다.

현대제철은 원래 '인천제철'에서 'INI스틸'로 사명을 변경했다가, 2006년에 당진제철소 기공식이 있던 해에 지금의 이름을 갖게 됐다. 그래서 2006년에 입사한 신입사원들은 '현대제철 1기'라는 자부심이 상당했다. 2021년이 되어 그들이 입사 15주년을 맞이했을 때, 1기 직원들 가운데 곽지훈 책임 매니저를 포함한 직원 세 사람이 나를 찾아왔다.

"입사 15주년을 맞이해 뭔가 보람 있는 일을 해보자고 의논하다가, 우유철 부회장님을 모시고 식사하는 자리를 마련하기로 했습니다. 코로나 시기라 대표로 저희 세 명이 왔습니다."

이때 나는 이미 현대제철에서 퇴직한 이후였다. 뜻밖의 초대에 나는 마음이 아주 흐뭇해졌다. 우리 네 사람은 서울 양재동의 어느 한식당에서 시간 가는 줄 모르고 많은 얘기를 나눴다. 자리를 파하며 그들은 내게 선물을 전달하고는 "부회장님, 20주년 때는 더 많은 동기들이 참석해서 모시도록 하겠습니다."라고 인사를 남겼다. 내 인생에서 참으로 뜻깊은 날이었다.

안전제일:
두 번 다시 겪고 싶지 않은 순간

　　내가 현대제철 CEO로 일하던 시기는 기업의 사회적 책임에 대한 요구가 크게 확산되던 때였다. 그리고 이제는 기업이 경영 활동을 하면서 사회적 책임을 무시하거나 경시해서는 존립 기반 자체가 흔들리게 되는 시대가 됐다. 이러한 흐름의 가운데에 있던 나는 경영자로 재직하던 시절에 '투명 경영', '안전 경영', '준법 경영', 'ESG'를 항상 가슴속에 새겨두고 실천하려고 노력했다. 그리고 이 가운데 내가 가장 많이 고민하고 밤잠을 설쳐야 했던 것은 '안전 경영'이었다.

안전이 '제일'임을 실감한 그날

1983년, 현대중공업에 입사해 울산조선소에 처음 출근하던 날이 떠오른다. 조선소 공장 외벽에 커다랗게 적힌 네 글자, '안전제일'은 수백 미터 떨어진 곳에서도 한눈에 들어왔다. 하지만 나는 안전사고의 책임자가 아니었고 직접 겪은 일도 없었기에 그 문구는 그냥 허공을 떠도는 메아리처럼 느껴졌다.

그런데 20년이 흘러 내가 현대제철 대표이사 사장으로 재직 중이던 2013년 5월, 미국 출장 도중에 회사로부터 긴급한 전화를 받았다. 당진제철소에서 협력업체 직원 다섯 명이 전로 내부에서 설비를 보수하다가 아르곤 가스 누출로 인한 질식 사고로 숨졌다는 소식이었다. 핸드폰 너머로 전해진 비보에 나는 온몸이 굳었다. 나는 출장 일정을 중단하고 즉시 귀국하여 인천공항에서 바로 당진으로 향했다.

사망자들의 시신이 안치된 병원 영안실을 찾아 유가족 앞에 섰을 때 느낀 참담함과 고통스러움을 떠올리면 지금도 온몸이 소스라친다. 내가 다시는 돌아가고 싶지 않은 순간을 꼽으라고 하면 바로 이 사망사고가 발생한 날이다. 그날 이후 '안전제일'이라는 네 글자는 내 머릿속에 지워지지 않을 만큼 깊이 각인됐다.

사고는 불행한 일이었지만 후속 조치는 신속하게 진행됐다. 정몽구 회장은 직접 당진제철소를 방문해서 안전 관련 투자 예산을 5000억 원으로 늘리고 안전관리 인력도 분야별 외부전문가 영입 등을 통해 200명으로 확충하라는 지시를 내렸다. 또한 상설순회 점검반을 운영하여 점검 결과를 주기적으로 고용노동부와 산업안전관리공단, 협력사 및 외주사 등과 공유하게 했다. 안전관리에 있어 현대제철이 최우선적이고 선제적으로 대응하게 하여 현대제철의 안전관리에 관한 이미지를 제고함과 동시에 전 임직원 및 가족들에게 안전한 직장이라는 인식을 확립하게 했다.

안전제일을 실천하는 방법

안전사고는 종종 이해할 수 없는 방식으로 발생한다. 이중, 삼중으로 설치된 안전장치가 공교롭게도 동시에 작용하지 않는 경우가 생긴다. 2013년 5월 당진제철소에서 발생한 사고도 마찬가지였다. 안전장치 세 가지가 한꺼번에 작동하지 않았던 것이다.

정부는 2022년부터 중대재해처벌법을 시행해, 사업주나 경영책임자가 안전 조치를 소홀히 해 중대 산업재해가 발생하면 강력한 형사처벌을 받게 하고 있다. 하지만 이처럼 처벌을 강화해도 안전사고는 그다지 줄어들지 않고 있다. 2023년 제조업 분야의 산업재해자 수는 1,413명으로 전 해보다 4.48퍼센트 증가했다. 건설업 분야 역시 1,108명으로 전 해보다 3,55퍼센트 증가했다.[*] 이러한 통계를 보면 안전과 관련하여 처벌만이 능사가 아니라는 생각을 하게 된다. 안전사고는 사후적인 처벌보다는 사전에 방지하려는 노력이 필요하며, 그 방법은 바로 모두의 안전의식 고취에 있다는 것이다.

재해라는 관점에서 보면 우리 사회는 마냥 안전하지만은 않다. 일상적인 환경 속에서도 위험한 일이 비일비재하다. 안전모도 착용하지 않은 채 두 사람이 전동 킥보드를 타다 사망사고가 일어나는 일이 빈번하다. 여름철 계곡에서 야영하다가 불어난 물에 휩쓸리는 사고도 흔히 일어난다. 우리가 매일 타는 지하철 에스컬레이터를 한번 가만히 살펴보자. 뛰거나 걷지 말고 반드시 레일을 잡으라는 안내가 버젓이 붙어 있음에도 이를 어기는 사람을 어렵지 않게 목격할 수 있다.

산업 현장은 어느 곳이든지 잠재적인 위험 요인이 도사리고 있을 뿐 아니라 실제 사고도 빈번하게 발생한다. 미국 화학기업 듀폰DUPONT과 다국적 에너지기업 쉘Shell plc의 안전 매뉴얼은 세계 표준으로 통한다. 그만큼 산업안전과 관련해서 두 기업은 세계적인 모범이 되고 있다. 하지만 그렇게 안전 규정이 철저한 기업에서도 안전사고가 발생하는 것을 완전히 예방하지는 못한다.

나는 현대제철에서 경영자로 일하면서 노동조합 측에 항상

● 고용노동부, 2023 산업재해현황분석.

294

"안전과 관련해서는 돈을 아낄 생각이 전혀 없으니까 안전한 직장을 위해 무엇이든 제안하세요. 여러분이 원하는 것을 모두 해드리겠습니다."라고 말했다. 아울러 기회가 있을 때마다 직원들과 함께 공장 곳곳을 다니며 안전 점검을 실시하기도 했다. 그러면서 개선점을 발견하고 필요한 조치를 취했다. 하지만 당진제철소 역시 건설 당시부터 안전사고가 종종 일어났다. 처음부터 안전 담당 부사장을 두고 안전 확보에 많은 노력을 기울였지만, 사고를 원천적으로 예방하는 것은 너무나 어려운 일이었다.

안전사고를 예방하려면 결국 사용자와 근로자 모두의 안전의식 수준이 높아져야 한다. 먼저 기업은 산업 현장에서 안전 확보를 위한 모든 조치를 취해야 하고, 근로자는 작업 환경이 안전하지 않다고 생각되면 즉시 작업을 중단하고 개선 조치를 요구해야 한다. 다시 기업은 작업 환경을 적극적으로 개선해야 하며, 이러한 기업의 노력을 정부는 비용으로 인정해주어야 한다.

내가 산업 현장을 떠난 이후 많은 시간이 지났지만, 안전 문제를 생각하면 여전히 마음이 편치 않다. 우리 사회와 산업 현장이 안전한 곳이 되려면 아직 갈 길이 멀었다는 생각 때문이다. 정부와 기업은 물론 산업 현장의 근로자를 포함한 국민 모두가 '안전제일'을 표어가 아닌 생활신조로 삼는 노력을 해야만 안전한 사회를 조금이라도 더 앞당길 수 있을 것이다.

제6장

내가 만난
정몽구 회장

세간의 이미지와는 다른
MK의 진면목

내가 한 사람의 엔지니어에서 현대제철의 CEO가 되기까지, 경영의 가장 큰 스승은 바로 정몽구 회장이었다. 나는 거의 30년에 가까운 세월 동안 정 회장을 아주 가까운 거리에서 지켜보며 배울 수 있었고, 이는 내가 현대제철 CEO가 된 이후에 회사를 경영하면서 정말 큰 도움이 됐다.

정몽구 회장은 현대그룹에서 계열 분리한 현대자동차그룹을 이끌면서 고속 성장을 구가했고 글로벌 시장에서도 빛나는 성과를 달성했다. 사실 2000년에 현대자동차그룹이 출범할 때만 해도 앞날은 불투명했다. 세간에는 현대자동차그룹이 순조롭게 성장하기 어려울 것이라는 전망이 돌았고, 정몽구 회장의 경영 능력에 대해 회의적인 시선을 보내기도 했다. 그러나 정몽구 회장은 현대자동차그룹을 이끈 지 10년 만에 글로벌 빅5 완성차 업체 도약이라는 비전을 실현했다. 나아가 현대자동차그룹이 오늘날 글로벌 빅3의 반열에 오르는 데 결정적인 토대를 구축했다. 연간 180만 대 수준의 자동차 시장을 가진 나라에서 세계 판매량 700만 대를 훌쩍 넘는 세계 3위 자동차회사를 만들어낸 것은 그야말로 대단한 업적이 아닐 수 없다.

게다가 자동차 산업은 우리나라의 대표적인 수출 산업이며, 특히 전후방 연관 산업에 파급효과가 매우 큰 산업이다. 정몽구 회장은 "일자리를 만들어내는 것이야말로 사람이 태어나서 할 수 있는 가장 보람 있는 일"이라는 말을 자주 하곤 했다. 현대제철 당진제철소 건설과 발족을 통해 일자리를 창출하고 지역 경제를 활성화시키며, 자동차 제조업의 수직계열화를 완성하는 위업을 가장 가까이서 함께한 나로서는 그의 말에 백 번 동감하지 않을 수 없다. 현대자동차그룹이 한국 경제에 기여한 바는 이루 다 말할 수가 없다. 그리고 현대자동차그룹의 위대한 도약에 앞서 그 기반을 다진 사람이 바로 정몽구 회장이다.

정몽구 회장은 늘 현장을 중시한 현장 경영의 산증인이었고, 기업의 연구개발에 관해서도 앞선 안목을 가지고 투자를 단행했다.

그렇지만 이처럼 위대한 경영자적 면모와 리더십에도 불구하고 정몽구 회장에 관해 이야기하는 책은 시중에 생각보다 많지 않다. 그 이유는 대중 앞에 자신을 잘 드러내지 않았던 그의 성정에 기인한 바가 크다고 본다.

선대 정주영 회장이 매우 왕성한 대외활동을 한 것에 비해 정몽구 회장은 은둔형 경영자 같은 인상을 주었다. 특별한 일이 아니면 대중이 그의 육성을 직접 들을 수 있는 기회는 별로 없었다. 그의 외모는 무척 다부졌으며, 아주 간혹 미디어를 통해 들을 수 있었던 그의 말투는 조금 눌변에 가까웠다. 그래서 세간에는 정몽구 회장에 대해 좀 투박하고 터프한 인상의 기업인이라는 이미지가 형성되어 있었다. 하지만 한 사람을 제대로 알려면 오랫동안 겪어봐야 하는 법이다. 세상 사람들이 머릿속에 떠올리는 정몽구 회장의 이미지는 실제 그의 모습과는 꽤 거리가 있다.

나는 1991년 현대정공에 입사하면서 정몽구 회장과 처음 인연을 맺었다. 그때부터 여러 업무 수행 과정에서 그와 마주했는데, 2004년 당진제철소 프로젝트에 투입되면서는 거의 매일 정몽구 회장을 만나 보고를 올렸다. 2006년 당진제철소 기공식이 열리고 본격적인 건설 공사가 개시되면서 정몽구 회장은 일주일에 두세 차례씩 당진 현장을 방문했다. 당진제철소 공사가 막바지 단계에 접어들던 2009년 한 해 동안에는 정몽구 회장의 당진 방문 횟수가

100회를 넘어섰다. 이때는 내가 제철 사업 총괄 사장으로 근무할 때인데, 일주일에 두세 번씩 정몽구 회장과 만나 현황을 보고해야 했다. 어떤 때에는 당진 현장을 방문한 정 회장이 하루나 이틀을 묵고 돌아갈 때도 있었다. 그가 현장 경영의 대명사로 불리는 데는 그럴 만한 이유가 있는 셈이다.

이처럼 나는 젊은 시절부터 고위 중역이 될 때까지 정몽구 회장을 가까이서 봐왔기 때문에 그의 진면목을 잘 알고 있다. 그래서 여기서는 내가 직접 경험한 '경영인' 정몽구 회장에 관해 이야기해 보려 한다.

골프와 유람을 즐기는 부자?
머릿속이 오직 '일'로 가득 찬 사람

재벌그룹 회장이라고 하면 흔히 막대한 재산을 가지고 부와 여유를 누리는 사람을 떠올린다. 물론 실제로 그렇게 사는 사람들도 있을 것이다. 하지만 내가 겪은 정몽구 회장은 그런 이미지와는 완전히 딴판인 인물이다.

그는 일을 정말 열심히 했다. 일정도 오직 일에 초점을 맞췄다. 새벽 3시에 일어나 그날의 업무를 점검한 다음 6시면 회사에 도착했다. 그리고 어떤 사업이든 일단 시작하면 성과를 맺기 위해 전력을 기울였다. 늘 일밖에 몰랐기 때문에 주변 참모들이나 고위 경영진들도 상당한 업무 강도에 시달려야 했다. 나 역시 '현대맨'으로 정몽구 회장의 가까이서 직장생활을 하는 동안 감당하기 어려울 정도로 많은 일을 해내야 했다. 일을 완수해야 한다는 사명감이 없었다면 버티기 어려웠을 것이다.

정몽구 회장은 집무실에서 업무를 보거나 중요한 의사결정을 검토하는 시간도 많았지만, 공장, 연구소, 해외 사업장 등 그룹의 사업이 실제로 추진되는 현장을 방문해 현황을 살펴보고 임직원들을 격려하는 시간도 중시했다. 이처럼 업무와 현장 방문에 많은 시간을 할애하다 보니 그는 자신을 위한 시간을 내기가 어려웠다. 특별히 취미도 두지 않고 항상 일에 집중하는 모습을 곁에서 지켜보다 보면 안타까운 마음이 들 때마저 있었다.

오직 고급만 누리는 사람?
몸에 밴 소박함과 소탈함

나는 업무 보고나 회의를 위해 서울 양재동 현대자동차그룹 본사에 있는 정몽구 회장의 집무실을 수없이 방문했다. 그의 사무실은 아주 단출했다. 공간도 그리 넓지 않았다. 본인의 업무용 책상 외에는 회의나 접견을 할 수 있는 테이블과 소파 몇 개만 놓여 있었다. 대기업 회장의 집무실이라는 게 믿기지 않을 만큼 소박했다. 그의 사무실에서 여러 명의 고위 중역들이 모여 회의할 때는 보조

의자를 몇 개 가져와야 할 때도 있었다. 집무실 내에 10명 정도가 모이면 무척 붐빈다는 느낌마저 들었다.

정몽구 회장은 술을 아주 즐겼고 주량도 대단했다. 술은 종류를 따지지 않고 즐기는 편이었는데, 와인이나 위스키도 좋아했지만 소주도 꽤 좋아했다. 사실 정몽구 회장이 좋아하는 분위기는 포장마차에서 소주 한 잔을 걸치는 것이었다. 하지만 얼굴이 알려져 있다 보니 그러기가 어려웠다. 언젠가 정몽구 회장이 당진제철소에 방문했을 때 그는 현장 임직원들에게 가까운 횟집이나 가자고 제안했다. 마침 제철소에서 그리 멀지 않은 곳에 횟집이 하나 있었다. 고급 횟집이 아니라 그냥 길거리에서 흔히 볼 수 있는 조그마한 횟집이었다. 정몽구 회장이 횟집에 들어서며 "회 한 접시 먹으러 왔습니다."라고 말하니까 식당 주인은 깜짝 놀랐다. 재벌그룹 회장이 문을 열고 들어섰으니 놀랄 법도 했다. 독립된 공간도 없는 곳이어서 우리 일행은 홀에 있는 식탁에 둘러앉았다. 횟집은 길거리에서 유리문을 통해 내부가 보이는 구조를 하고 있었는데, 길 가던 사람들이 하나둘씩 횟집 앞으로 모여들어 안을 들여다보기 시작했다. 결국 우리는 식사를 하지 못하고 자리에서 일어설 수밖에 없었다. 그때 정 회장은 "회 한 접시 먹는 것도 쉽지 않구먼. 허허."라며 너털웃음을 지었다.

터프한 카리스마 보스?
의리 있고 인정 많으며 겸손한 성격

정몽구 회장은 언뜻 보면 상당히 터프한 인상으로 보인다. 젊은 시절 럭비 선수로 뛰었던 경력도 있어서 체구도 다부지다. 쉽게 말해 전형적인 '보스' 스타일의 외모를 갖췄다. 외모만 그런 것이 아니라 실제로 그는 최고경영자로서 임직원들을 휘어잡는 강한 카리스마를 지녔다. 한번 화가 나면 불같은 면모를 보이는 적이 많았는데, 중역 가운데는 회장실에 들어가서 30분 이상 호되게 꾸지람을 들은 사람들도 있었다. 나도 예외가 아니었다. 당진제철소 건설 당시 현장에서 시설 관리 문제로 호되게 질책당한 적이 있었다.

그렇지만 알고 보면 정몽구 회장은 정도 많고 친근한 경영자였다. 그는 부하를 야단친 후에 다시 다독거려주기도 했다. 정 회장에게 야단을 맞는 사람은 사실 그가 일을 믿고 맡기는 인재인 경우가 많았다. 신뢰하는 부하가 더 잘하기를 바라는 마음에서 꾸짖었던 것이다. 또 임직원들을 격려하고 북돋우기 위해 식사 자리도 자주 마련했다. 공장이나 연구소, 해외법인 등 사업 현장을 방문하면 거의 빠짐없이 회식 자리를 열어 임직원들과 어울리고 대화를 나눴다.

또 그는 대기업 총수였음에도 상당히 겸손한 모습을 보여주곤 했다. 남들 앞에서 거들먹거리는 모습을 한 번도 보여주지 않았다.

예전에 현대자동차가 신차 발표회를 열었던 날, 당시 정몽구 회장은 행사 시작 시간보다 훨씬 일찍 도착했다. 그는 행사장으로 들어가는 길에 마주친 어떤 젊은 남성에게 "오셨습니까." 하며 먼저 인사를 했다. 사실 그 남성은 대리 직함을 가진 현대 소속 직원이었다. 정 회장은 그를 일찍 도착한 외빈으로 오해하고 인사한 것이다. 그렇지만 이 모습에서 확인할 수 있는 것처럼, 정몽구 회장은 사업적으로 만나는 사람들에게 항상 깍듯하게 예의를 갖췄다. 대기업 총수라는 지위보다 비즈니스맨으로서 해야 할 도리를 먼저 생각한 것이다. 그는 진정한 프로페셔널 비즈니스맨이었다.

정몽구 회장은 사업적으로 도움을 준 사람이라면 그 은혜를 절대 잊지 않았다. 당진제철소 완공 이후에 정몽구 회장과 함께 독일 출장을 간 적이 있었다. 그때 정 회장은 과거 티센크루프를 이끌었던 슐츠Ekkehard Schulz 전前 회장을 찾았다. 슐츠 전 회장은 티센크루프에서 퇴임해 야인으로 생활하고 있었다. 정몽구 회장이 자리에서 물러난 그를 굳이 만난 이유는 오직 당진제철소 건설 공사에 도움을 주었던 일에 다시 한번 깊이 감사를 표하기 위해서였다.

정 회장은 자신의 비서로 오래 근무했던 김승년 전 현대자동차 사장이 세상을 떠났을 때 그의 장례식장을 연이어 이틀을 찾아 빈소를 지키기도 했다. 오랫동안 자신을 보좌하면서 경영 활동을 뒷받침해준 김승년 전 사장에 대한 고마움을 그가 별세한 후에도 깊은 애도로 표현했던 것이다. 이처럼 정 회장은 회사를 경영하면서 좋은 관계를 맺었던 인연에 대해서는 시간이 흘러도 잊지 않고 늘 감사하는 마음을 간직하는, 속정 깊은 경영자였다.

외향적이고 즉흥적?
내향적이고 신중함

정몽구 회장은 전형적인 사나이의 풍모를 가졌다. 또 대기업 회장이니까 사람들을 자주 만나고 대외활동을 즐길 것처럼 보인다. 하지만 그렇지 않았다. 그가 가장 즐기고 집중한 것은 대인관계보다는 일이었다. 물론 현장 경영을 하면서 많은 임직원들과 접촉했지만, 그런 만남은 기업 경영자로서 수행하는 업무의 연장선 위에 있는 것이었다. 업무적으로 자주 만나는 중역들과는 비교적 편하게 지내곤 했지만, 처음 보거나 친숙하지 않은 임직원들에게는 낯을 가리는 면도 있었다. 잘 알지 못하는 임직원들에게는 존댓말을 쓸 만큼 사람들을 대할 때 조심스럽게 예의를 갖췄다.

과거 정몽구 회장은 갑작스러운 인사, 뜻밖의 인사로 세간의 입방아에 오른 적이 있다. 그러나 정몽구 회장은 순간순간 즉흥적으로 결정을 내리는 경영자가 아니었다. 오히려 매우 신중한 성격을 가진 인물이었다. 주요 직책에 사람을 앉히기 전에는 장고를 거듭했다. 사람을 관찰할 때는 전율이 느껴질 만큼 치밀하게 살폈다.

여러 사업을 구상할 때도 이모저모를 세심하게 따져보고 결정을 내렸다. 다만 한번 결정을 내린 다음에는 매우 과감하게, 그리고 집요하게 추진했다. 현대 특유의 저돌성과 뚝심은 창업주 정주영 회장 시절부터 이어진 DNA에서 비롯된 것이다.

정몽구 회장은 다소 내향적인 성격 탓인지 사람들이 자신에 대해 관심을 보이는 것을 별로 원하지 않았다. 사람들 앞에 나서거나 자신을 과시하는 성격과도 거리가 멀었다. 그런 그가 평소와 다른 모습을 보여준 적이 있다. 2007년, 정몽구 회장이 여수세계박람회 유치위원회 명예유치위원장으로 활약하던 시절이었다. 그는 세계 각국을 돌며 열성적인 유치 활동을 벌인 끝에 박람회 개최를 성공으로 이끌었다. 그가 유치 활동을 마치고 인천공항으로 귀국하던 날, 많은 시민이 플래카드를 펼쳐 들고 "정몽구 회장님, 수고하셨습니다!" 하며 박수와 갈채를 보냈다. 그때 정 회장은 손을 들고 환한 미소로 답했다. 그가 자신이 이룬 일에 대한 만족감을 만면으로 드러낸 몇 안 되는 사례였다.

눌변에 소통 능력 부족?
깊이와 전문성, 예리함까지

현대그룹 창업주인 정주영 회장은 언변이 좋고 재치가 넘치는 인물이었다. 아들인 정몽구 회장은 말수가 적은 편이고 화술도 유창하지 않은 편이다. 그래서 세간에 정몽구 회장은 소통 능력이 부족해서 외부에 모습을 잘 드러내지 않는다는 소문이 돌기도 했다.

정몽구 회장이 화술에 서투른 면이 있는 것은 사실이다. 그러다 보니 축사나 기념사 등 연설할 일이 있으면 실무진에게 원고를 짧게 다듬도록 지시하곤 했다. 하지만 말을 세련되고 유창하게 하느냐가 사람의 지적인 수준과 결부되는 것은 아니다. 인류의 가장 위대한 과학자 중 한 사람인 아이작 뉴턴 Isaac Newton은 수줍음이 많고 대인관계가 무척 서투르며 말주변도 없는 사람이었다. 하지만 그는 만유인력의 법칙을 발견하고 미적분학을 발명하는 등 수학과 물리학, 천문학 등 여러 방면에서 불후의 업적을 남겼다.

나는 정몽구 회장과 수없이 많은 대화를 나눴다. 그런 내가 느끼기에 정 회장은 사고가 매우 깊고 지식도 풍부한 사람이었다. 사안을 매우 논리적으로 이야기할 뿐만 아니라 상대의 말을 경청한 뒤 허점을 찾아 정곡을 찌르곤 했기 때문에, 현대자동차그룹의 중역들은 정 회장과 대화를 나눌 때 긴장하지 않을 수 없었다.

이봐, 해봤어?
잔말 말고 하란 말야!

현대가家는 무척 유교적인 가풍을 지닌 집안이다. 창업주 정주영 회장은 카리스마 넘치는 가부장적인 리더십으로 집안을 이끌었다. 그의 동생들도 맏형의 권위를 절대적으로 인정하고 따랐다. 현대자동차를 키운 주역으로 평가받았던 동생 정세영 회장은 정주영 회장의 "그동안 수고했다."라는 한마디에 그대로 물러날 정도였다. 정몽구 회장 역시 아버지인 정주영 현대그룹 창업주에 대해 깊은 경외감을 갖고 있었다. 또 한 사람의 기업인으로서 아버지 정주영 회장의 명성에 부끄러움이 없도록 많은 노력을 기울였다. 아마도 그런 집념이 그가 현대자동차그룹을 글로벌 자동차회사로 도약시키는 데 큰 동력이 되었을 것이다.

창업주 정주영 회장은 사업 추진 과정에서 맞닥뜨리는 숱한 고비와 난관을 불굴의 도전정신으로 넘어섰다. 정주영 회장의 기업가 정신은 "이봐, 해봤어?"라는 문구에 잘 함축되어 있다.

한편 정몽구 회장은 터프한 외모와 달리 매우 신중한 모습을 보여주었다. '돌다리도 두들겨보고 건넌다.'라는 속담이 있는데, 그는 두들기는 것도 한 번이 아니라 여러 차례 두들겨보곤 했다. 그만큼 의사결정을 내리기까지는 신중에 신중을 기했다. 그러나 한번 결정을 내리고 나면 뒤를 돌아보지 않았다. 최대한의 집중력으로 최선을 다해서 목표를 향해 나아갔다. 그러려면 자신을 따라 열심히 일하는 '일꾼'들이 필요했는데, 그래서 현대자동차그룹 내에는 지시에 따라 전력으로 질주하는 돌격형 리더들이 포진해 있었다. 나 역시 그중 한 사람이었다. 우리가 정몽구 회장에게 자주 들었던 말은 "잔말 말고 하란 말야!"였다. 그러한 모습을 볼 때마다 과연 정주영 회장의 피를 가장 진하게 이어받은 사람은 정몽구 회장이라는 확신을 가질 수 있었다.

당진제철소 완공 이후 정몽구 회장은 자주 이런 말을 했다.

"아버님이 지금 계셨으면 얼마나 좋아하셨을까."

그 말에는 생전에 숙원을 이루지 못하고 눈을 감은 아버지에 대한 그리움과 함께, 그 숙원을 아들인 자신이 이어받아 이룬 것에 대한 자부심이 담겨 있었다.

일근천하무난사

    2009년에 제철 사업 총괄 사장에 오른 이후, 나는 제철소 공사를 성공적으로 마무리하기 위해 혼신의 노력을 기울였다. 제철소 건설 공정 점검을 위해 매일 새벽 6시마다 회의를 열고 대책을 논의했는데, 회의를 주재하려면 사전 준비가 필요했기에 새벽 4시 무렵에 일어났다. 일어나서 씻으러 갈 때는 꼭 핸드폰을 지참했다. 그 시간에 반드시 받아야만 하는 전화가 걸려오곤 했기 때문이다. 새벽 4시면 사람들 대부분이 잠자리에 있을 시간인데, 대체 누가 전화를 걸어온 것일까? 바로 정몽구 회장이다. 그는 새벽 4시쯤 나에게 전화를 걸어 제철 사업 진행 현황을 점검하곤 했다. 미루어 짐작하면 새벽 3시쯤부터 일어나 본인의 업무를 점검하기 시작했을 것이다. 일에 대한 열정과 집념이 넘치는 경영자가 아니라면 이렇게 부지런할 수는 없는 노릇이다.

아닌 게 아니라 정몽구 회장의 좌우명은 '일근천하무난사一勤天下無難事'다. '한결같이 부지런하면 천하에 어려운 일은 없다.'라는 뜻이다. 현대그룹 창업주인 정주영 회장은 이 글귀를 적은 족자를 자택에 걸어두고 늘 마음에 새기곤 했다. 정몽구 회장은 자신의 좌우명을 아버지로부터 물려받은 셈이다.

정주영 회장은 이른바 '새벽 경영'의 원조라고 할 수 있다. 정주영 회장은 새벽 4시 무렵에 이불을 걷어내고 하루를 시작했다. 그리고 5시면 가족들과 아침을 들었다. 그러고는 경영 일선에 참여하고 있던 아들들과 함께 청운동 자택을 출발하여 약 40분 거리에 있는 계동 사옥으로 걸어서 출근했다. 당시 정주영 회장의 새벽 출근길 모습은 언론 보도를 통해 세상에 널리 알려지기도 했다. 정주영 회장은 평소 좌우명으로 '근면, 검소, 친애'의 세 가지 덕목을 내세웠다. 첫머리에 근면이 있는 것을 보더라도 그는 부지런함을 최고의 가치로 여겼던 기업인이었다.

정몽구 회장은 정주영 회장의 뚝심과 추진력, 일에 대한 열정을 가장 많이 닮은 아들이라는 평가를 받았다. 특히 근면 성실한 생활 태도는 아버지와 판박이라고 할 만하다. 정몽구 회장이 양재동 현대자동차그룹 본사 집무실에 출근하는 시각은 새벽 6시 무렵이었다. 이때 집무실에서 중역 회의도 자주 열었으니, 중역들도 자연스럽게 부지런해질 수밖에 없었다.

우리나라 기업인들 가운데는 '현장 경영'을 내세우는 사람이 적지 않은 편이다. 하지만 자신이 이끄는 기업의 수많은 사업 현장을 자기 사무실 드나들듯이 자주 방문하는 사람은 매우 드물다. 전문경영인이나 고위 중역에게 사업을 챙기도록 하고 본인은 중요한 결정만 내리는 게 흔히 볼 수 있는 모습이다. 하지만 정몽구 회장은 사무실에서만 일하지 않았다. 그는 회사 업무와 관련이 없는 외부 활동은 거의 참여하지 않고, 오직 양재동 회장 집무실과 전국, 그리고 세계 곳곳의 사업 현장을 오가며 경영 활동에만 전념했다. 현대제철이 당진제철소를 건설하는 동안에는 일주일에 두세 차례나 현장을 찾았는데, 이른 새벽에 헬리콥터를 타고 오는 경우도 드물지 않았다. 헬리콥터는 그의 현장 경영에 신속성과 기동성을 제공하는 주요 이동 수단이었다.

이처럼 정몽구 회장은 진정한 현장 경영을 실천하는 기업인이었다. 그런 현장 경영이 가능했던 것은 보통 사람들이라면 혀를 내두를 만한 근면 성실이 바탕에 깔려 있었기 때문이다. '일근천하무난사'는 단지 사람들에게 근사하게 보이기 위한 글귀가 아니라 그의 몸과 마음에 체화된 철학이었다.

현대자동차그룹의 성장을 이끈 MK의 리더십

나는 오랜 세월 정몽구 회장을 가까이서 지켜봤고, 그의 리더십에 관해 많은 생각을 하게 됐다. 현대자동차그룹의 눈부신 성장은 정몽구 회장의 탁월한 리더십과 결단력을 빼놓고는 설명할 수 없다. 특히 2000년 현대자동차그룹의 출범 이후 고속 성장을 이루는 과정에서 정몽구 회장은 그룹의 기반을 다지고 글로벌 경쟁력을 확보하는 데 핵심적인 역할을 했다. 중요한 순간들마다 내린 그의 과감한 판단과 강력한 추진력은 현대자동차그룹을 세계적인 기업으로 자리 잡게 했다. 여기서는 내가 기억하는 인상적인 순간과 결정적인 순간들에 관해 이야기해보려 한다.

현대자동차그룹의 출범

오늘날의 현대자동차그룹이 있기까지 첫 번째 결정적인 순간은 무엇일까. 나는 그룹의 출범 자체를 첫 번째로 꼽고 싶다.

2000년 3월, 현대그룹은 창업주 정주영 회장 이후의 후계 구도를 둘러싸고 큰 혼란에 빠져들었다. 당시 현대그룹 공동회장을 맡고 있던 정몽구 회장(차남)과 정몽헌 회장(5남)이 그룹 전체의 경영권 승계를 놓고 한판 격돌을 벌인 것이다. 당초 현대그룹의 자동차 부문을 승계할 예정이었던 정몽구 회장은 이를 계기로 현대자동차 등 자동차 부문 계열사를 이끌고 현대자동차그룹을 독립적으로 출범시키며 새로운 역사의 시작을 알렸다.

이에 따라 현대그룹의 모기업이자 주력 회사였던 현대건설과 전자 부문의 현대전자 등은 정몽헌 회장이 이끄는 현대그룹에 남게 됐다. 당시 자동차 부문은 현대그룹 내에서 상대적으로 열세인 사업부였다. 그러나 정몽구 회장은 이러한 상황을 오히려 도약의 계기로 삼아 자동차 사업에 전념하며 그룹의 성장을 주도했다. 이 당시 정몽구 회장의 결단과 집념이 없었다면 현대자동차그룹이 이룬 지금의 성과는 결코 없었을 것이다.

글로벌 도약의 신호탄: 앨라배마 공장 건립

현대자동차가 세계 자동차 시장에서 유력한 브랜드로 도약하는 첫 번째 발판을 마련한 계기는 미국 앨라배마 공장 건립이었다.

글로벌 완성차 브랜드로 거듭나기 위해서는 세계 최대 자동차 시장인 미국에서 승부수를 던져야 했다. 그러나 1980년대 후반에 현대자동차는 품질 문제로 인해 '싸구려'로 낙인찍힌 상태였고, 미국 시장에서의 전망은 불투명을 넘어 회의적인 시각이 더욱 많았다. 그러나 정몽구 회장은 세계적인 자동차회사로 거듭나려면 반드시 미국 공장이 필요하다고 판단했다. 2010년 글로벌 톱5 자동차 회사 진입이라는 목표를 달성하기 위해서는 미국 시장에서의 성과가 꼭 필요했다. 결국 그는 미국 남부 앨라배마주에 해외 공장을 짓는다는 결단을 내렸고, 2002년 착공에 들어갔다.

정몽구 회장은 자동차의 품질을 제고하기 위한 전략인 '모듈식 생산 공정'을 앨라배마 공장에 적용했다. 자동차는 약 2만 개의 부품으로 조립되는 매우 복잡한 제품이다. 자동차의 품질을 높이려면 수많은 부품의 성능이 보장되어야 한다. 그런데 자동차를 구성하는 수많은 부품을 몇 개의 큰 모듈로 미리 제작하면 품질 제고뿐만 아니라 최종 조립 공정에서도 시간과 비용을 절감하며 상당한 효율성을 얻을 수 있었다.

2005년 5월, 앨라배마 공장이 마침내 준공식을 열었다. 이후 앨라배마 공장은 모듈식 생산 공정이 도입된 최초의 현대자동차 공장으로서 미국 시장 공략의 전초기지 역할을 했다. 또 모듈식 생산이 현대자동차그룹의 다른 공장으로도 전파됨으로써 생산 방식의 패러다임 변화를 불러온 촉매제 구실도 하게 됐다.

'10년 10만 마일 보증' 정책의 성공

현대자동차가 본격적으로 미국 소비자들의 신뢰를 얻기 시작한 계기는 '10년 10만 마일 보증'이라는 혁신적인 AS 정책이었다.

미국 시장에서 현대자동차는 과거의 품질 문제로 인해 오랫동안 싸구려 브랜드라는 인식이 박혀 있었다. 이 오래된 난제를 풀어낼 해법으로 정몽구 회장은 '10년 10만 마일 보증'이라는 승부수를 제시했다. 그러나 이는 내부에서 많은 우려를 낳았다. 눈덩이처럼 커질 무상 보증 수리 비용에 대한 부담이 큰 걸림돌이었다. 이러한 정책은 품질로 신뢰받는 세계 유수의 자동차회사들도 도입한 적이 없는 파격적인 정책이었다.

그렇지만 정몽구 회장은 숙고 끝에 결단을 내렸다. 품질을 기반으로 한 장기적 신뢰 구축이 무엇보다 중요하다고 판단한 것이다. 결과적으로 이 전략은 현대자동차가 가격 경쟁이 아닌 품질 경쟁에서 인정받는 브랜드로 자리 잡을 수 있는 중요한 전환점이 됐다. 이후 현대자동차는 품질에 대한 소비자 신뢰를 확보하며 미국 시장에서의 입지를 강화할 수 있었다.

자동차 경쟁력 강화의 계기: 일관제철소 건립

현대자동차그룹이 세계의 다른 자동차회사들과 다른 가장 큰 차이점이자 특징은 무엇일까? 바로 '일관제철소를 보유한 자동차회사'라는 점이다. 현대자동차그룹은 자동차 생산의 기초 원료인 쇳물과 중간 소재인 강판을 직접 생산해서 조달하는, 전 세계에서 유일한 자동차회사다. 일관제철소를 설립함으로써 현대자동차그룹은 '쇳물에서 자동차까지' 직접 생산하는 수직계열화를 완성할 수 있었다.

일관제철소 건립은 선대 정주영 회장의 숙원사업이기도 했지만, 정몽구 회장의 비전이 담긴 프로젝트이기도 했다. 정몽구 회장은 언제나 '품질'을 최우선 가치로 여겼다. 그리고 세계 시장에서 최고 품질의 자동차회사로 인정받으려면 주요 재료인 '고급 강판'을 안정적으로 조달할 필요가 있었다. 그래서 정몽구 회장은 막대한 투자금을 들여 현대제철 당진제철소를 건설했다. 현대제철은 현대자동차 및 기아와 함께 설계 단계부터 EVI^{Early Vendor Involvement}를 통해 맞춤형 강판을 제공했다. 이로써 현대자동차와 기아는 품질과 생산성을 크게 높일 수 있었다. 이는 단지 자동차 생산 과정에서의 효율성 제고를 넘어, 세계 시장에서 고품질 자동차 브랜드로 입지를 다지는 데 중요한 역할을 했다. 정몽구 회장의 선견지명으로 자동차 사업의 핵심 경쟁력을 강화하는 새로운 전기를 마련한 것이다.

정몽구 회장의 리더십 유형

정몽구 회장은 방향을 결정하고 나면 엄청난 집중력으로 강력하게 사업을 추진했다. 그가 직접 결정하고 주도한 굵직한 경영 활동으로는 자동차 사업의 품질 경영, 일관제철소 건설 사업, 현대건설 인수 등을 꼽을 수 있다. 그 프로젝트들은 모두 성공적으로 완수됐다.

정몽구 회장을 한마디로 정의하자면 '집중력이 뛰어난 추진형 경영자'라고 할 수 있다. 그의 뚜렷한 특징이자 장점으로 꼽을 수 있는 덕목은 '경청, 결정력, 실행력'이다. 어떤 사안을 두고 의사결정을 내리기 전에는 주변으로부터 의견을 충분히 듣고 깊이 숙고하는 시간을 갖는다. 이후 최종적인 판단이 서면 결정을 내린 다음, 임직원 모두에게 강한 드라이브를 걸어 실행에 옮긴다. 정몽구 회장이 큰 경영 성과를 낼 수 있었던 이유는 이런 세 가지 덕목을 효과적으로 실천했기 때문이다.

예전에 헤이컨설팅 그룹은 리더의 유형을 6가지로 구분했다. 각각 '지시형, 비전형, 관계중시형, 집단운영형, 규범형, 육성형'으로 나뉜다.

● 지시형 리더: 구성원에게 명령을 내리고 복종을 요구한다.

● 비전형 리더: 구성원에게 동기를 부여하고 목표를 부여해

준다.

- 관계중시형 리더: 조직 모두의 안녕과 화합을 추구한다.
- 집단운영형 리더: 의사결정에서 구성원 모두의 의견을 청취하고 동의를 구한다.
- 규범형 리더: 자신을 엄격하게 단속하고 관리하며, 이를 구성원에게도 요구한다.
- 육성형 리더: 구성원의 장점을 발견하고 계발해준다.

이러한 기준에 따라 정몽구 회장의 리더십을 육각형 그래프로 그려보면, 아무래도 가장 큰 영역을 차지하는 항목은 '지시형'일 것이다. 그러나 리더는 단지 하나의 유형이나 능력만으로 오를 수 있는 자리가 아니다. 모든 역량이 골고루 포진하되, 그 가운데 일부 역량이 도드라짐으로써 해당 리더의 특징이 규정되는 것이다.

실제로 정몽구 회장은 지시형 리더의 모습뿐만 아니라 다양한 유형을 모두 보여주었다. 그는 2000년 현대자동차그룹을 이끌면서 글로벌 완성차 업계의 톱5를 비전으로 내세웠다. 그리고 그 비전을 달성하기 위한 수단으로 '품질 경영'을 슬로건으로 제시했다. 또 그는 매일같이 현장을 방문해 임직원들과 만나 소통과 단합을 추구했고, 대화와 회식 등을 통해 그들의 목소리를 경청했다. 매일 새벽 6시면 출근하여 업무를 볼 만큼 부지런하고 성실했다. 그의 모습을 지켜보는 참모나 경영진은 그만큼 부지런해지지 않을 수 없었다. 또 자신이 믿고 일을 맡기는 부하에게는 더욱 엄격한 모습을 보여 주고 세세한 것들까지 직접 연락하며 챙겼다. 이처럼 정몽구 회장의 리더십은 스펙트럼이 넓고 복합적이었다.

품질 경영의 선구자, MK의 발자취

"품질은 제품의 근본적인 경쟁력인 동시에 고객의 안전과 감성적 만족에 직결되는 요소이며 우리의 자존심이자 기업의 존재 이유다." (2006년 정몽구 회장의 신년사 일부)

정몽구 회장을 떠올릴 때 가장 먼저 연상되는 단어는 바로 '품질 경영'이다. 2000년 현대자동차그룹이 현대그룹에서 계열 분리된 뒤, 초대 회장에 취임한 정몽구 회장은 품질 경영을 그룹의 핵심 경영 철학으로 내세웠다. 이 철학은 그저 홍보 구호에 그치지 않았다. 같은 해에 그는 그룹 내에 품질총괄본부를 신설했으며, 365일

가동되는 품질상황실도 설치했다. 그리고 월 2회 품질 회의를 도입하여 실질적이고 체계적인 품질 향상 프로세스를 구축했다. 이러한 노력은 곧 현대자동차그룹이 글로벌 시장에서 자리 잡는 데 결정적인 원동력이 됐다.

품질 경영의 뿌리

정몽구 회장이 품질 경영을 공식적으로 내세운 것은 2000년대 이후지만, 그 철학의 뿌리는 훨씬 이전으로 거슬러 올라간다. 그는 1970년 2월에 현대자동차 서울사업소 부품과의 과장으로 현대그룹에 처음 발을 들였다. 1974년 2월에는 신설 회사인 현대자동차써비스 대표이사 사장에 오르면서 경영자로 거듭났다. 정몽구 회장은 1987년 1월까지 현대자동차써비스 대표이사 사장을 지냈고, 이후 1996년 1월까지 회장을 역임했다.

현대자동차써비스는 현대자동차가 생산한 차량을 판매하고 정비하는 자회사 형태로 출범했는데, 정 회장은 이곳에서 자동차 품질의 중요성을 몸소 체험했다. 고장 차량을 계속해서 접하며 그는 자동차 품질의 문제가 소비자의 신뢰와 직결된다는 사실을 절감했다. 1980~90년대 당시 현대자동차는 세계적인 자동차 업체들과 비교하면 품질 면에서 열세였고, 이는 그에게 품질 향상의 필요성을 일찍이 깨닫게 하는 계기가 됐다.

잃어버린 신뢰를 되찾는 열쇠, 품질

현대자동차가 해외 시장에 처음 진출한 것은 1976년이었다. 그해 에콰도르에 '포니' 6대를 수출한 것이 최초의 기록이다. 포니는 1975년 한국 자동차 업계 최초로 독자적인 고유 모델로 개발한 자동차였다.

하지만 현대자동차의 본격적인 해외 진출은 세계 최대 자동차 시장인 미국에 '엑셀'을 수출한 1986년으로 보는 시각이 많다. 엑셀은 출시 첫해에만 26만 대가 팔리는 기록을 세웠다. 그러나 얼마 지나지 않아 품질 문제가 발목을 잡았다. 고장 사례가 빈번히 보고되면서 '싼 게 비지떡'이라는 인식이 퍼졌다. 미국 시장에서 신뢰가 추락하며 3년 차부터는 판매량도 급감하게 됐다. 현대자동차가 세계 시장에서 살아남기 위해서는 품질 개선이 필수 과제였다.

정몽구 회장은 1998년 12월, 현대자동차와 기아의 회장에 취임하고서 이듬해인 1999년부터 자동차 사업의 전면에 나섰다. 이어 2000년에 자동차 사업을 주축으로 하는 현대자동차그룹이 출범하면서는 초대 회장에 올랐다.

정몽구 회장이 현대자동차그룹 회장이 되고 난 후 세간에는 그를 향한 부정적인 입방아가 돌았다. 대표적인 것이 "정몽구 회장은 자동차를 잘 모르지 않느냐?"라는 의혹이었다. 1990년대까지만 하더라도 현대자동차의 성장은 창업주 정주영 회장의 동생인 정세영 전 현대자동차 회장 덕분이라는 시각이 많았다. 정세영 회장은 현대자동차 설립 원년인 1967년부터 초대 사장을 맡아 1996년 명예회장으로 물러날 때까지 약 30년간 현대자동차를 이끈 경영자였다. 그는 현대자동차가 최초로 개발한 국산 차종 포니의 이름을 따 '포니 정'이라는 별명으로도 불렸다. 그만큼 현대자동차는 정세영 회장의 업적이 크게 주목받은 회사였다.

하지만 정몽구 회장은 묵묵하게 자동차 사업을 향한 실력을 키워 왔던 경영자였다. 사실 그는 현대정공을 경영하던 시절에 이미 자동차 사업을 경험한 바 있었다. 1991년 일본 자동차회사 미쓰비시에서 라이선스를 받아 스포츠 유틸리티 차량SUV인 '갤로퍼'를 선보였던 것이다. 갤로퍼는 1990년대 국내 SUV 시장에서 1위에 등극하며 큰 인기를 누렸다. 즉 정몽구 회장은 현대자동차써비스 시절에 자동차의 판매와 정비 부문을 경험했고, 현대정공 시절에는 자동차 개발 및 생산 부문을 경험했던 것이다. 사실상 자동차의 전체 라이프사이클에 걸친 사업 영역을 모두 거쳤던 셈이니, 한마디로 자동차회사의 최고경영자로서 만반의 준비를 갖췄던 실무형 경영자가 바로 정몽구 회장이었다.

그런 그가 현대자동차그룹 출범과 함께 '품질 경영'이라는 슬로건을 높이 치켜든 것은 아주 자연스러운 일이었다. 현대자동차가 글로벌 시장에서 한 단계 더 도약하려면 품질 경쟁력을 하루빨리 강화해야 한다는 절박한 인식이 그를 품질 경영 전도사로 이끈 것이다.

품질을 향한 집념과 현대자동차그룹의 도약

정몽구 회장은 현대자동차그룹 수장에 오른 뒤 "품질은 곧 생명"이라는 신념 아래 그룹의 모든 역량을 품질 개선에 집중했다. 2000년대 초반에 그는 그룹의 비전으로 2010년까지 세계 5대 자동차 회사로 도약하겠다는 목표를 제시했으며, 끊임없는 노력 끝에 이를 실현해냈다. 정 회장이 다진 품질 경영의 기반 위에서 정의선 회장이 이끄는 현대자동차그룹은 현재 세계 3대 자동차 제조사로 자리 잡았다.

현대자동차그룹의 이 같은 성공에는 다양한 요인이 작용했겠지만, 핵심은 결국 '품질'을 경영의 최전선에 세운 정몽구 회장의 리더십에 있었다. 그는 보여주기식 경영이나 단기적인 실적에 치중하지 않고, 품질 중심의 경영을 통해 장기적인 신뢰와 성장을 동시에 이끌었다.

정몽구 회장의 품질 경영은 현대제철에도 마찬가지로 적용됐다. 현대제철이 가동 후 2년 만에 자동차 강판을 생산하기 시작했을 때, 정몽구 회장은 품질 점검 회의를 정기적으로 진행하도록 지시하고 직접 회의를 주관하면서 자동차 강판의 품질을 점검했다.

이에 따라 그룹 내 자동차 관련 CEO, R&D, 생산 담당자들이 모여 자동차 강판의 품질 요구 조건을 논의하고 품질을 확인했다. 이러한 품질 점검 방식은 전 세계 현대자동차와 기아의 자동차 생산 라인에도 똑같이 적용됐다.

정몽구 회장이 현대에 남긴 철학과 정신

정몽구 회장은 자동차 산업의 전체 생태계를 경험한 '준비된 경영자'였다. 초창기 현대자동차의 실무를 경험하며 다진 현장 중심의 해결 능력과, 이를 바탕으로 추진한 품질 경영이 바로 지금 현대자동차그룹 성공의 출발점이었다. 그의 집념과 경영 철학은 오늘날에도 현대자동차그룹을 움직이는 핵심 동력으로 작용하고 있다.

정 회장이 시작한 품질 경영은 단순히 제품의 경쟁력을 넘어, 글로벌 소비자들에게 신뢰와 감동을 안기는 기반으로 자리 잡았다. 지금 현대자동차그룹의 성장 곡선은 바로 그가 닦아놓은 튼튼한 품질의 토대 위에 있다. "품질은 우리의 자존심"이라는 그의 철학은 앞으로도 자동차 산업뿐만 아니라 경영 전반에 길이 이어질 유산으로 남을 것이다.

종로의 시네마 키드,
산업 전사로 거듭나다

이곳에 실은 것은 앞서 미처 다 언급하지 못한, 나의 성장 과정과 학창 시절, 취미나 문화생활, 직장에서의 몇몇 일화들이다. 얼마간 차이는 있겠지만 내 또래의 많은 직장인 남성이 나와 크게 다르지 않은 궤적을 따라 어린 시절을 보내고, 학교를 다니고, 직업을 얻고, 인생의 폭을 넓혀왔을 것이다. 비슷한 연배라면 함께 추억을 되새기며, 나보다 어린 연배라면 앞선 세대가 어떻게 인생을 살아왔을지 한번 들여다보는 의미에서 읽어주기를 바란다.

실향민 가정에서 태어난 둘째 아이

나는 실향민 가정에서 태어났다. 부모님은 모두 6·25전쟁 당시 북녘의 고향을 떠나 남쪽으로 내려오셨다.

아버지는 할아버지와 함께 평양에서 쌀가게를 운영했다. 아버지가 남한으로 내려온 것은 1·4후퇴 때였는데, 전쟁통에 세상이 어떻게 될지 알 수 없게 되자 할아버지는 가게를 이어받을 큰아들은 곁에 남기고 둘째인 아버지를 남한으로 보내 상황을 살피게 했다. 아버지는 퇴각하던 국군과 유엔군의 행렬을 따라 남한으로 내려왔고, 전쟁의 참화를 피해 남쪽으로 계속 내려간 끝에 부산에 이르렀다.

휴전 협정이 맺어지고 나서 아버지는 서울로 향했다. 전후의 혼란한 상황에서 아버지는 반드시 중심에 있어야 한다고 생각하셨다. 그래서 서울에서도 한복판인 종로 3가에 자리를 잡았다. 그리고 얼마 지나지 않아 아버지처럼 북한에서 내려온 어머니를 만나 가정을 꾸렸다. 모두 2남 2녀의 자식을 두었는데, 내 위로 누나가 있고 아래로 여동생과 남동생이 하나씩 있다.

아버지는 젊은 나이에도 사업 수완이 좋으셨던 것 같다. 전후에 서울은 폐허가 되었던 터라 건축 수요가 꽤 많았는데, 조그마한 건축업체를 설립해 주거용 주택이나 상가 건물을 지었다. 건축 사업 다음으로는 양복점을 시작했다. 양복점 역시 제법 장사가 잘됐던 모양이다. 당시는 아직 양복을 입는 사람이 많지 않은 시절이었지만, 양복 대신 교복을 만들어 돈을 벌었다.

양복점이 번창해 꽤 커졌을 때 뜻밖의 사건이 터졌다. 밤중에 도둑들이 양복점을 털어 원단을 통째로 훔쳐 간 것이다. 그 일로 아버지의 사업은 큰 타격을 받았다. 종로 3가에 있는 한 건물이 아버지의 소유였는데, 이 일로 아버지는 건물을 매각해야 했다. 그리고 그 건물을 다시는 되사지 못했다.

우리 가족이 살던 집은 종로구 장사동에 있었다. 조그만 골목이 이리저리 나 있었는데 늘 아이들로 북적거렸다. 그 시절에는 한 가정에 자녀가 6남매, 7남매 정도 되는 경우를 흔히 볼 수 있었다. 2남 2녀조차 적다고 느껴지던 시기였고, 그래서 나는 종종 어머니께 "우리 집은 왜 이렇게 식구가 적어요?"라고 물으며 투정을 부리곤 했다.

설날이나 추석 같은 명절이 되면 동네 사람들이 모두 고향에 내려가느라 장사동 골목이 텅 비었다. 하지만 실향민 가족인 우리는 고향에 갈 수 없으니 늘 동네에 머물렀다. 어린 나는 아무도 없는 골목에서 쓸쓸함을 느끼곤 했다. 한번은 어머니께 우리는 왜 성묘 안 가느냐고 떼쓴 적이 있었다. 어머니는 그런 내가 측은했는지 한번은 우리를 데리고 외가 쪽 먼 친척이 사는 고양시 행주동을 찾아가기도 했다.

실향민의 비애라는 것은 겪어보지 않으면 쉽사리 짐작할 수 없는 법이다. 서울에서 태어나고 자란 내가 어린 시절에 명절마다 느낀 감정도 그렇게 쓸쓸했는데, 고향이 있어도 찾아가지 못하는 아버지와 어머니의 안타깝고 서러운 마음은 오죽했을까 싶다.

입시 제도 변화의 한가운데서 보낸 학창 시절

내가 다닌 서울교동초등학교(당시에는 국민학교였다.)는 우리나라 최초의 근대식 초등교육기관으로, 국공립 초등학교 가운데 가장 오랜 역사를 가진 곳이다. 1960년대에는 중학교 입학시험이 존재했는데, 서울교동초등학교는 전국 최고의 중학교로 꼽혔던 경기중학교와 경기여자중학교에 매년 많은 졸업생을 입학시키며 명문으로 이름을 떨쳤다.

중학교 입시제는 1969년부터 서울을 시작으로 1971년까지 점진적으로 폐지되었고, 나는 1969년에 학군별 추첨 방식을 통해 서대문 인근의 영천중학교에 입학했다. 영천중학교는 1969년에 신설된 중학교였지만 도서관이 잘 갖춰져 있었다. 이 시절에 나는 책에 빠져서 틈나는 대로 학교 도서관을 찾아가 책 속에 파묻혔다.

나는 고교 입시제의 마지막 세대로 1973년에 경기고등학교에 입학했다. 당시 경기고등학교는 전국의 모든 중학생이 선망하는 최고의 명문 고등학교로 꼽혔다. 나 역시 어릴 적부터 경기고등학교 진학을 목표로 삼았다. 입학하고 보니 역시 쟁쟁한 수재들이 많이 모여 내 성적은 간신히 중간 정도에 머물렀다. 그래선지 3학년이 되자 어머니는 "너 서울대 들어가고 싶으면 과외를 좀 받아야 하지 않겠니?" 하며 넌지시 물어보셨다. 그때 나는 "괜찮아요. 과외 안 받고 경기고등학교에도 입학했잖아요."라며 호기롭게 대답했다. 경기고등학교에서 내 성적 정도라면 서울대학교에 진학하는 데는 문제가 없었기 때문이었다.

시간이 흘러 예비고사가 다가왔다. 예비고사는 1969학년도부터 1981학년도 대학 입시까지 진행되었는데, 처음에는 대학 입학시험의 응시 자격을 평가하는 시험이었으나 1974학년도부터 예비고사 성적의 30퍼센트가 대학 본고사 성적과 함께 입학시험 성적에 반영됐다. 그런데 1975년에 치른 예비고사 결과, 성적 분위를 토대로 분석해보니 나는 약 100만 명 가운데 1만 등 정도 순위에 위치하는 것으로 나타났다. 1천 등 내에는 들 것이라던 내 예상과 아주 동떨어진 수치가 나온 것이다.

당시에는 예비고사 성적을 토대로 담임 교사가 대학 입학 원서에 도장을 찍어줘야 원하는 대학교의 본고사를 치를 수 있었다. 내 담임 교사는 권오길 선생님이셨는데, 진학 면담 자리에서 나는 서울대 공대에 진학할 것이며 그렇지 않으면 재수를 선택하겠다고 버텼다. 내가 고집을 부리자 결국 권 선생님은 내 뜻대로 도장을 찍어주셨다. 얼마 후 나는 서울대학교 본고사를 치렀고 꽤 좋은 성적으로 무난하게 합격했다. 당시 우리 반 학생 60명 가운데 무려 43명이 서울대에 진학했다. 훗날 권오길 선생님은 내게 "유철아, 좀 여유 있게 살아라."라고 말씀하셨다. 예비고사 성적이 아슬아슬했던 것을 슬쩍 꼬집으셨던 것이다.

권오길 선생님은 글쓰기와 강의를 통해 과학 이야기를 대중에게 전파하며 과학 전도사로 이름을 얻으셨다. 나중에 강원대학교로 소속을 옮겨 생명과학과 교수를 역임했다. 나는 권오길 선생님을 은사로서 평생 존경했고, 사회에 진출하고 나서도 꾸준히 교류했다.

의사의 길을 포기한 사연

나는 서울대학교 공과대학에 입학하여 조선공학과에 진학했다. 그런데 사실 나는 고등학교 3학년 때까지도 공대에 진학할 생각이 없었다. 어릴 적부터 내가 지망했던 곳은 의과대학이었다.

여기에는 아버지의 뜻이 크게 작용했다. 아버지는 6·25전쟁이라는 엄청난 재난을 몸소 겪으며 가족을 건사하는 일이 무척 중요하다고 느끼셨던 것 같다. 그래서 자식 가운데 의료인이 나오기를 간절히 바라셨다. 나는 아버지의 뜻에 따라 의사를 지망했다. 학교에서 장래 희망을 적어 내라고 하면 꼭 의사를 적었고, 닮고 싶은 위인을 말해보라고 하면 망설임 없이 알베르트 슈바이쳐Ludwig Philipp Albert Schweitzer 박사라고 답했다.

내가 고등학교 3학년이었던 1975년, 무더웠던 8월의 어느 일요일에 나는 여느 때처럼 교회에 갔다. 내가 다니던 교회에는 고등학교 친구들 몇이 함께 다니고 있었다. 예배를 마치고 나오며 나는 친구 하나와 티격태격하며 장난을 쳤다. 그런데 그 순간 친구가 발을 헛디디면서 날카로운 무언가에 머리를 부딪치고 말았다. 두피가 찢어지며 친구의 머리에서 피가 철철 흘렀다. 나는 황급히 그를 데리고 병원으로 향했다.

우리는 간신히 근처 병원에 도착하여 다급하게 의사를 찾았다. 친구의 얼굴과 교복은 온통 피로 빨갛게 젖어 있었다. 그런데 의사는 대수롭지 않은 일이라는 듯 치료를 시작했다. 그는 내게 친구의 머리를 꼭 붙잡고 있으라고 했다.

"이봐, 학생. 머리를 똑바로 잡고 있어야 해."

내가 친구의 머리를 붙잡고 있는 동안 의사는 흐른 피를 씻어내고 상처를 꿰매기 시작했다. 그 광경에 내 등줄기로는 소름이 쫙 돋았다. 치료하는 내내 나는 그 모습을 하나도 빼놓지 않고 똑바로 바라봐야 했다.

이날 이후 나는 의사의 길을 걷겠다는 장래 희망을 다시 생각하게 됐다. 친구가 흘린 피를 보고 무서워서 어쩔 줄 몰랐던 내가 어떻게 환자를 수술하는 일을 할 수 있을까? 아무리 생각해봐도 의사는 내가 선택할 직업이 아닌 것 같았다. 결국 나는 아버지께 조심스럽게 내 속마음을 전달했다. 아버지는 실망한 기색을 드러냈지만, 이유를 듣고는 고개를 끄덕이셨다.

어린 시절부터 지망하던 의사의 길을 포기하게 됐지만 생각보다 마음이 허망하거나 착잡하지는 않았다. 오히려 먼저 알게 돼서 다행이라는 생각이 들었다. 이때부터 나는 내 진로를 진지하게 생각해보기 시작했다. 얼마 지나지 않아 내 강점은 수학이라는 데 생각이 미쳤다. 이를 살릴 수 있는 대표적인 학과는 아무래도 공과대학일 것 같았다. 나는 그렇게 공학도의 길을 걷게 됐다.

시티 보이 & 시네마 키드

나는 종로 3가에서 태어나 대학 시절까지 쭉 살았다. 종로는 조선시대부터 현대에 이르기까지 서울의 중심가였다. 1970~80년대에 강남이 개발되면서 중심축이 옮겨갔지만, 그때까지 종로는 늘 서울의 중심이었다. 내가 살던 장사동 인근은 서울에서도 교통의 요지이자 문화와 유행이 넘쳐나는 지역이었다. 덕분에 나는 도시의 삶에 익숙했고, 최신 문화와 문물도 가까이 접하며 '시티 보이'로

자라날 수 있었다. 내가 호기심이 많고 자유분방한 기질을 갖게 된 것은 어쩌면 이 같은 청소년기의 성장 환경 때문인지도 모른다.

이 시절에 즐길 수 있었던 문화 가운데 내가 가장 빠져든 것은 '영화'였다. 집 인근에 있었던 종로 3가 사거리는 단성사, 피카디리, 세기극장 등 유명 극장 세 곳이 자리하여 서울을 대표하는 극장가로 이름을 날렸다. 그 시절에 나는 어찌나 영화를 좋아했던지, 가끔 돈이 없을 때면 몰래 극장에 들어가서 영화를 보기도 했다. 말하자면 나는 한 명의 철없던 '시네마 키드'였다.

영화와 관련해 지금도 기억이 선명한 일화가 하나 있다. 우리가 어린 시절에 학교에서는 학생들에게 국군 장병에게 보내는 위문편지를 쓰게 했는데, 당연히 나도 위문편지를 썼다. 그런데 얼마 뒤 낯선 군인 하나가 우리 집을 방문했다. 그는 자기 신분을 '한규남 하사'라고 밝히며, 전방에서 힘든 시절을 보낼 때 내가 보낸 편지를 보고 감동해서 찾아왔다고 말했다.

어머니는 난데없이 군인이 찾아오자 조금 놀란 기색이었으나 자초지종을 듣고는 내가 한 하사와 외출하도록 허락해주었다. 그날은 마침 아폴로 11호가 달에 착륙하여 임시공휴일로 지정된 날이었다. 나는 한 하사를 졸라 함께 영화를 봤다. 오전에는 홍콩 영화 〈일대검왕〉을 보고, 점심을 먹고 나서 다시 미국 영화 〈그레이트 갱워〉를 봤다. 하루에 영화 두 편이라니! 그야말로 횡재한 날이었다.

그날 이후 다시 한 하사와 연락을 나누지는 못했지만, 그와의 추억은 오래된 영화 필름처럼 내 머릿속에 남아 있다.

수많은 영화와 함께 청소년기를 보낸 뒤, 대학에 들어가서 나는 더욱 영화광이 됐다. 극장에서 개봉하는 영화라면 하나도 빠짐없이 관람했다. 그러다가 1979년, 마침내 '인생 영화'를 만났다. 조지 루카스George Walton Lucas Jr. 감독의 SF 영화 〈스타워즈〉였다. 당시 피카디리 극장에서 관람했는데, 처음 그 영화를 봤을 때의 전율을 잊을 수 없다. 흥미진진한 스토리와 시각 효과도 놀라웠지만, 자기 머릿속의 세상을 영화라는 매체를 통해 마치 현실처럼 시각화하는 영화감독이라는 존재에 경외감을 느꼈다. (아마 내가 지금 20대로 돌아갈 수 있다면 영화감독을 지망했을지도 모른다.) 이 때문인지 나는 지금도 현실에서 볼 수 없는 다른 세계를 상상력을 통해 구현하는 〈아바타〉, 〈해리 포터〉, 〈반지의 제왕〉, 〈듄〉 같은 영화들을 무척 좋아한다.

이후로도 영화는 내 평생의 친구이자 동반자였다. 현대제철에서 일하던 시절에는 '신 스틸러Scene Steeler'(도둑을 의미하는 'Stealer' 대신 'Steeler'를 붙였다.)라는 이름의 영화 동호회를 만들어 젊은 직원들과 함께 활동했다. 회원 가운데는 영상을 다루는 재주를 가진 사람들이 있었는데, 내가 "보지만 말고 제작도 한번 해보자."라고 제안해서 짧은 스토리를 담은 단편 영화를 만들기도 했다. 전체 회원을 네 다섯 그룹으로 나눠 각자 주어진 시간 동안 영화를 제작한 다음 최종적으로 발표회까지 개최했다. 아이템 기획, 시나리오 작성, 연출, 촬영, 편집 등으로 이어지는 일련의 영화 제작 과정에 도전하면서 우리는 커다란 재미와 성취감을 맛봤다. 영화 동호회 활동을 같이 한 현대제철 직원들은 지금도 나와 교류를 이어가고 있다.

문화예술 애호가

나는 고등학교 시절에 이과를 선택했고, 대학교는 공과대학에 진학했다. 공학으로 석사와 박사 학위를 받았고 직장생활을 하는 동안 엔지니어로서 연구개발에 매진했다. 말하자면 전형적인 이공계 출신의 삶을 살아온 것이다. 그런데도 주변 사람들은 나에게 '문과 성향'을 가졌다고 말하곤 했다. 사람에게 관심이 많고 문화와 예술을 즐기는 내 취향 때문이었다.

문화예술에 관한 내 애정은 남다른 면이 있다. 이는 아무래도 '시네마 키드'로서 영화를 즐겼던 열정이 다른 문화예술 분야로도 확장된 것이 아닌가 싶다. 중고등학교 시절에 나는 연극에도 관심이 생겨서 서울 중구 명동 거리에 있는 명동국립극장(현 명동예술극장)에 종종 연극을 보러 가곤 했다. 고등학교 등교길에는 극단 '실험극장'에서 운영하는 전용 극장이 있었는데, 고등학교 3학년 때 당시 공연하던 연극 〈에쿠우스〉를 보려고 기웃거렸다. 〈에쿠우스〉

는 1975년에 처음 상연하여 국내 연극계에서 최다 관객 동원, 최장기 공연 기록을 세웠다.

서울대학교에 진학한 다음에는 본격적으로 문화생활을 즐겼다. 대학 생활 4년 내내 'FOCUS'라는 사진반 동아리에서 활동했는데, 이는 카메라와 렌즈 등 장비를 갖추고 비싼 필름을 대량으로 소모해야 하는 고비용 활동에 속했다. 하지만 당시 나는 아르바이트로 과외를 하면서 나름 주머니가 두둑했기에 사진 동아리 활동을 이어갈 수 있었다.

대학생 시절에 오페라에 대한 관심도 커져서 국립극장이 일반 시민을 대상으로 모집하는 회원으로 가입해 대학 4년 내내 활동했다. 국립극장 회원이 되면 국립오페라단의 공연을 볼 수 있는 티켓을 1년에 두 장씩 두 차례 받을 수 있었다. 그때부터 나는 평생 오페라를 즐겨왔다. 2016년 한국예술종합학교 '최고경영자 문화예술 과정Culture & Arts Program for CEO, CAP'에 입학하면서는 자기소개로 "오페라를 같이 볼 사람들을 만나러 왔다."라고 말했을 정도다.

오페라 공연을 선택할 때 나는 아무래도 라이선스 공연보다는 본고장의 것을 더 선호하는 편이다. 내한 공연만으로는 이 갈증을 해소하기 어려운데, 그래서 내가 자주 사용한 방법은 메가박스에 가는 것이었다. 2009년부터 메가박스는 국내 영화관 가운데 최초로 미국 뉴욕 메트로폴리탄 극장의 오페라 공연 실황을 상영하기 시작했다. 마치 오페라 극장 현장에 있는 것처럼 가수들의 표정과 생생한 음향을 경험할 수 있기 때문에 아주 만족스러웠다. 이후 나는 아무리 바빠도 오페라 감상만은 놓치지 않으려 했다. 참고로 내가 가장 좋아하는 작품은 이탈리아의 작곡가 주세페 베르디^{Giuseppe} Verdi의 대표작 〈라 트라비아타〉와 〈아이다〉다.

우리 고유의 전통문화에도 관심이 갔다. 현대제철 당진제철소에 근무하던 시절에는 중역들과 함께 사물놀이패를 결성해 사내 동호회 활동을 한 적도 있다. 이때 내가 선택한 악기는 장구였다. 우리는 한국농어촌공사 당진지사에 소속되어 있던 박경석 국가 명장을 선생님으로 모시고 사물놀이를 배웠다. 나중에 우리는 노사 화합 체육대회에서 사물놀이 공연을 펼치기도 했고, 외국에서 찾아온 고객들을 모시고 당진제철소 영빈관에서 공연하기도 했다. 나중에 당진 시청 공무원을 대상으로 특강을 했을 때도 장구 실력을 선보였다.

2020년에 한국예술종합학교 최고경영자 문화예술 과정을 마친 뒤 후속 프로그램인 '포스트 캡^{Post-CAP}'에 참가하여 판소리를 배우기도 했다. 단지 배우기만 한 것이 아니라 3년에 걸쳐 매년 판소리 공연도 열었다. 2020년부터 2021년까지는 「흥보가」에 나오는 '화초장타령'과 '돈타령'을 각각 불렀고, 2022년에는 '호남가'를 불렀다. '호남가'는 "함평 천지 늙은 몸이…"라는 가사로 시작되어 호

남의 54개 지역을 묘사하는 내용을 담고 있다. 노래가 6~7분에 달하는 데다 가사가 무척 많아 외우기가 힘들었다. 리허설 당시까지만 해도 가사가 외워지지 않아 애를 먹었는데, 뜻밖에 공연에서는 완벽하게 불러냈다. 덕분에 주변 사람들에게 '실전파'라고 불렸다.

어린 시절 영화로 시작해 연극, 사진, 오페라, 사물놀이, 판소리 등을 섭렵하고서 최근에 내가 관심을 가지는 분야는 '미술'이다. 나이를 먹어도 관심과 애정이 줄어들지 않는 것을 보니 나는 진정으로 문화예술을 사랑하는 사람인 것 같다.

일도 인연도 붙잡게 해준 타고난 건강과 체력

유학을 마치고 돌아와 현대정공에서 구조연구실장으로 근무하던 시절, 후배들은 내게 종종 이런 말을 하곤 했다.

"박사님은 늘 밝은 모습이신 걸 보니 건강이나 체력을 타고 나신 것 같아요."

우리가 늘 격무에 시달리다 보니 내뱉은 하소연이었을 것이다. 내가 늘 밝은 모습을 유지한 데는 어린 시절의 성장 환경이 영향을 미치지 않았나 싶다. 비록 실향민 가족으로 태어나 어릴 때부터 고향이나 친지가 없다는 상실감을 안고 자랐지만, 부모님의 노력과 다양한 문화생활을 즐길 수 있었던 주위 환경 덕분에 낙천적이며 자유분방한 성격을 가지고 구김살 없이 성장할 수 있었다. 그래서 나중에 겪게 된 여러 가지 고비도 잘 넘길 수 있었던 것 같다.

건강이나 체력 역시 부모님 덕분인 것 같다. 어릴 적부터 잔병치레가 없어서 유치원부터 고등학교를 졸업할 때까지 아파서 결석한 적이 한 번도 없었다. 직장생활을 할 때도 아파서 결근한 적이 없었다. 게다가 체력이 좋으니 근무 시간을 포함해 활동 시간이 무척 길었다. 과중한 업무를 맡으면서도 100퍼센트 몰입하고 헌신할 수 있었던 것은 타고난 건강과 체력 덕분이었다.

주량도 만만치 않은 편이었는데, 국제 비즈니스에서 주량 덕을 톡톡히 봤다. 철강업 종사자와 광산업 종사자는 비즈니스 파트너로서 신뢰 관계가 중요하고, 교류할 일도 상대적으로 많다. 끈끈한 연대가 비즈니스로도 이어져 원료의 안정적인 조달과 제품의 안정적인 생산으로 이어지곤 한다. 이처럼 교류가 이어지는 자리에서 필요한 것은 첫째가 '대화 주제'이고, 둘째가 '와인'이다. 비즈니스 파트너를 만나는데 시답잖은 얘기나 흥미롭지 않은 주제를 늘어놓을 수는 없는 법이다. 그래서 나는 평소에 독서와 문화생활을 통해 대화를 주고받을 지식과 소재를 충분히 쌓아두고는 했다. 또 이러한 자리에서 마시기에 적절한 술은 아무래도 와인일 수밖에 없다. 도수가 강하지 않으면서 풍미가 있고, 대화 소재로 다루기에도 적합하다. 그렇지만 아무리 와인이라도 이야기가 길어지다 보면 많이 마실 수밖에 없다. 이때 주량이 약해서 버틸 수 없거나 빼는 기색이 있으면 분위기가 어색해지기 마련이다. 그러나 나는 튼튼한 몸과 강한 주량 덕분에 만나는 자리에서 늘 적극적인 모습을 보일 수 있었고, 고객사나 공급사들에게 친근한 이미지를 줄 수 있었다.

술과 주량이라는 주제를 논하자면 정몽구 회장의 이야기를 빼놓을 수 없다. 정몽구 회장은 선친인 정주영 회장을 닮아 기골이 좋고 체력이 왕성했다. 주량도 대단했으며 술도 꽤 즐기는 편이었다. 마북리 현대정공 연구소에서 근무하던 시절에 정몽구 회장이 연구소를 방문하면 자주 회식 자리가 열렸다. 이때 정 회장과 마주보는 앞자리는 꼭 내 몫이었다. 고작 차장 직급에 불과했던 내가 직접 그 자리를 선택했을 리 없다. 정 회장과 마주 술을 마시는 자리는 모두 어려워했기에 나에게 돌아온 것이다.

현대제철 대표이사 부회장을 지낼 때, 어느 날인가 정몽구 회장이 저녁 식사나 하자며 한남동 자택으로 나를 초대했다. 그 자리에는 현대제철 송윤순 부사장과 김영곤 전무도 동석했다. 나는 평소처럼 정 회장과 술을 주거니 받거니 하며 와인을 들이켰다. 그런데 그날은 평소와 달랐다. 술을 별로 마시지도 않았는데 내가 푹 쓰러진 것이다. 부사장과 전무가 나를 부축해 옮긴 다음에 휴식을 취했더니 다시 정신을 차릴 수 있었다. 정 회장은 오랜 대작 상대였던 내가 걱정스러웠는지 그만 술자리를 파하자고 했다.

이튿날 새벽 정몽구 회장에게서 전화가 걸려 왔다.

"자네, 괜찮나?"

"예, 괜찮습니다."

"아니, 왜 이렇게 술이 약해졌어?"

"아, 네. 요즘 일이 좀 많아서…. 몸 상태가 안 좋았던 것 같습니다."

"그래도 그렇지. 아직 자네 나이가 얼만데 그렇게 약해서 되겠어!"

정 회장의 목소리에는 웃음기가 배어 있었다. 어지간해서는 취하지 않는 술꾼을 마침내 두 손 들게 만들었다는 승자의 여유 같은 것이 느껴졌다. 건강과 체력은 늘 자신 있다고 자부해왔는데, 이날 이후로 정몽구 회장에게는 한 수 접을 수밖에 없게 됐다.

이제 인생을 죽 돌아보니 어린 날의 나는 참 치기 어리기도 했고, 흥미로운 무언가에 꽂혀 시간이 가는 줄 모르기도 했다. 직장인이 되고서는 뜻한 바를 이루기도 했지만, 뜻하지 않게 다른 길을 선택해야만 하기도 했다. 그래서 '가지 않은 길'이 못내 아쉬워 미련을 붙들고 오기도 했다.

우리는 모두 단 한 번뿐인 인생을 산다. 선택하지 못한 미련을 덜어내려면 지금 걷고 있는 길을 의미 있게 만들 수밖에 없다. 그래서 나는 정말 '열심히' 살았다. 특히 철강인의 길을 걸으면서는 하루가 48시간인 것처럼 틈을 쪼개가며 일했다.

우리 세대는 대부분 국가를 위해 일하는 '산업 전사'이기를 요구받았다. 전사라는 것은 말 그대로 전투에 나가 싸워야 하는 사람이다. 우리에게는 일터가 곧 전장이었고, 목표는 무슨 일이 있어도 반드시 승리하는 것이었다. 승리하기 위해 자신의 모든 것을 바치는 것은 우리 세대에게는 당연한 일이자 모두가 공유하는 일종의 시대정신이었다.

대한민국이 지금처럼 경제 선진국의 지위를 이룩할 수 있었던 밑바탕에는 경제 성장기에 산업 전사로 활약한 우리 세대의 헌신에 힘입은 바가 크다. 그래서 이곳을 빌려 우리 '전우들' 모두에게 꼭 이 말을 전하고 싶다.

"우리 참 열심히 살았습니다. 정말 고생이 많았습니다."

내 인생의
결정적 순간과 인연

한평생을 살다 보면 인생에서 항로가 바뀌는 결정적 순간을 마주하게 된다. 그런 순간은 스스로 만들어가기도 하지만, 아무런 예고 없이 별안간 찾아올 때도 있다. 내가 살아온 인생을 되짚어보면 세 번의 결정적인 순간이 떠오른다.

첫 번째 순간은 서울대학교 대학원에 다니던 시절 컴퓨터를 알게 된 때다. 이때 접한 컴퓨터는 요즘 사람들이 흔히 쓰는 PC가 아니었다. 아직 우리나라에 PC가 보급되기 전이었기 때문에 그 시절의 컴퓨터란 소수의 전문가들이 쓰는 귀한 계산 도구였다. 이 컴퓨터는 데이터를 입력하거나 프로그래밍을 하려면 펀치카드 Punch

Card라는 입력 매체를 사용해야 했기 때문에 무척이나 번거로웠다. 또 작업 결과를 지금처럼 손쉽게 모니터로 볼 수가 없어서, 당시 나는 매형이 근무하던 한국과학기술연구원KIST 전산실에 가서 결과를 보곤 했다.

그러다 현대중공업 울산조선소 용접연구소에 근무하며 초창기 PC인 IBM 5550을 접하게 됐다. 회사가 업무용으로 도입한 IBM 5550 모델 중 한 대를 용접연구소에 배당한 것이었다. 당시 우리 용접연구소에는 컴퓨터를 본 적도 없는 사람이 대부분이었고, PC를 다룰 수 있는 사람은 내가 유일했다. 그러자 나는 다른 사람들은 모르는 나만의 세상을 가진 듯한 기분이 들었다. PC를 다루면서 이런저런 작업을 하다 보면 시간 가는 줄도 몰랐다. 내가 프로그램을 짜고 데이터를 처리하는 모습을 보며 주변 사람들은 혀를 내둘렀다.

나중에 나는 집에도 IBM PC를 설치해 모뎀으로 통신을 주고받기도 했고, 공부할 때도 적극적으로 사용했다. 박사 학위 논문도 PC를 이용해 작성했다. PC 도입 초창기부터 익힌 활용 능력은 훗날 직장에서 연구개발 업무를 할 때도 요긴하게 써먹었다.

두 번째 순간은 미국 유학을 마음먹은 때다. 나는 용접 공학으로 석사 학위를 받고 현대중공업 울산조선소에서 4년 가까이 근무하다가 미국 유학을 결정했다. 미국에 가서는 구조 엔지니어링 전공으로 박사 학위를 받았는데, 이것이 성공적인 한 수가 됐다. 구조 엔지니어링의 폭넓은 쓰임새는 내가 현대자동차그룹에 합류해 새로운 연구개발 프로젝트를 수행할 때마다 문제해결의 실마리를 제공하곤 했다. 만약 내가 울산조선소에서 익숙해지기 시작한 업무에 안주했더라면 지금의 나는 없었을 것이다. 그런 면에서 유학을 결정했던 순간은 내가 더 넓고 역동적인 인생으로 뛰어드는 데 결정적인 계기가 됐다.

세 번째 순간은 정몽구 회장을 만났던 때다. 사실 나는 젊은 시절부터 관습이나 규율, 정해진 틀에 얽매이는 것을 싫어하는 자유인 기질이 다분했다. 그러다 보니 친구들은 내게 "너는 우리 중에서 가장 먼저 직장을 그만두고 사업을 할 것"이라는 이야기를 자주 하곤 했다. 나 자신도 오랫동안 직장생활을 하리라곤 생각하지 않았다. 그런데 정몽구 회장과의 만남은 내가 직장에 한평생을 바치기로 마음먹은 계기가 됐다.

내가 현대정공에 입사하고서 1년쯤 지났을 때, 정몽구 회장은 울산의 컨테이너 생산공장 자동화 프로젝트를 해결할 사람으로 나를 지목했다. 현대우주항공이 출범한 후에는 로켓 개발 업무를 맡겼으며, 현대제철이 당진제철소 건설에 나선 때는 프로젝트 책임자로 발탁했다. 당진제철소 건설 프로젝트가 마무리된 후에는 아예 현대제철 최고경영자로 임명했다. 정몽구 회장은 나에게 계속해서 새롭고도 벅찬 임무와 과제를 부여했다. 덕분에 나는 끊임없이 공부하고 노력했다. 단지 월급을 받기 위해 직장을 다니는 것이 아니라, 나에게 주어진 기대에 부응하고 임무를 완수함으로써 보람과 희열, 성취감을 얻기 위해 직장을 다녔다. '생계형 직장인'이 아닌 '미션형 직장인'이 된 것이다. 그러다 보니 직장을 그만두겠다는 생각은 어느새 머릿속에서 사라져버렸다. 내가 엔지니어로서, 그리고 경영자로서 성공적인 경력을 쌓을 수 있도록 늘 임무를 부여하고 기회를 제공한 정몽구 회장을 빼놓고는 나의 인생을 설명하기 어렵다. 그래서 그는 내가 직장인으로서 만난 단 한 명의 '영원한 보스'라고 말할 수밖에 없다.

　나에게 결정적인 순간은 언제 오는 것인지 궁금해하고 답답해하는 이들이 있다면 반드시 명심하길 바란다. 그 순간은 반드시 찾아온다. 당시에는 깨닫기 어렵겠지만 시간이 지나 돌아보면 언제였는지 알게 된다. 그러니 우리가 할 수 있는 일은 그 순간이 언제 찾아오든, 내가 그것을 붙잡을 수 있도록 끊임없이 자신을 두드리고 담금질해두는 것뿐이다. 이 책을 읽는 여러분이 더 높은 온도, 더 강한 압력, 더 빠른 속도를 견딜 수 있는 강철로 거듭남으로써 결정적인 순간을 반드시 붙잡아 자신의 인생을 더 넓고 깊은 곳으로 데려갈 수 있기를 바란다.

지금까지 살아온 60여 년의 인생을 돌아보니 참으로 고마운 인연들이 많았다. 특히 현대그룹과 현대자동차그룹을 거치면서 만났던 선배와 상사들 가운데 나의 인격과 실력을 인정해주고 격려해주었던 분들에게 항상 감사한 마음을 가지고 있다. 박정인 전 현대모비스 회장, 김무일 전 현대제철 부회장, 김동진 전 현대자동차 부회장, 이현순 전 현대자동차 부회장은 지금까지도 내 가슴속에 훌륭한 상사이자 경영자로 각인된 분들이다.

이 가운데 현대우주항공 시절 트랜스미션 사업본부장을 역임했던 민광기 상무는 개인적으로 특별한 고마움이 있다. 내가 주변 사람들에게 질시나 따돌림을 받아 걱정을 털어놓으면 그는 이렇게 말하곤 했다.

"우 박사, 걱정하지 마. 우 박사를 싫어하는 사람이 있으면 그 사람이 문제가 있는 거지, 우 박사는 전혀 문제가 없어. 우 박사는 절대로 남들이 싫어하는 사람이 될 수가 없어."

이처럼 위로와 격려를 아끼지 않은 민광기 상무 덕분에 나는 자신감을 잃지 않고 직장생활에 늘 용기를 가질 수 있었다.

내가 평생 마음 편히 회사 업무에만 전념할 수 있도록 가정을 든든하게 지켜준 아내에게도 진심으로 고맙다는 말을 전한다. 아내와는 현대중공업 울산조선소에 다니던 사회 초년생 시절에 처음 만났다. 나는 울산에, 아내는 서울에 있었기에 나는 주말마다 울산과 서울을 오갔다. 일하면서 녹초가 될 만큼 지쳤을 때도 서울로 향할 때만큼은 가슴이 두근거리고 신이 났던 기억이 지금도 생생하다. 백년가약을 맺고서 이듬해에 내가 현대중공업을 그만두고 유학을 떠나겠다는 결정을 내렸을 때, 아내는 두말없이 전적으로 지지해주고 유학 시절에도 살뜰하게 뒷바라지해주었다. 앞서 한 말을 정정해야겠다. 내 인생에 결정적인 순간은 모두 네 번이었고, 가장 소중한 순간은 바로 아내와 만난 것이다.

나는 아내와의 사이에 외동딸을 두었다. 딸은 우리 집에서 보석처럼 빛나는 존재다. 딸은 나를 닮아 수학을 잘했고, 지금 미국에서 빅데이터 애널리스트로 자기 인생을 멋지게 개척해나가고 있다.

지금까지 그러했듯, 앞으로도 우리 가정에 평화와 행복이 가득하기를 바라며 이 글을 끝맺는다.

2025년 6월
우유철

만 번을 두드려야 강철이 된다

초판 1쇄 발행   2025년 6월 9일

지은이   우유철
펴낸이   신현만
펴낸곳   (주)커리어케어 출판본부 SAYKOREA

출판본부장 박진희
편집   양재화 손성원 김선도
마케팅   허성권
디자인   육일구디자인

등록   2014년 1월 22일 (제2008-000060호)
주소   04779 서울특별시 성동구 성수일로 39-34 서울숲더스페이스 1212호
전화   02-2286-3813
팩스   02-6008-3980
홈페이지   www.saykorea.co.kr
인스타그램 instagram.com/saykoreabooks
블로그   blog.naver.com/saykoreabooks

ⓒ (주)커리어케어 2025
ISBN 979-11-93239-27-8   03320

SAY KOREA 는 (주)커리어케어의 출판브랜드입니다.